The Church
*in*
Babylon

現代社会とキリスト信仰 ——

バビロンにある教会

アーウィン W・ルッツァー

三ツ橋信昌 監修

鎌野善三・青木保憲 共訳

イーグレース

# 序言に代わるご挨拶

「彼は死にましたが、その信仰によって今もなお語っています」

ヘブル人への手紙　11章4節

　2020年12月11日、戦後の日本社会の復興の中でイエスキリスト様に捕らえられ、生涯現役で日本と世界の人々に貢献する事を願って歩まれた堀内 顯牧師は、89年の生涯を終えました。堀内牧師は、同労者として身近で奉仕していた私に対し、「この本を分かりやすい日本語にして、日本中の教職者の方々に是非読んで頂くように」と遺言されました。

　この本の出版は、堀内牧師が古くから親しく交わって来られたキリストにある友、三ツ橋信昌先生(和歌山県印南バプテスト教会牧師)から紹介された事がきっかけでした。堀内牧師と三ツ橋先生とは、常日頃から超教派で主の御用をしてこられた戦友であり、世界中の神の国の働きについて闊達に議論する盟友でもあります。その三ツ橋先生の友人であるアメリカの山田和明先生(羅府バプテスト教会牧師)は、若き日にダラス神学大学院で学ばれ、その同窓の友人であるアーウィン・ルッツァー先生が著述された論文が本書です。アーウィン・ルッツァー先生は、米国福音派では有名な説教家で、預言的な発言をなさるリーダーで、シカゴの有名なムーディー記念教会で長らく牧会され、説教には定評があります。また、ラジオ放送などメディアを通じても大いに用いられた米国有数の説教者として知られています。

　この本を読まれた堀内牧師は、早速に日本語版出版のビジョンを三ツ橋先生に相談され、山田先生は同窓の友人ルッツァー先生に連絡され日本語版の出版となりました。

　この紙面でまず山田先生と三ツ橋先生に、深甚なる感謝をお伝え

3

します。山田和明先生には本書を紹介し、三ツ橋信昌先生には日本語への翻訳監修と共に、常に励ましとご助言を頂き御礼申し上げます。超多忙なケズィック委員長である鎌野善三先生が、丹念に翻訳を行なって下さり、心からのありがとうを申し上げます。

　特筆すべきは、3人の先生方に日本語版の出版にあたり推薦文をお願いしました。聖書宣教会・聖書神学舎校長の赤坂 泉先生、同志社大学神学部教授の小原克博先生、東京基督教大学学長の山口陽一先生です。それぞれ多忙な公務の中で、それぞれのお立場から本書の価値とご意見を頂戴し、御礼申し上げます。堀内先生が大切にしたモットー「関係は広く」に合致する事となり、大きな神様の恵みです。

　出版社イーグレープの穂森社長様と関係者の皆様のご協力にも御礼申し上げます。また、我らのグレース宣教会の青木保憲牧師には、最初の下訳と出版までの実務を担当してもらいましたことも付記しておきます。

　最後に、堀内 顯牧師と共に福音宣教の働きを支えられたママさんこと堀内明子 ( はるこ ) 夫人からは、常にお祈りと励ましを頂き心から感謝いたします。

　この一書を手にされた皆様と、諸教会と、その教会を愛する聖徒の皆様に、恵み豊かな神様の祝福がありますよう、心より祈念いたします。

栄光在主

2022 年 10 月 31 日
　　　グレース宣教会　前代表牧師　キリストの下僕　藤﨑秀雄

## 推薦の言葉①

　時宜に適った訳書の刊行を主に感謝します。

　原著の、「バビロンの中にある教会」というタイトルが示すのは、異邦の地、異教文化の中で生きる神の教会への関心です。政治的にも社会的にも、あらゆる意味で少数者である捕囚の民がバビロンで神の民として生き抜いた歩みに注目して、現代の教会に厳しく問いかけ、神の前における誠実を励ます良書です。

　本書は現代のバビロンを、オカルト主義や不道徳や暴力などの中に、また何よりも偶像礼拝と性的放縦の中に見ています。そして、そのただ中にある教会に語りかけます。少数者として、神に従順に生きよう。偽預言者に警戒し、妥協を退け、神に誠実を尽くそう。そうして現代の暗闇にあって光として生きよう。それが教会の使命だ、と。

　キリスト信仰に対する敵意が増大する現代、と評しながら、同時に、最大の敵は私たち自身だと述べる点に、著者の慧眼を見る思いです。なるほど環境は困難です。著者が具体的に言及する課題も多岐に及びます。社会倫理や経済倫理、国家との向き合い方、他宗教との関係など。一方で妥協の危険を鋭く指摘しながら、同時に、第7章で「福音派教会内に存在する4つの誤った福音」として論うように、教会自身の問題に警鐘を鳴らしています。

　「教会はバビロンの中になくてはならない。しかしバビロンの一部に成り下がってはならない」この視点です。捕囚の地で、預言者に励まされ、神のことばに応答して生き抜いた民の歩みに注目したいのです。

　主イエスの祈りを思い出します。「わたしがお願いすることは、あなたが彼らをこの世から取り去ることではなく、悪い者から守っ

てくださることです。 わたしがこの世のものでないように、彼ら
もこの世のものではありません。 真理によって彼らを聖別してく
ださい。あなたのみことばは真理です。 あなたがわたしを世に遣
わされたように、わたしも彼らを世に遣わしました。」(ヨハネ 17 章)

　21 世紀日本という「バビロン」に遣わされている福音主義諸教
会にとって、本書の問いかけは重要です。神無き世界で、まことの
神のみを恐れる歩みを貫くことに召されている私たちは、まさしく、
社会倫理や経済倫理、国家との向き合い方、他宗教との関係など、
多くの課題に直面しています。偶像礼拝と性的放縦は、世の問題で
ある以上に、教会自身の問題です。残念なことですが、教会もマモ
ニズムから無縁とは言えず、教界でも成果主義が幅を利かせ、淫ら
な行いがキリスト者の日常に平然と侵入し、国を真に愛することと
無批判に信奉することとの区別が曖昧になっているように感じてい
ます。エレミヤ書の、いのちの泉である主を捨てて壊れた水溜めを
掘ってきた愚かさを悔改めて、主のもとに帰るように、という使信
を覚えたいと思います。

　LGBTQ+ と関連の諸課題でも、神を愛し、隣人を愛することが具
体的に何を意味するか、多様な見解が開陳されています。無責任な
妥協はもちろんのこと、異見に対する非難の応酬や結果としての分
断も、神が喜ばれることではありません。神のみことばに応答して
誠実を尽くすことをどこまでも追求する必要があります。例えば同
性婚の課題を考えてみましょう。その合法化を志向している時流の
中で、教会はどう立つかを問われています。あるいは、仮にキリス
ト教主義学校が同性愛行為を非難して「差別」に加担したというか
どで法人格を脅かされるような事態に直面したら、キリスト教界は
どこに立つのでしょうか。目の前に迫っている現実的な課題の一端
でしょう。神のみこころを確認し、共有し、そこに堅く立つ連帯の

ための作業が急務です。

　本書はダニエルに注意を向けさせます。まことの神ではないものを礼拝させようとしたり、神の前に誠実を尽くすことを妨げようとするものなら、王の命令や罰則を伴う禁令であっても、それらを超越する態度です。神は神のしもべたちを守り、公正と正義を行われます。やがて世界情勢を動かし、キュロス王を用いて、捕囚からの回復を実現なさいました。

　ここに私たちも励ましを見出します。全能の神に全幅の信頼を寄せ、神のみことばの権威の下に自らを置くことを大切にしましょう。また、「肉の欲、目の欲、暮らし向きの自慢」を見張り、繁栄の神学にも似たようなメッセージや、どこか御利益信仰の臭いのする福音提示に警戒して歩みたいと思います。

　どのような時代にあっても、環境や境遇の如何によらず、神の前に誠実を尽くすことを求める者たちには、「最大の敵は私たち自身」だという本書の視点はチャレンジであり、同時に励ましでしょう。確かに自己吟味や節制を厳しく要求します。しかし、環境が私たちを押しつぶしてしまうことはないという事実を思い出させます。最大の敵は、環境ではなく、状況ではなく、私たち自身です。全知全能の神が、神の民に語りかけ、基準を教え、態度を教え、私たちを導いてくださるのですから、そこに堅く立ちたいと思います。

　「福音主義の柱は予想以上に強いのだ」という引用にうなずきながら、本書が広く日本の教会で読まれること、また教会を通して私たちの国に光が差し込む一助として用いられることを祈ります。

聖書宣教会・聖書神学舎　主任牧師・校長

日本バプテスト宣教団　教師

赤坂　泉

# 推薦の言葉②

　本書は、アメリカの福音派教会が置かれた現在の社会的・文化的状況を分析すると同時に、福音派教会の信徒たちが安易に現状にのみ込まれないために、何とどのように戦い、また、どのように福音に立ち返るべきかを説いている。本書の原題「バビロンの中の教会（The Church in Babylon）」が端的に示しているように、現在、教会はバビロンに象徴される異教文化のただ中に置かれているという時代認識を著者アーウィン・ルッツァー師は有している。ただならぬ危機感が表されていると言ってよいだろう。アメリカはもはやかつてのようなキリスト教国家ではなく、バビロンに比することもできるほどの異教の地になりつつあるというのだ。しかし、その現実の中で諦めるのではなく、かつてイスラエルの民がバビロン捕囚の中にあって、自らの神を再確認し、信仰を新たにしていったように、今、クリスチャンは、様々な誘惑が吹き荒れる世俗社会のただ中で、抵抗すべきものには、ためらうことなく抵抗し、真実の神と出会うべきだと著者は語るのである。

　本書の意義について語る前に、私自身の立場を明らかにしておいた方がよいだろう。私は著者が「米国でメインライン（主流派）と呼ばれるリベラル派教会には、多くの偽教師たちが存在する」と語る、リベラル派教会に属する教師の一人である。私が「偽教師」であるかどうかの判定は読者に委ねたいが、私自身は、日頃から、保守派 vs リベラル派、福音派 vs 社会派といった二分法的な区分を好ましいものと考えていない。私自身、リベラルに分類されるような価値観を持つ一方、聖書やイエスの教えに徹底して忠実であろうとする「原理主義者」と言ってよいような側面も持っている。一見相反する価値規範が私の中で不思議と両立している。「文化戦争」と

言われるまでに過熱し続けてきた、アメリカにおける価値の分断は、相互の糾弾の他に行き着く先はないのだろうか。これが困難な問いであることはわかっているが、問題の緩和に向かう最初の一歩は、お互いを知ることに違いない。そのような意味で、本書は私のようなリベラル派に分類される者にとっても、福音派の実態を知るために大いに役立つものである。

　とはいえ、本書が想定する主たる読者が福音派のクリスチャンであることは疑い得ない。世俗化が進むアメリカ社会に生きる福音派クリスチャンたちを、本書は膨大な熱量をもって叱咤激励している。福音派と一口にまとめることができない多様性が福音派の内部にあることは、本書を通じてもわかるだろう。しかし、世俗文化の大波は、どの福音派クリスチャンにも同じように押し寄せてきており、これまでも、中絶、同性婚、ポルノ、トランスジェンダー、学校での進化論教育、明け透けな性教育などが立ち向かうべき課題として取り上げられてきた。本書では、特に LGBT の問題や、若者の道徳観を狂わす元凶としての SNS 等、ネット情報の氾濫に多くのページを割いている。性の問題がアメリカ宗教界における最大の課題となっていることを、本書全体を通じて感じ取ることができるだろう。

　これらの問題に対する著者の怒りは激しい。しかし同時に著者は「怒りと批判は何も変えない。事実、怒りをそのまま発する人々は、リベラルで左翼的考え方をもつ友人が、キリスト者への憎しみをさらに深くする原因とさえなるのだ」という冷静な視点をも有しており、本書が信頼できるバランスのもとにあることを感じさせてくれる。福音派が何に怒っているのか、また、なぜ怒っているのか、についてリベラル派が理解を深めることができれば、そして、福音派がより適切な形で怒りを表現する方法を見出すことができれば、両者の溝は少しずつ埋まっていくのではないだろうか。福音派の人々

は、家族をはじめとする共同体の健全なあり方、それを将来担うことになる若者たちの道徳心に強い関心を寄せている。こうした関心は決して福音派の専有物ではないし、そうであってはならないだろう。

　アメリカ福音派の切羽詰まったとも言える状況に肉迫できる良書が今回翻訳された。すぐれた訳者によって本書が日本の読者にもたらされたのは喜ぶべきことである。しかし同時に、日本の読者が考えるべき課題もある。本書はアメリカ特有の事情を多く含んでいるが、アメリカ福音派の課題はそのまま日本の福音派の課題となるのだろうか。社会における争点は両国において大きく異なる。また、何より大きな違いは、それぞれの国におけるキリスト教の位置づけである。アメリカにおいては、これまで社会を支えてきたという自負心のある教会が、今や著者が「私たちは文化をめぐる争いに負けつつある」「私たちは世俗主義者たちによって嘲笑の的とされている」と言わざるを得ないほどに、社会の中心から撤退を余儀なくされている。マジョリティからの転落をいかに前向きにとらえるべきかに著者は果敢に向き合っている。他方、日本のキリスト教は一貫してマイノリティであり、これからが勝負の時である。マイノリティである日本の教会は、これまでマジョリティであったアメリカの教会と同じ戦術を使うことはできないし、使うべきではないだろう。

　さて、日本の福音派クリスチャンは本書から何を汲み取ることができるだろうか。私は興味津々である。教会はこの世の価値に接しながらも、それとせめぎ合ってきた。この点に関して、アメリカと日本の違いはない。しかし、両国の文化的背景は大きく異なる。社会学的に見ると、中絶、同性婚、進化論（気候変動）等への強い批判は、アメリカ福音派の識別子となっている。一般の人々は福音派の奥深さに触れる前に、それら識別子で福音派を評価する。日本の

福音派はアメリカ福音派と同じ識別子をまとう必要はないと私は考えるが、日本の福音派はアメリカ福音派の格闘から何を学び、何を自分たちにとっての固有の信仰的課題として受けとめるのだろうか。その問いに答えるためにも、この世に生きる教会が向き合うべき普遍的課題をアメリカという固有の文脈の中で考えさせてくれる、具体的な素材に満ちた良書として、本書を多くの人にお薦めする次第である。

同志社大学 神学部 教授
良心学研究センター長
小原克博

## 推薦の言葉③

　Erwin W. Lutzer の "The Church in Babylon" が、邦題を『バビロンにある教会 ―現代社会とキリスト信仰―』として出版される。アメリカの福音派について広い見識を持つ最適の訳者を得ての出版を歓迎したい。

　原題が示す通り、アメリカ社会の世俗化によって、聖書に立つ教会は「バビロン」の中に立たされていると著者は語る。そもそも黙示録的に言えば、世々の教会はバビロンにあり、とりわけ日本のように非キリスト教社会におかれた教会は、バビロンにある教会という意識を有している。バビロン化するアメリカからの発信は、日本に生きる聖書に立つ教会への励ましであり、チャレンジである。

　まず、理念について言えば、アーウィン・ルッツァーはバビロンの本質を偶像礼拝ととらえている。すなわち神ならぬものを神としたり、神と並べたりすることである。ゆえにバビロンにおいてとるべきは、神を礼拝する者として、この世から聖別された者として生きることである。しかし、それは区別ではあるが分離ではない。2章「都市へ光を、心を神に」ではバビロンに遣わされた者として、その地の人々の祝福のために生きることが求められている。そこでは、3章「良心の葛藤」で語られるように「良心」を保つことが不可欠であり、めざめた良心でいるためには聖書に聴く以外の方法はない。これは日本においても変わらない原則である。

　次に、具体的な課題が語られる。4章「国家が神に成り代わるとき」で国家の問題を取り上げる。近代における国家はそれ自体の偶像性を有しているので適切であるが、戦争については触れられない。ここはアメリカの福音派の著しい弱さである。5章「教会、科学技術、そして純粋性」は広いテーマであるが、インターネットのポルノか

ら子どもたちを守ろうとするムーディー教会の実践などが具体的に紹介されている。6章「トランスジェンダー主義、性、そして教会」では、聖書的教会の立場を明確にしつつ、LGBTの人たちと共に生きる責任を語っている。5章、6章は、現代の日本人にとっても大変参考になる。イスラームの課題（原書では第7章）は日本版では削除されているが、他の宗教の中で生きることを常とする日本の教会にも援用できることがあるのではないだろうか。

　以上の具体的な課題を受けて、7章では福音派諸教会内の福音理解が、寛大さだけになっていないか、個人の救いが社会正義に埋没していないか、ニューエイジの罠に陥っていないか、性の選択を認める福音になっていないか、宗教間の対話としての福音になっていないかと問いかけている。著者は現代の教会がこうした課題と誠実に向き合うことを前提としつつ、このように留意点を述べているのである。そして8章「十字架を取ってこの世界に」では、現代的価値観と聖書的真理の間に生きる福音派諸教会およびその信徒たちが、日本の世俗社会に対して聖書的価値観を肯定的に示す具体的事例を示している。さらに9章「教会の外におられるイエス」では、キリスト教界全体に広がる「祈らない講壇、満足しきった信徒、霊的な盲目」を脱し、福音派神学が独自性を示すことで、聖書に基づく「共生的世界観」を強く提示している。こうして「多様性」の尊重という価値観の中で、異質な他者との健全な向き合い方が示される。最後の10章では、キリスト教会の原点に戻って「バビロンで生き残る教会」となる覚悟を語っている。

　ここでは、特に日本の文脈において本書が果たす役割について、述べさせていただきたい。

　日本のキリスト教会は、アメリカのキリスト教史より古く、また、独自の宗教文化の中に遣わされた者として生きている。キリスト教

徒の移民によって建国されたアメリカのキリスト教とは異なり、最初からバビロンにおかれた教会の経験を現在に至るまで重ねている。戦後のキリシタン研究をリードした海老沢有道は言う。「日本（及び中国）のような特殊な発達した宗教・文化圏への布教は、他に例を見ないところなのであり、神道という強い民族信仰、仏教という異質な哲学、儒教という封建的価値体系をもつ宗教ないしは世界観が存在し、しかもそれが共存するという特殊な社会と、キリスト教ないしはヨーロッパ的思想・文化との接触という意味において、世界に他に類例を見ない事例である」（『日本キリシタン史』塙書房）。

　信仰を告白する教会としては 400 年前に一度抹殺され、キリスト教を排除するシステムに抗して再開された宣教が 160 年続いている。日本における宗教の重層性および無宗教性という特徴の中で、キリスト教会は日本への「適応」（文化脈化）と「同化」（日本化）のはざまを生きて来た。キリスト教会の戦争体験は、バビロンに飲み込まれた経験であり、その反省としての戦後のキリスト教史は聖書に立つ信仰をめざしてきた。特に福音派の諸教会は近代主義にも「日本的キリスト教」にも抗して自己形成してきた。それが聖書信仰に基づく超教派の運動を形作って来た。しかし、今やポストモダンの相対主義とそれを「日本」的な情緒と価値観で束ねるような時代を迎えている。成熟した福音派諸教会がその真価、つまり聖書に立つ信仰の姿勢を明らかにして、福音を証しすべき時である。少数者の中の少数者には、失うものはないと言える。バビロン化するアメリカにおけるアーウィン・ルッツァーの提言は、日本の教会にもさまざまな気付きと指針を与えるものである。

東京基督教大学　学長・教授
山口陽一

14

# 目　次

# 序文（まえがき）

　ディズニー映画「アラジン」の中で、アラジンとジャスミンが舞い上がる魔法のじゅうたんの上で歌ったのは、「全く新しい世界」だった。しかし、クリスチャンたちは、不思議と興奮が織りなすラブストーリーの映画ではなく、多くの人々が育った世界と大きく異なる全く新しい世界の中に自分たちを見出している。

　アメリカは、数百年にわたり文化の規範であった一般的な信仰の精神の多くを失いつつある。文化はいよいよ分極化し、私たちを取り巻く世界は世俗化を許容してもっと快適になり、以前は底流だった世俗化は、今や主流になっている。私たちは、この問いかけに直面している。クリスチャンは本拠地の利点を失ったこの新しい世界と、そして大衆文化の中でますます重要でなくなっていく世界と如何に関わるべきなのか。

　ある意味で、日の下には新しいものは一つもない。私たちは今まで、私たちを取り巻く世界の張り詰めた空気の中をずっと生きてきた。使徒パウロは、コリント人を取り巻く文化に入り込む混交主義との微妙な差異について彼らに指針を与えるため、二冊の長い書を著している。預言者たちは、神に選ばれた人々からの厳しい迫害を経験した。そしてイエスでさえ、公衆の面前や宗教的社会で拒否されたのである。世界には、神の宣教の働きに対する反対が常にある。そしてアメリカは、ある人々が支持するかもしれない不正確な話ではあるが、この世界からひどい扱いをうけてはいない。

　本書で、アーウィン・ルッツァー師は、私たちが米国で真のクリスチャンとして生きる決意、献身、そして確信を試される新たな挑戦、また文化的変化に直面していると指摘している。アメリカ文化は、ますます聖書的価値観から異なるものとなり、イエスに従うこ

とはいよいよ重要でなくなり、ある場合には、信仰者の信条や価値観、態度が軽蔑されている。ピュー研究所のデータによると、アメリカに住む人々で、何か特定の宗教と結びつき、神を信じ、日々祈り、教会に出席して礼拝する人の数は減少傾向にある。このような人々の数は、20世紀初期から下落し続けている。

　私たちは、なぜこのような悲劇的状況に到ったかを、正直に真剣に見つめなければならない。キリスト教的価値観が低下傾向なのは、過敏で、腹を立て、遊離し、そして負ける運命にある文化の戦いに勝つため、我を張って政治的に誘導されたキリスト教文化の結果であることに多くの人々は注目している。私たちはこの世の中で最高の知らせを手にしている。しかし往々にして私たちは、この良き知らせを良き知らせではなく、正当な知らせと伝えてきた。多くの場合、私たちは良いことより正当であることを好み、その結果、世評を失った。

　今日のクリスチャンは、少なくとも三つの選択肢に直面している。①世俗文化と同化するか、②世俗文化から分離するか、③世俗文化に関与するか。福音に照らして考えるなら、キリストに従う私たちの選択は唯一、第三の関与することである。

　私はこの時代の道案内を考えるとき、数十年に渡り福音に忠実であり続けてきた指導者たちのことを思う。その中の一人が、私の友アーウィン・ルッツァー師である。この序文で書いているように、彼は数十年仕えてきたムーディー教会で暫定教育牧師の務めを担っている。私は、この教会で説教するたびに、彼がどのように人々を愛し、聖書を教えたかを思いだす。そして、単にありふれた文化ではなく、目まぐるしく変化する国際的大都市シカゴの特有の文化に囲まれる中で、会衆が正しく進むための助けとなったことに気づかされる。

　言い換えると、これはもはやカンサス州だけの問題ではないのだ。

　ルッツァー師の著書は、教会が聖書的真理と価値観につながる有意義な方法で、どのようにこの世に対応して関わるべきかの道筋を詳細に記している。これは、魅力のある影響を世界に与え、大きな祝福となるだろう。読者の皆さんは、何十年間も文化の変遷の真っただ中にいる。ただ、忠実に福音を宣べ伝えている人の助言から益になることを得るために、彼が語る全てに同意する必要はない。彼は、大変重要ではあるが、時には対立を生むような、多くの読者に的中する問題を取り上げている。ルッツァー師が取り上げる論題は、家族や文化に大規模な影響を与える性革命の衝撃からはじまって、科学技術の飛躍的発展に至るまでの幅広い分野に及んでいる。

　私たちは、「ここが我が場所、我が家」というイスラエル的な思考を止めなければならない。そうではなくて、私たちは異邦人であり、寄留している外国人であることを覚えるべきである。私たちは借り物の家に住んでいるのだ。私たちは約束の地に入ったイスラエルの民ではない。どちらかと言えば、私たちは追放されているイスラエルである。エレミヤ書 29 章 5 節は、私たちのような人々に語りかけている。**「家を建てて住み、果樹園を造って、その実を食べよ」**。私たちは畑を耕し、作物を育て、繁栄し、都市の幸福と、それ以上のものを求め努力すべきである。しかし、私たちはバビロンにいるということを、常に覚えていなければならない。

　アーウィン・ルッツァー師は、このことをムーディー教会で数十年に渡り行ってこられた。あなたがたは、同じ事をどのようにしたらよいかを、彼は体験から語ってくださる。

　アメリカに住むクリスチャンは、この世からの批判が私たちの決心を堅くすることを悟る必要がある。その決心は傷ついた人に希望

をもたらし、くじけた人に回復を与える。そして今やこれまで以上に、教会は大胆に福音を宣言し、謙虚に歩む必要がある。私たちは、この世の悪いことを無差別に進んで受け入れることはできないが、また、この世から分離することもできない。

　私たちは、魔法のじゅうたんに乗って夜の空を飛んでないかもしれないが、詩篇の作者たちの賛美の言葉は、この新しい世界でいよいよ真に迫って日々鳴り響いている。


　地とそこに満ちているもの　世界とその中に住んでいるもの　それは主のもの。（詩篇 24:1）


エド・ステッツァー
ウィートン大学　ビリーグラハム・ディスティングイッシュ議長

# 召しを心に留める　〜私の心からあなたの心へ〜

あなたの神はどこにいるのだ？ 世界は、この質問をクリスチャンに問いかけている。ピュー研究所の調査によると、人々はますます宗教を放棄し神を見放しているので、この問いかけは私たちにつきまとって悩ますはずだ。無宗教（無神論者、不可知論者、または特定の宗教はないと自認する人）の割合は、米国で成人の約23%に達している。そしてクリスチャン家庭で育てられたか、他の信仰に属していた人の5人に1人のアメリカ人（18%）は、今や無宗教だと主張する。[1]

教会を離れた多くの人々は、クリスチャンは自分への責めを転嫁し、自分を裁かないが他人を裁く独りよがりな人々だと気づいている。教会の中で彼らは、陰口、妬み、そして功利主義を体験している。しかしこれらのどの罪についても語られていない。教会の会衆は、道徳や社会問題を強調して、政治的に自分に合わない人たちをすぐに非難する。教会から立ち去る時に、彼らは神からも去っていったのだ。

35歳のカリフォルニア出身のある男性は、彼らの世代を代表するかのように、信仰への根強い反感を次のように述べた。「クリスチャンは政治的になり、すぐ人を批判し、不寛容で弱く、宗教的で、腹をたて、そしてバランスを失っている。キリスト教は、楽しい日曜ドライブになってしまった。生きた神、聖霊、素晴らしいイエス、愛、情熱、聖潔はどこにあるのか？ このような生涯を、どうして私は切望できるだろうか？」[2]　私たちが自分自身の偽善性に盲目

---

1.Michael Lipka, "Why America's 'nones' left religion behind, " Pew Research Center, August 24, 2016, http://www.pewresearch.org/ tact-tank/2016/08/24/why-Americas-nones-left-religion-behind/.

であることは、とっくに気づかれているのだ。

　若い世代の多くの人々は、どうしても教会でくつろいだ気持ちになれない。彼らは、現実を直視して神と共に歩む本物の信仰者たちと、誠実に分かち合いすることを切望している。でも彼らは、多くの教会を形式的すぎて堅苦しく、中身の分からないもののように見なしている。最近、私の友人の一人が郊外の大教会を訪問した。でも、教会の人々は友情なく、喜びもなく、無口で、排他的であるとわかったので、二度と行かないと言った。

　教会の多くは、会衆の中はすべてうまくいっているようなふりをしている。しかし一皮むけば話は全く違う。ロン・サイダー氏は、著書『キリスト者の良心』の中で、こう述べている。「恥ずべき行動は、急速にアメリカの教会を破壊している。彼らの日常的な言動によって、ほとんどの『クリスチャン』はいつも反逆罪を犯している。彼らは『イエスは主です』と告白するが、彼らの行動は、お金とセックスと自己実現のほうに忠実であることを明らかに示している」。[3]

　しかし、もしクリスチャンが、この暗闇の文化の中で光となろうとするなら、自分は暗闇に加わっていないことを明確にする必要がある。

　この世に同化してしまった教会は、力強い証し人になることはできない。流行する文化の価値観を取り入れるなら、挫折や貪欲や悪習慣の生活に代わるものを私たちが提供できると信じてもらえる理由を、この世に与えないことになる。もう一度サイダーの言葉を引用しよう。「離婚することは主のご命令に反することだとわかっ

2.David Kinnaman and Gabe Lyons, Un Christian— Whet o Men Generation Realiy links About Christianity . . . and Why It Matters (Grand Rapids: Baker, 2007), 35.
3.Ronald J. Sider, de Scandal of the Evangelical Conscience«: Why Are Christians Living Just Lid the Rest of the World? (Grand Rapids: Baker, 2005), 12-13.

てはいるが離婚する。私たちは人類史上最も豊かな人々だ。そして主にある数えきれない兄弟姉妹が貧困に喘いでいることも知っている。それなのに、与えるのはほんのわずかだ。そして献げるものの大半は地域教会にゆく。私たちが献げる物のほんの少しだけが、ほかの所にいる貧しいクリスチャンたちに届くのである。キリストは、信徒たちによって成る一つの多文化的なキリストの体である教会を生み出すために死なれた。それにもかかわらず、私たちは、キリストの神性に疑いを抱くリベラルなクリスチャンよりも人種差別を表面に出している」。[4]

　私は、米国が政治的、人種的、道徳的、そして宗教的に分極化しつつあるこの時期に、本書を認めている。懐が広い文化を共有する土台は消滅してしまったようだ。それはそれとして、私はテレビで、怒りや暴力的な場面などを見たり、SNS で辛辣な言葉を読むとき、これは大げさな言い方ではなく、私たちは、群集心理の危険のなかにあることを思う。誰かが言ったように、私たちは熱狂中毒になっている国家なのだ。

　しかしながら、私たちはこの喧騒の中で、誠実な寛容に対する軽蔑の中で、キリストを代表するように召されている。私たちが持っているメッセージと私たちの生涯は、この社会に浸透すべきであり、迫り来る暗闇の中にあって灯台の光となるべきである。イエス・キリストの教会は、この世にあって、今なお最高の希望なのである。

　私は教会を愛している。私はシカゴにあるムーディー教会の主任牧師として 36 年間仕えさせて頂く恵みに与った。教会はシカゴ市内で 150 年以上もその働きを継続してきた。1980 年に主任牧師として赴任して以来、私は多くの変化を目撃してきた。その当時、礼

4. Ibid., 50-51

拝を競いあうことはほとんどなかった。

　礼拝様式はどうあるべきかについての一般的な合意があった。ほとんどの教会はピアノがあったし、多分オルガンもあった。そして「求道者への配慮」という言い回しが、ちょうど教会に入り込み始めていた。「出現しつつある教会」などという名称すらなかった。この40年間に、いくつかの文化的変遷が私たちの社会を変質させ、教会とこの世に影響を与えた。その結果、現在見受けられるような、道徳的、霊的混乱が生み出されたのである。

　私たちは今日、どこにいるのだろうか？

## 性革命による心を痛める報い

　年配の世代にとって、1950年代と1960年代初期の「古き良き時代」は、すべての人にとって良いというものでなかったことを忘れやすい。特に人種差別は野放し状態だった。マーティン・ルーサー・キング牧師は、平等な権利のために必要な改革運動をちょうど開始したときだった。しかしいくつかの「革命」には、性革命のような負の側面があった。それは家族関係、教会、そして主流の文化に有害なものとなって、重大な結果をもたらしている。

　私が牧会を始めた頃には、30年後に最高裁判所が聖書の非常に強く非難する同性婚を承認する裁定を下すことや、私たちの社会の多くの者がそれを支持することを称えて、ホワイトハウスが虹色に飾られることを、誰も予測できなかった。メディアに絶えず情報を供給され、抑えられていたものが解放された。そして社会、そして教会さえも、人々の性別や年齢を自分で決めることを大目に見るのでなければ、受け入れられない時代になってきている。[5]　例えば、妊婦が看護師に、自分のことを「彼女」という代名詞を用いる代わりに「彼」と呼ぶよう求め、最終的に看護師が「彼の頸椎と血の巡

りは良好です」と優しくいうのを聞いて満足する、ということが起こるであろうと、誰が想像しただろうか？[6]

　本書で後ほどお分かりになるだろうが、これらすべての問題とより多くの同様の問題は、「私たちに無関係」に存在するのではなくて、私たちの教会と家族の中に存在するのだ。

　私たちには特別な働きがある。それは、感情的に傷ついている世代の人々に希望と癒しを与えることである。彼らは、抑制されない性的表現を聞き、パソコンや携帯電話でほとんど無制限に「暗黒のネット社会」にアクセスして、それが頭や心の中に侵入している。それに伴い、壊れた家庭が増加し、ネグレクトや虐待を受けた子どもたちが、性的な混乱によって、様々なところで生み出されつつある。行き過ぎた性によって混乱をきたした社会は、キリスト教会にとって新しいものではない。それは初期ローマの時代と同じである。新しい局面での変化というものは、私たちに大きなチャレンジを与えることになる。

　聖書が語るローマにおける罪に、私たちもまた鼻先を突っ込んでいるのである。

## 科学技術の革命

　私は、科学技術がいかに私たちの文化を変革するかについての、

---

5.Emily James, "'I've gone back to being a child': Husband and father-of-seven, 52, leaves his wife and kids to live as a transgender SIX-YEAR-OLD girl named Stefonknee," Daily Mail, December 11, 2015, http.-//www.dailymail.co.uk/femail/article-3356084/1- ve-gone-child-Husband-father-seven-52-leaves-wife-kids-1ive- transgender-SIX-YEAR-OLD-girl-named-Stefonknee.html.
6.'Trans Conference Celebrates Getting People Fired for Not Calling Men Women," de Federalist, March 20, 2017, http://thefeder alist.com/2017/03/20/trans-conference-celebrates-getting-people- fired-not-calling-men-women/.

十分すぎる証人である。私が生まれ育ったカナダの農地を振り返ってみると、確かに当時から電話はあった。しかしそれは壁に掛けられた箱の中に入れられたもので、しかも他の家との「共同加入」であった。子どもの頃、私たちはすばやく受話器を取るなら、他の人へかかってきた電話であったとしてもその会話を聞くことができるとわかるようになった。もちろんお隣の子どももそのことを知っていて、同じようなゲーム（どちらがはやく受話器を取るか）に興じ、やり返そうとしていたことを私は知っている。

　私たちは長い道のりを経てきたことがわかる。壁に掛けられた電話の時代からスマホを手にする時代へ、そしてタイプライターを使っていた時代からラップトップパソコンを使う時代へ。90年代初期の時代には、いつか私たちはインターネットという情報ハイウェイにアクセスできるようになるといわれていた。その時、私は懐疑的であったが、しかし今日、技術の進歩のおかげで、私たちは簡単に世界中の人々とコミュニケーションをとることができるようになっている。

　私たちは情報を共有して、新たなアイデアを得ることができる。驚くべきことに、公的には「閉ざされた国家」であったとしても、人々を世界から孤立させることはできず、福音を妨げることはできない。インターネットは市井の人々に声と耳を与えたのである。

　しかし不都合な面も存在する。多くの人々は電子機器にのめりこんでいる。私たちは今や、情報ハイウェイをポケットに入れて持ち歩いている。ティーン世代は（そして大人も？）活字を読むことが少なくなり、より動画を見るようになっている。ほとんどの家族が食事を一緒にとらなくなり、子どもたちはそれぞれの予定を持つようになり、独自で付き合う人間関係（誰が友達で、誰がそうでないかはSNSを見るとわかる）を持ち、自分だけの楽しみ方を求め

るようになっていった。私たちは携帯が「ブブッ」と鳴って、新しい情報がそんな方法でもたらされるのをテーブルに座って待っている。このようにすべての情報とエンタテイメントが、手の中で利用可能となる。すると、どの情報が本当に重要なのかを知ることはますます難しくなっていくし、それは仕方のないことである。教会員の中には、教会の中でもネットサーフィンをしている人もいる。そして津波のように押し寄せるポルノに浸ってしまうのである。

　もちろん私たちは、テレビと数十年間付き合っているので、このようなメディアが広範囲に届く番組を持ち、性革命を継続的に促進させていることを知っている。数えきれないほどの番組の中で、貞節を守ることがからかわれ、不道徳な関係が当たり前だとみなされ、そして同性婚と壊れた人間関係が市民権を得るようになっていく。あらゆる種類の結婚関係と性の多様性を認め、支援しようとする国家的潮流があることに、私たちは驚くべきではない。多くのバラエティー番組では、この奇妙な現状を一生懸命に「普通のこと」と思わせようと躍起になっている。一方、不適切な性的関係を批判的に語ることに対しては、悪口を言うか、無視を決め込んでしまうのである。普通の結婚の終焉は、決して暗いものとはみなされず、むしろ好ましいこととして受け入れられている。

　私たちは、科学技術の革命によってもたらされた悲惨な脱落現象を、あえて無視して生きているのである。

　科学技術は確かに私たちに多大な恩恵を与えてくれた。しかしそれに伴って、大変な危険性とリスクを生み出したのである（これについては、後述する）。

## 反クリスチャン革命
　それと同時に、教会に対するアメリカ人の姿勢、特にクリスチャ

ンに対する態度が変わりつつある。信教の自由が単純に語られていた時代があった。しかし今日、信教の自由は制限され続け、見直しを図られている。言い換えるなら、世俗的な価値観が受け入れられるようになってきたのである。ムーディー教会の主任牧師としての日々の中で、特にここ数年間は、裁判所の内外でクリスチャンに対する訴訟事件が発生している。私たちは以前から長い間、教会のリーダーシップのもとで（信徒に）聖餐を与らせるかどうかを決めていた。これは聖書的な理由に起因するものだが、そのことで訴えられたのである。裁判で 10 年間争われ、私たち教会側は敗訴してしまった。こんなことは 10 年前までは聞いたことがなかった。政教分離（教会と国家の分離）は、裁判所が教会で配餐するパンとぶどう汁について口を出す権限など持っていないことを示していたはずだ。

　米国におけるキリスト教への敵対心は、ここ 30~40 年間に想像もできないくらい大きくなってきている。今日、私たちはイスラム教原理主義に対して、頑固で憎しみを抱き、不寛容であるとして非難されている。また、ジェンダーの問題に優しい社会の在り方について、反対する輩として批判されることもある。奇妙なねじれ現象の中で、自分たちを「寛容と自由と愛の砦である」と考える人々からの非難の声が、クリスチャンに際限なく向けられるようになってきた。社会問題に対する私たちの姿勢に疑問を持ち、「クリスチャンは頑固で怒りっぽく、評価できる点は何もない」と考えている人々と付き合うことは、会話することですら、私には難しいことである。もし私たちが善良な市民であることを知ってもらおうとするなら、少なくとも私たちは自らを「時代遅れ」だと認めることしかない。

　その一方で、両親たちは小学生の子どもたちを、LGBTQ の問題で口論しながら教育しなければならない。シカゴで公立学校に子どもを通わせている親から聞いた話だが、ある教師は同性結婚に好意

的な生徒を一方に並べ、反対する生徒をもう一方に並べたという。後者を選択したわずかな生徒たちは、自分たちの考え方が恥ずかしいものだと思わされたことは言うまでもない。

　生徒たちは、一つの考え方にまとまるはずがない。現行の教育システム下にある先生は、現在、同性婚に寛容であるだけでは不十分と見なされ、警告を受けるという。一致が保たれるよう同性婚を奨励しなければならず、そうでないと解雇されるかもしれないとのことであった。多くのクリスチャンは、伝統的な結婚と適切なジェンダー理解を守るためにどうしたらいいかわからないでいる。車のヘッドライトに照らされた鹿のように、私たちは何をしたらいいか、聖書のどの箇所に注目したらいいか、まったくわからない状況にある。そしてただ、沈黙を守るのみである。

　ヘイドン・ロビンソンの最近のメッセージの中に次のような箇所がある。

　「かつて私たちアメリカのクリスチャンは、常に地の利があった。多くの人が集まるため、中には反対する一派も存在していた。しかし野球場に集まる多くの群衆は、私たちの味方であったし、クリスチャンである私たちとなんら変わらない物事のとらえ方をしていた。しかしすべてが変わってしまった。今や私たちは敵地でプレーしなければならない。少数派が私たちの味方で、多様性に満ちた文化がスタンドに陣取り、私たちにヤジを飛ばしてくるし、私たちの失点に歓喜の声を上げるのだ」。[7]

　今日、教会は様々な局面で戦いを強いられていると感じている。それは、全世界に希望を持ち運ぶ積極的な働きを維持しながら同時

---

7. Biola University, "Haddon Robinson: Preaching Into the Wind— National Ministry Conference," YouTube Video, 1:JO, July 9, 2012, https://www.youtube.com/watch?v=ToAI\V@NedMA

並行して行われる戦いである。

　教会は、神の民が各々の年代に応じて再び学ぶ必要があることを、焦眉の急として受け止めるべきであると私は考えている。ある意味、今日の教会は現状の世情に対峙すべき存在であることを認めなければならない。なぜなら、私たちがこの世に示す真正な清さと魅力は、愛と献身に裏打ちされたものだからである。私たちは弱体化されており、肉欲が蔓延するただ中で、教会を活性化させる必要がある。手短に言えば、私たちが語る福音に信頼する生き方をし、礼拝すべき救い主の命に生かされるということである。神は私たちを謙遜にしてくださっているのだから、文化的に堕落した世界にも飛び込んでいかなければならない。上から見下ろすためではなく、謙遜に膝をかがめ、まっすぐに目的を見据えて踏み出さなければならない。

　私たちは、教会で腰掛けてこの世をジャッジしていたらいいのではない。そのようなことはままある。しかし実は、私たちこそが世の中そのものなのだ。教会の文化の中に罪や過ちを持ち込んでしまうのである。覚えておられるだろうか。ヨナと異教徒の水夫たちは、海の上で嵐に遭遇したではないか！　しばしば、私たちは自身の暗い部分に目を閉じてしまう。私たちは、世の中が暗黒の光とでも言うべきものに魅了されていると非難するが、おそらく私たちも同様である。

　アラスダイア・マッキンタイアというカトリック教徒の高名な道徳哲学者がいる。彼が言うには、西洋文明は頼みの綱を失い、「徳のある男女は、自分たちが関わり続けているこの社会の中心が、もはや美徳ある伝統的な生き方を許さない世界になってしまったと気づき始めている。（中略）そして彼らは、まるで聖ベネディクト（ローマカトリックが世俗化した時に、修道院制度を生み出し、隠遁した人物）のように、特定のコミュニティとしか付き合わない選択をす

るようになるだろう」。[8]

　私たちにとっての光が、世の中から暗闇であると指摘される場合、私たちはどうしたらいいのだろうか？

　ある者は、唯一の方法は厳密にクリスチャン生活を守り、この世界から孤立することだというだろう。私は聖ベネディクトのようなやり方で、教会が孤立することはお勧めできない。なぜなら、もし私たちが世の中と袂を分かつなら、私たちはこの世界に対し、何も意見できなくなってしまうだろう。あなたが本書を読むなら、教会にはまだまだ実行できる多くの良きことを発見するだろう。しかし多くの場合、私たちの光は点滅させられ、良き教会の姿を見た人々も沈黙してしまうのである。

　私たちはスペインの征服者ヘルナンド・コルテスの心情を受け入れる必要はない。彼は、今日のメキシコにあたるベラクルズ地方を征服した人物である。コルテスは、共にやって来た男たちに対し、征服を成し遂げようとする自分の意気込みを示そうとしていた。1519年、約700人の人々と11隻の船を連れてその地に降り立った彼は、大きな音の合図で船を取り壊した。それを見ていた男たちは、自分たちが故郷に帰る手段を海中に失ったことを悟ったのである。[9]　この物語の言いたいことはこうだ。確かに合図はあった。それは、征服の開始を告げるものであった。同時にそれは、不退転の決意を示すものでもあったのだ。

　揺れ動く世界は、必死にもがいている。だから、再び光に目を留めさせるこの旅に共に出ようではないか。私たちは、暗闇の中での

---

8.Rod Dreher, "The Benedict Option's Vision for a Christian Village," Christianity Today, February 17, 2017, http://www.christianitytoday.com/ct/2017/march/benedict-options-vision-for-christian-village.html.
9.Winston A. Reynolds, "The Burning Ships of Hernän Cortés." Hispania 42, no. 3 (September 1959): 317-24.

合図となる輝く光に気づいている。これは特権である。メキシコの岸辺に立つ男たちのように、もう後戻りはできないのだ。

　すると、イエスは彼に言われた。「鋤を手にかけてからうしろを見る者はだれも、神の国にふさわしくありません」

（ルカの福音書 9:62）

シカゴ　ムーディー教会　名誉牧師<br>アーウィン・ルッツァー

# 第 1 章　バビロンへようこそ
## 〜私たちはここに到着した。そしてここに住むのだ〜

「バビロンの中にある教会！」この言葉は、私たちを西洋社会の文化的コンテキストの中心へと私たちを引き込むことになる。私たちは、凶暴で偶像に満ち、暴力と誤った宗教に溢れ、故意に霊の目を閉ざされた世界のただ中で、教会へと呼び出されたのである。私たちの住む社会は、性的なものが溢れ、聖書の権威が不当に捻じ曲げられた世界である。

なぜ教会について語る新たな本が必要なのだろうか？

教会について、ミニストリーについて、方法論について、未来への挑戦について、多くの優れた本が書かれている。あなたは読者として、このように問うだろう。「なぜこのような分野に関する新しい本が必要なのか？」と。他の人が語っていない、どんなことをこれから述べようというのか？ おそらくもっとわかりやすく語り直すだけではないのか？

本書は、方法論や福音を宣べ伝えるのにより良いアイデアについて語っているものではない。また、より良い礼拝をどのように捧げるかとか、教会スタッフがリーダーシップをいかに発揮するか、などの質問に答えるような本でもない。私の関心は別のところにある。

それを説明しよう。

## キリストと彼の教会

私たちが教会について考えるときはいつも、ヨハネが黙示録の冒頭部分で 7 つの教会に書き送ったとされる箇所に目が留まる。彼には 7 つの燭台が見えていた。そして―

また、その燭台の真ん中に、人の子のような方が見えた。その方

は、足まで垂れた衣をまとい、胸に金の帯を締めていた。その頭と髪は白い羊毛のように、また雪のように白く、その目は燃える炎のようであった。その足は、炉で精錬された、光り輝く真鍮のようで、その声は大水のとどろきのようであった。また、右手に七つの星を持ち、口から鋭い両刃の剣が出ていて、顔は強く照り輝く太陽のようであった。

……あなたがわたしの右手に見た七つの星と、七つの金の燭台の、秘められた意味について。七つの星は七つの教会の御使いたち、七つの燭台は七つの教会である。（黙示録 1:13~20）

これを視覚化してみよう。第一に、イエスが7つの燭台（教会を意味する）の間を歩いていた、とヨハネは語っている。そしてイエスは右手に7つの星（天使、または教会へ向けての伝令役）をつかんでいた。イエスは教会の周りを歩き回ることで観察し、各会堂のリーダーシップを右手に握っていたのである。そして自分が死をもってあがなった教会に属する人々を愛していた。イエスは今も、7つの教会のように私たちを観察し、私たちの忠実さをほめてくださる。

私は、ジョン・ストットに同意する。教会は目を覆うものを取り去り、そのままのイエスを見る必要がある、と彼は語っている。それさえすることができたら！

イエスは、ご自分の命を懸けて贖いだした人々を愛している。彼は、黙示録の7つの教会にしたように私たちを観察し、彼を満足させるほどの信仰ゆえに称賛し、私たちの失敗に対しては叱責の声をあげられる。しかし、その過ちを克服したあかつきには、素晴らしい約束を常に与えてくださるお方である。そして記されているように、「**耳のある者は、御霊が諸教会に告げることを聞きなさい**」と

7 度も訓戒を与えている（黙示録 2:7,11,17,29;3:6,13,22）。

　ここに私の論拠がある。イエスは神の民を愛し、彼の右手を伸ばしてくださる。<u>天と地にあるすべての権威を与えてくださるお方が、私たちの必要をすべて満たしてくださり、単に命からがら生かしてくださるのではなく、暗闇が蔓延するときにも繁栄を与えてくださるのである。</u>

　私たちは不安に満ちた未来に投げ出されることはない。もし私たちが「教会に向けて聖書が何を語っているか」を聞こうとするならば、である。救いは自由を与えるが、黙示録の 7 つの教会が見出したように、神なき文化の中で清さを正しく保つことには、それなりの犠牲が伴う。私たちはキリストが与えようとするものを当たり前に受け取ることはできない。そうではなく、主と主の言葉を、祈り深い知恵をもって、誠実に求めねばならない。

## ・忠実な少数派

　忠実に聖書を教え、妥協を許さない牧師たちが多くいることを、私たちは感謝する。例えば、福音連合（The Gospel Coalition）のミニストリーは、多くの牧師たちをその会合に引き寄せている。これらに関わる牧師たちの多くは、信仰にまっすぐで、福音をその含んでいる内容と共に語っている。さらに多くの人々が、教会規模の大小にかかわらず、忠実な歩みをしているといっていいだろう。フランシス・シェーファーがかつて言っていたように、「信仰という世界では、つまらない人も偉大な人も存在しない。聖なるものに心を向ける人か、そうでない人かのどちらかだ」。[1]

　多くの失敗ゆえに教会を非難することは、今日的な特徴である。

---

1. Francis Schaeffer, No little People (Wlieaton, IL: Crossway, 2003), 25.

私のこの考えに同意できない方もおられるだろうが、アメリカの分断は、全くもって教会の失敗が原因である。教会はすべきことを行ってこなかったし、私たちは、道徳的な、霊的な崩壊を自分の周りに生み出してきたことは確かである。しかし、反キリスト教的な頑固さの傾向や、ユダヤ―キリスト教の遺産を否定する意識は、他にも多くの流れから生み出されてきている。

　確かに、教会に忠実さが欠けてきたことに対して、私は批判的である。しかしその一方で、歴史的に、または神の計画の中で、活気ある教会がその活力を失わなかったのは、必然的であったと私は信じている。イエスが「必ず起こる」という短い言葉を何度も用いなければならなかったのはそのためである。一例を挙げよう。

　「戦争や暴動のことを聞いても、恐れてはいけません。まず、それらのことが必ず起こりますが、終わりはすぐには来ないからです」（ルカ 21:9、マタイ 16:21、24:6、26:54）。ある事柄は、必ず起こるのである。

　しかし、これからが重要なことだが、イエスと弟子たちは、霊的、道徳的な暗闇は神にとって妨げにはならないと信じていた。神のみこころは、教会にとって都合の良い時代だけでなく、迫害されるような悪しき時代にあっても、遂行されてきたのである。

　だから、起こるべくして起こった出来事は、私たちを単なる運命論に陥らせるようなことはしないのだ。むしろ、歴史が神の御手に握られていると知ることで、私たちは平安を得るのである。神は教会にも目的をお持ちで、それはやがて実現することになる。神はご自分の民を愛しておられ、文化的傾向がどうあれ、世の光となることを願っておられる。どんな反対やどんな状況が起ころうとも、このことは変わらない。神の光は、暗い時代にあってこそ燦然と輝き渡る。どんな時代でも、光は神の臨在を表す賜物であり、それは神

の民の中にこそ存在しているのである。

　これから、私たちは神の忍耐とともに、真実から目を背けた民を裁こうとする神の意志を知って驚くであろう。そこで私たちは、神がご自分の民に対して忠実であり続けるというその懐深さを改めて発見することになろう。それは、古代イスラエルの人々に対してであっても、新約聖書で美しく語られているキリストの花嫁に対してであっても、同じである。

## 旧約聖書のバビロン／新約聖書の教会

　私たちは、新約聖書の教会への助言のために旧約聖書を見ていくべきだが、注意深くあらねばならない。かつて私は、こんな声を聴き、たじろいでしまったことがある。それは、神が旧約時代のイスラエルの民を扱ったのと同じ方法で、私たちは新約時代の教会を取り扱うべきだという声である。しかし両者は全く違った時代なので、旧約聖書の多くの事柄を単純に適応することはできない。例えば、エリヤの話を取り挙げよう。彼はカルメル山の頂上で、バアルの預言者との戦いに勝利し、450人もの偽預言者たちをキション川で殺害した。しかし後に本書で見ることだが、新約聖書は偽預言者と偽教師に気を付けるようにと警告はするが、彼らを虐殺することを全く期待してはいない！　現代の偽預言者たちは自由に、テレビで自身の番組を流すし、教会を建てるし、異端的な教えを広めようとする。これらに対する最良の方法は、彼らを退け、私たちの教会員に偽物の危険性を悟らせることである。私たちは、不倫した人や同性愛者、そして親に反抗する若者たちを、もはや石で打ち殺すことなどしない。私たちは旧約聖書とは異なった時代、異なった人間関係を持っており、期待するところも当然異なっている。

　しかしながら、旧約聖書が今日の私たちに適応できることも確信

している。それは、イスラエルの民がバビロンに囚われていた時の経験である（厳密には、バビロン内のユダ部族のこと）。この地で神の民は、異教文化が主流だったそのただ中で、マイノリティとして生きなければならなかった。ユダヤ人の一体感を保っていた律法と神殿礼拝は、失われてしまった。悲しいかな、ソロモンの美しい神殿は完全に崩壊され、瓦礫の山となっていたのである。

　ユダヤ人は、アブラハム、イサク、ヤコブの神を全く認めない異教崇拝者の中で信仰を守らなければならなかった。1万人のユダヤ人は、800マイルも離れた言葉も通じない異郷の地へ、数週間から数か月かけて連れてこられたのである。今まで当たり前と思ってきた社会的、宗教的、そして文化的支援を一度に失ってしまったのだ。彼らの後悔の涙は、かつての特権を回復するものではなく、ただの思い出となっていた。

## 今がバビロンである！

　バビロンは、いろんなイメージを与える名称である。オカルト主義、不道徳、そして暴力など、私たちの文化を適切に示しているような気がする。しかしそれ以上に浮かんでくる言葉は、偶像崇拝である。バベルの塔は、神が明確に命じられた全世界への人々の拡散に反対して建てられたものであった。むしろ人々は一か所にすむことを願い、天に届くほどの高い塔を建設することを選び取ったのだ。彼らは神よりも星を崇拝することを願い、神の教えに従うことよりも自らの欲に従って生きることを求めた。

　バビロンという名は、聖書の中で200回ほども出てくる。

　ほとんどの場合、バビロンと言えば過去に実際に存在した都市のことをいう。しかし黙示録においては、現在だけでなく、その崩壊を予言する未来のバビロンに対する記述もある（黙示録18章参照）。

古代のバビロンは、世俗の勢力がいつもそうであるように、消え去って長い年月が経っていた。預言者エレミヤが聖書を書き記した頃には、新たなバビロニア帝国が立ち現れてきていた。この新たに復興したバビロニア帝国は、アッシリアを征服し、世俗勢力の頂点に立った。そしてエレミヤは、個人的には神に祝福されたが、その一方で、バビロニア人たちがエルサレムを破壊し、ユダの人々を捕囚の民とし、ソロモンの神殿を破壊するのを見てしまった。彼は涙が涸れ果てるまで泣くことになった。

　バビロンの所業は、歴史を越えて現代にも受け継がれている。当時の人々は、自分の子どもを異教の神に捧げていた。一方私たちは、胎児を自分の都合を優先することで犠牲にする世界に生きている。私たちは石像の前に膝をかがめることはしないが、お金、権力、そして性の誘惑に心奪われてしまっている。私たちが神への献身を示すのは、往々にして、教会で週一回する「添え物」のようになっているのだ。

　クリスチャンは、悪意が高まる文化の中で少数派である。私たちは、地理的な意味ではなく、道徳的、霊的な意味において、捕囚民となっている。

　「愛する者たち、私は勧めます。あなたがたは旅人、寄留者なのですから、たましいに戦いを挑む肉の欲を避けなさい。異邦人の中にあって立派にふるまいなさい。そうすれば、彼らがあなたがたを悪人呼ばわりしていても、あなたがたの立派な行いを目にして、神の訪れの日に神をあがめるようになります」（第一ペテロ 2:11~12）。

　捕囚民は反対に直面する。彼らは誤解され、独自性を失うような誘惑を受けることになる。しかし私たちは、キリストに愛されている者として、福音を宣べ伝え、肉の欲や世の誘惑に陥ることのないように選び出されたのである。感謝なことに、神の右におられるイ

エスは、私たちが世にいるにもかかわらず、世のものにならないよう、祈っていてくださる（ヨハネ 17:14~16 参照）。

　聖霊に導かれていたエレミヤは、私たちが置かれている現代の文化的状況を分析することを助けるだけでなく、神の性質に関して新鮮な洞察をも与えてくれる。細部にまで行き届く神の正義と慈しみとともに、罪を激しく憎むそのご性質が示されている。エレミヤ書において、私たちは神の奥義と、神を憎む人々の心情を乗り越える主権とに導かれる。

　しかし何よりも、神の民に対する神の誠実さを見るのである。異教の文化が生み出した神々、性に関連付けられた神々を礼拝している国に住む神の民に対する誠実さである。もしエレミヤ書が裁きの書であったとしても、同時にこれは希望の書でもある。その希望とは、今日私たちが直面している複雑で悪意に満ちた文化的状況に必要なものなのだ。


## ・エレミヤの困難な任務

　エレミヤは、神の言葉が否定され、あざ笑われるような状況で預言していた。20 ～ 30 年前、ユダ王国ヨシヤ王の時代に、律法の書が発見されていた。それは神殿内のごみの下に埋もれていたものである。聖所には多くの異教神が奉られていたため、瓦礫を取り払わなければ神の書は見つからなかった。

　指導者たちがその書を読んだとき、リバイバルはおこった。だがそれは小規模であり、時もすでに遅かった。悔い改めた者もいたにはいたが、民全体にまで及ぶことはなかった。神への希望は短命で終わってしまった。ほのかな光はあったが、暗闇を追い払うには十分ではなかったのである。

　エレミヤは、そのような、耳を傾けようとしない時代に生きてい

たのである。彼は涙ながらに預言の言葉を伝えたが、彼を取り巻く
人々の目は乾いていた。彼は真理を語り続けたが、誰も彼の言うこ
とを信じなかった。彼の働きは大きな困難を伴うもので、穴に投げ
込まれたこともあった。彼は失望落胆し、次のように嘆いている。

　主よ。あなたが私を惑わしたので、私はあなたに惑わされました。
あなたは私をつかみ、思いのままにされました。私は一日中笑いも
のとなり、皆が私を嘲ります。
　私は、語るたびに大声を出して、「暴虐だ。暴行だ。」と叫ばなけ
ればなりません。主のことばが、一日中、私への嘲りのもととなり、
笑いぐさとなるのです。（エレミヤ 20:7~8）

　「主よ、あなたが私を惑わしたのです！」。エレミヤはこう語り、
神が自分に平安の言葉を与えてくれることを期待した。しかし彼が
受けたのは裁きの言葉であった。エレミヤは、真心込めて人々に語
り掛けたが、偽預言者たちから、中傷、あざけり、そして非難の言
葉を投げ返されただけであった。国家が傾きかけたとき、王は彼に
助けを求めた。でも預言者エレミヤが語らなければならなかった神
の言葉を聞くつもりはなかった。国は、神の警告に耳をふさいだの
である。
　現在の私たちは、ユダ王国以上に厳しく裁かれるだろう。エレミ
ヤが活動していた時代、律法の書はいくつか存在し、少数の人々は
それを読み、またそれを聞く人もいた。現在の私たちの状況とは対
照的である。私たちは数えきれないほどの聖書翻訳を持ち、iPad や
スマホでこれを読むことができる。現在の世界では、ほとんどの人
が読み書きできる。もし読むことが面倒だというなら、私たちに読
み聞かせてくれる電子機器やアプリが数多く存在している。

国家が神から離れて混乱したとき、神はエレミヤに、国のために祈るのを止めよと告げている（エレミヤ 7:16）。ユダ王国は、後戻りできないところまで来ていた。アメリカがそこまで来ているかどうか、私たちに確かなことはわからない。しかし現在、道徳的、霊的な反抗が加速していることは確かである。教会にとって、私たちをお守りくださる神の力と、私たちを正しいと認めてくださる神の愛、この両者を人々に示す最高の機会がやってきているのだ。

### ・性的誘惑に侵された文化

　本書の後半で、より具体的に私たちの文化における性的誘惑については語るつもりである。だから今のところは手短に次の質問に答えよう。どうして異教の偶像は北イスラエル王国と南ユダ王国の人々を魅了してしまったのか？　なぜ人々は、何度も他の神々に心奪われていたのか？

　歴史を学ぶなら、偶像崇拝は性的放縦（なんでもあり）を正当化し、焚きつける働きを担っていたことを発見するだろう。異教の神殿は小高い丘の上に建てられていたため、神は次のように語られた。「まさしく、あなたはすべての高い丘の上や、青々と茂るあらゆる木の下で、寝そべって淫行を行っている」（エレミヤ 2:20）。売春、同性愛、そしてあらゆる性的倒錯がそこでは行われていて、人々はそれを受け入れていた。乱交パーティーが普通に行われ、偽りの神々はそれを黙認していたのである。

　真の神はその状況を喜ばれなかった。「天よ、このことに呆れ果てよ。おぞ気立て。涸れ果てよ。─主のことば─。わたしの民は二つの悪を行った。いのちの水の泉であるわたしを捨て、多くの水溜めを自分たちのために掘ったのだ。水を溜めることのできない、壊れた水溜めを」（エレミヤ 2:12~13）。渇きをいやせない水は、苦み

と罪責感をさらに増し、破滅的な中毒症状を誘発するだけである。これらの行為は見せかけの自由を保証するが、実は人々を縛り付け、人間関係を破綻させ、終わりなき痛みを生み出してしまう。

　人々は罪と恥によって吐き気を催し、彼らの偶像がもたらす挫折を味わうことになる。しかし彼らは、自らを破壊するものから立ち去ることを拒否するのだ。悪の性質は、鋭く迫り、結果を見せないよう目に覆いをかける。さらに悪くなると、どうなるかを知りつつも、もはや立ち直ることなどできないとする思考パターンに陥り、さらに中毒性が高まってしまう。

　アメリカのことを考えてみよう。私たちの国家は、同じような毒をあおるように飲んでいる。一見、渇きをいやすかのように見えるが、実はさらに渇きを増すことになる海水を飲むようなものである。このように私たちの国は性的に荒廃した地域となり、人々を虚無と絶望に突き進ませている。このすべての状況は、私たちの良心がどう訴えようとも、それを理に適ったものと正当化させている。かつてこんなバンパーステッカーがあった。「もし良いと思うなら、それはやるべきだ」と。まさにこのような状況である。しかし今やこのステッカーはこう言い直されるべきである。「もし良いと思うなら、それを信じるべきだ」と。

　人々は虚無感と罪責感を埋め合わせるため、自家製の薬を用いている。「たとえ、あなたが重曹で身を洗い、たくさんの灰汁を使っても、あなたの咎は、わたしの前に汚れたままだ。──神である主のことば──」(エレミヤ 2:22)。正当化を洗剤のように用いることによって、良心を洗浄しようと無駄な努力をするのだ。しかし手前勝手な試みで自身の虚無感を埋め合わせようとしても、結局は欲望をさらに燃え上がらせるだけである。彼らは救済策になりそうなものを手当たり次第に探すが、神だけは求めないのだ。

人々は罪がやってくるまで待ってはいない。むしろ罪を探し求めているのだ。「どうしてあなたは、『私は汚れていない。バアルの神々に従わなかった』と言えるのか。谷の中でのあなたの行いを省み、自分が何をしたかを知れ。あなたは、あちらこちらの道を走り回るすばやい雌のらくだ。また、欲情に息あえぐ荒野に慣れた野ろばだ。さかりのとき、だれがこれを制し得るだろう」（エレミヤ 2:22）。

　神は、人々が恥じ入る日がやってくると語っている。しかし今のところ、彼らは顔を赤らめてはいない。「盗人が、見つかったときに、恥を見るように、イスラエルの家も恥を見る。彼らの王たち、首長たち、祭司たち、預言者たちも。」（エレミヤ 2:26）。かつて、未婚カップルが共に住む（同棲する）という時代があった。それは隠れてすべきことであって、それ以上の発展はなかった。しかし今は違う。彼らは全く恥じる様子もなく、未婚であっても共に住んでいることを公言している。時代は常に変わり続けているのだ。

　罪への扉がいったん開かれると、罪は私たちを思っていた以上のところまで引っ張っていく。私たちが思っていた以上に長く、私たちは罪と付き合わなければならなくなる。そしてその代償は、私たちが思っていた以上に高いものとなってしまうのだ。

　抑制なき性の氾濫によって良心を麻痺させられ、結局ユダ王国の人々は自分たちの子どもをモレクの神に捧げてしまうのだった。米国においては、性的自由の名のもとに胎児が犠牲にされ、今やアメリカの子どもの３分の１が未婚状態の親の下に生まれてきている。新生児たちは、不安定で怒りに満ちた世界に放り出され、虐待されることも決して驚くに値しない。悲しいことに、この悪のサイクルは、次の世代へと繰り返され、受け継がれてしまうのである。

　すべての神々は、自分に忠誠であるように要求している。お金や名声の神々、またはセックスの神であれ、これら神々の要求を満た

すことは容易ではない。偉大な神学者であるジャン・カルヴァンは、
「人間の心は偶像製造工場である」と述べている。人間の心は、次
から次へと偶像を生み出し続けているのだ。

　だからこそ今は、教会を通して神の存在を現すまたとない機会に
なっているのである！

## ・多くの偽預言者たち

　エレミヤは、偽預言者たちが人々に耳あたりのよいメッセージを
伝えることで歓迎されている様を見て、自分がいかに特異な存在と
なってしまったかを痛感している。エレミヤに人気はなく、彼のメッ
セージはもはや誰の耳にも届かなくなってしまったのである。

　偽預言者はここぞとばかりこう言うのだった。「私たちは、もっ
と良いメッセージを持っている。エレミヤのような否定的な内容は
嫌いだ。もっと人々が受け入れやすい積極的なメッセージを提供し
ている」。彼らは、エレミヤが裁きの説教をしている限り、人々は
集まらないことを知っていた。大衆は彼とは異なるメッセージを求
めていた。もっと希望の言葉に満ちたものを。だからエレミヤは穴
の中に投げ込まれたのである。

　偽預言者は、次のような（偽りの）預言をしていた。それは、聞
き手のエゴを満たすような内容で、「私たちは神の民なのだから、
神様は霊的な祝福を私たちに与えてくれる」というものであった。
彼らは、悔い改めなしの祝福、敬虔さなしの繁栄を語っていた。彼
らは成功の神学を語り、苦しみの神学を語らなかった。彼らはこの
世界での快適な過ごし方を語り、来るべき世界について語らなかっ
た。

　彼らの言い分はこうである。「確かに私たちは他の神々に仕えて
いる。しかしヤハウェ神にもちゃんと気配りはしている。だって私

たちは最も偉大なるヤハウェ神の息子、娘なのだから。バビロンの中にいる私たちを辱めることなど彼（ヤハウェ）にはできない。なぜなら、バビロン人の方が私たちより邪悪な奴らで、そんな彼らに私たちは捕らわれているのだから」。彼らのメッセージはある意味で平安を与え、繁栄を約束する部分もある。しかしそれは、例えるならガンで痛んでいるところをそのまま包帯で包み込むようなものである。つまり彼らのメッセージはこういうことになる。「私たちは王の子としての生き方を学ぶべきである」。

　しかし神は喜ばれなかった。「彼らはわたしの民の傷をいいかげんに癒やし、平安がないのに、『平安だ、平安だ』と言っている。彼らは忌み嫌うべきことをして、恥を見たか。全く恥もせず、辱めが何であるかも知らない。だから彼らは、倒れる者の中に倒れ、自分の刑罰の時に、よろめき倒れる」（エレミヤ 6:14~15）。まさにその通り、偽預言者は人々の傷を手軽に癒やしていただけなのだ！彼らが語ったのは、「<u>あなたの最高の人生を、ここでどう生きるか？</u>」ということだった。

　エレミヤは泣いていた。しかし偽預言者はそうではなかった。彼らは希望の預言者だった。それが偽りであることは確かなのだが、希望は希望だった。神は言われた。「彼らは主を否定してこう言った。『主は何もしない。わざわいは私たちを襲わない。剣も飢饉も、私たちは見ない』」（エレミヤ 5:12）。彼らは祝福に次ぐ祝福を語り続けたのだ！

　エレミヤは、偽預言者が偏って強調する預言を否定した。神がこの国を選ばれたので、民がどんな生活をしていようとも、最高の生活が永遠に享受できる、という預言を拒否したのである。「荒廃とおぞましいことが、この地に起こっている。預言者は偽りの預言をし、祭司は自分勝手に治め、わたしの民はそれを愛している。結局、

あなたがたはどうするつもりなのか」（エレミヤ 5:30~31）。

　私たちの時代に戻ろう。多くの説教者が人を謙遜にしない福音を語っている。代わりに、自分をいかに高めるか、いかに自己実現するかという手段を提供しているのだ。私たちは、いわゆる「福音伝道者」と言われる人々の波に翻弄されている。彼らは言う。「お金という種」を送るなら、呪いから解放され、財産を受け継ぎ、あらゆる病から癒されるだろう、と。お金を彼らのところへ送るだけで、神は天の窓を開き、あふれんばかりの経済的、身体的祝福を、豊かな収穫としてあなたに与えるだろうと。

　また、これらの偽預言者は、特別な啓示を神から受けたと主張する。これはまさに、エレミヤの時代の偽預言者たちが行っていたことである。「あの預言者たちは、わたしの名によって偽りを預言している。わたしは彼らを遣わしたこともなく、彼らに命じたこともなく、語ったこともない。彼らは、偽りの幻と、空しい占いと、自分の心の幻想を、あなたがたに預言しているのだ」（エレミヤ 14:14）。

　「自分の心の偽りごと」！

　人々は、自分たちが聞いていることを愛していた。彼らは、戦争も飢餓もなく、ただ繁栄のみがあると確信していた。彼らがこう言うのが聞こえてくる。「私たちが正当に持つものを、悪魔に奪わせてはいけない。私たちはヤハウェなる神、全世界の神に属する者だ。それにふさわしく生きよう！」。

　しかし神はこう言われる。「わたしの名によって偽りを預言する預言者たちが、『私は夢を見た。夢を見た』と言うのを、わたしは聞いた。いつまで、あの預言者たちの心に偽りの預言があるのか。心の偽りごとを語る預言者たちのうちに」（エレミヤ 23:25~26）。だから神がこう言われるのも不思議ではない。「あなたがたに預言

する預言者たちのことばを聞くな。彼らはあなたがたを空しいものにしようとしている」（エレミヤ 23:16）。

それは偽りの希望（自分の心の幻）なのだ！

エレミヤが神のために語った言葉を聞いてみよう。「彼らは主を否定してこう言った。『主は何もしない。わざわいは私たちを襲わない。剣も飢饉も、私たちは見ない』と。預言者たちは風になり、彼らのうちにみことばはない。彼らはそのようにされればよい』」（エレミヤ 5:12~13）。

偽の預言者たちは、風のようになるのだ！

現代でも、同じような欺く人に出会うことを、パウロは知っていた。「こういう者たちは偽使徒、人を欺く働き人であり、キリストの使徒に変装しているのです。しかし、驚くには及びません。サタンでさえ光の御使いに変装します。ですから、サタンのしもべどもが義のしもべに変装したとしても、大したことではありません。彼らの最後は、その行いにふさわしいものとなるでしょう」（第二コリント 11:13~15）。

私の心は、偽預言者によって欺かれた人々のことを思い、千々に乱れる。しばしば、貧しい人々は影響を受けやすい。彼らはこう言うのだ。「もし私が十分な信仰を持っていたら、もし私がこの先生や預言者と同じくらいの信仰を持っていたら、私も彼らと同じクラスの車を乗り回すことができただろうし、同じくらい豪華な洋服を着ることができただろう」と。そう言って彼らはわずかな献金を捧げはするが、決して約束された賞金を得ることはない。

エレミヤは私たちに、偽の預言者はその実態を白日の下にさらされるべきだと教えるのである。

## 繁栄ではなく、従順を求められている！

　神はエレミヤを喜んでおられた。それは彼が成功する人だからではなく、誠実な人だからである。そして神は、エレミヤに彼の役割を用意されたように、私たちにも同じ役割を用意されている。「次のような主のことばが私にあった。『わたしは、あなたを胎内に形造る前からあなたを知り、あなたが母の胎を出る前からあなたを聖別し、国々への預言者と定めていた』」（エレミヤ 1:4~5）。注意してほしい。エレミヤは母の胎内に<u>いるとき</u>に召されたのではなく、胎内に形造られる<u>その前</u>に選ばれていたのだ。彼の誕生と召しは、預言者としてこの地に生まれ出る前から神の心の中にあったのだ。神はエレミヤの誕生と召命の時を、その時よりはるか以前に決められていた。神は、永遠の過去に、エレミヤの誕生とその働きを計画されていたのである。

　そして神は、同じような計画を私たちにも持っておられる。エレミヤと全く同じ召しではないかもしれない。しかし神は、私たちが生まれる以前から、私たちのことをご存じだったのである。私たちもまた、この時代に生かされ、主を証しするものとされているのである。今よりもっと前に、あるいはもっと後に生まれることができたかもしれない。もしかして、この世に生まれることがなかったかもしれない。しかし神は、私たちを今という時代に生かす確かな理由をお持ちなのである。イエスは彼の弟子たちに語り掛けられたと同じ言葉を私たちにも投げかけておられる。

　「あなたがたがわたしを選んだのではなく、わたしがあなたがたを選び、あなたがたを任命しました。それは、あなたがたが行って実を結び、その実が残るようになるため、また、あなたがたがわたしの名によって父に求めるものをすべて、父が与えてくださるようになるためです」（ヨハネ 15:16）。

<u>私たちを呼ぶ神の声がよりクリアに聞こえるほど、私たちは霊的</u><u>な戦いの困難さに直面するための勇気をもっと得ることができる。</u>

　エレミヤは彼が祈り、そのために働いてきたリバイバルを見ることはなかった。「神のもとに立ち返れ」との彼の叫びは、わずかな人にのみ受け入れられ、大半の人々からは無視されてしまった。私たちの時代、何千人もの人々が国家的なリバイバルを祈ってきた。しかしその成就を私たちはまだ見ていない。私たちは、祈りの成就を目にすることになるかもしれないし、そうでないかもしれない。そのどちらであっても、私たちは誠実であることが求められている。本書には、私たちが待ち望み、祈り続けてきたリバイバルのために何をすべきかが書かれている。召しに誠実であることは、私たちの圧倒的な情熱になるのだ。

　人を召される神は、必要を与えてくださる神でもある。神はエレミヤに、彼が直面する文化的反対に耐えられるような能力と強さを与えられた。天の父は、私たちにも同じようにして下さる。若くても老いていても、既婚者であっても独身者であっても、あるいは未亡人であっても、この時代に主のために生きる者たちを育ててくださる。これから見るように、私たちは恐怖ではなく喜びを持ち、どんな個人的犠牲があろうとも、キリストを現す特権に生きるのである。

　神はどのようにエレミヤの役割をあらかじめ用意されていたか、読んでみよう。


　「さあ、あなたは腰に帯を締めて、立ち上がり、わたしがあなたに命じることを語れ。彼らの顔におびえるな。さもないと、わたしはあなたを彼らの顔の前でおびえさせる。見よ。わたしは今日、あなたを全地に対して、ユダの王たち、首長たち、祭司たち、民衆に

対して要塞の町、鉄の柱、青銅の城壁とする。彼らはあなたと戦っても、あなたに勝てない。わたしがあなたとともにいて、──主のことば──あなたを救い出すからだ」（エレミヤ 1:17~19）

　いつ神がエレミヤを、要塞のある町、鉄の柱、青銅の城壁としたのだろうか？ これは予言ではなく、現実の問題だった。エレミヤは勝利の中を歩き、反対者の中に立ち続け、そして与えられた役割を果たすよう定められていた。彼は、イザヤのように成功したことを示すことはできなかったが、その召しに誠実に従って生涯を終えたのである。

　エレミヤの神は、私たちと共に歩んでくださり、約束を誠実に守ってくださる。主は暗闇の時にも、私たちと共にいてくださる。自分で光を生み出し、輝かねばならないのではない。月が自分で光を生み出す必要がなく、ただ反射させれば良いのと同じである。

## 本書の目的

　本書のタイトルは『バビロンの中の教会』（※原書より）である。しかしサブタイトルは「暗闇の中で光となる召しに留意する」（※原書より）である。私たちは強くなること、励まされること、賢くなることを求めている。しかし同時に、キリスト教信仰への敵意が増しつつある現代文化の中にあって、イエス・キリストの福音を証しする点では、妥協してはならない。バビロンの中にあったイスラエルのように、私たちの挑戦は、文化によって霊的に破壊されることなく、逆に現代文化にインパクトを与えることである。

　手短に言えば、本書の目的は次の三点に答えることである。

①進むべき道を失ったため、神の裁きの下にある国家において、誠実に生きるとはどういうことか？

②礼拝すべき神を代表するため、私たちが教会として立ち向かうべき事柄とは何か？　違った表現をするなら、私たちに迫り来る暗闇、またそれ以上の暗黒が近づいている世界に備えるため、キリストはどんな教えを私たちに与えてくれるのか？

③最後に、イエスは黙示録の中で７つの教会のうち５つに悔い改めを迫っておられる。それは私たちへのメッセージではないのか？　主は私たちにどんな悔い改めを迫っておられるのか？　どこで私たちは道を失ってしまったのか？

　私は、時が迫ってきているように思う。いやその時はすでに来ているかもしれない。メディア、裁判所、大学、さらに私たちの味方であるはずのいわゆる福音派の諸教会が、多方面からキリスト教信仰に猛攻撃をしてくる時が。ポスト・キリスト教世界に生きる大多数の人々の中で、少数派（マイノリティ）として私たちはいかに行動するかを学ばなければならない。汚されることなく、この文化の中で生きるべき方法を知らなければならない。

　神の情熱的な招きがユダ王国の人々に与えられたが、それは今日の私たちにも与えられているものである。

　「背信の女イスラエルよ、帰れ。──主のことば──わたしはあなたがたに顔を伏せはしない。わたしは恵み深いから。──主のことば──わたしは、いつまでも恨みはしない。ただ、あなたはあなたの咎を認めよ。あなたはあなたの神、主に背いて、青々と茂るあらゆる木の下で、他国の男と勝手なまねをし、わたしの声に聞き従わなかった。──主のことば── 背信の子らよ、立ち返れ。──主のことば──わたしが、あなたがたの夫であるからだ」（エレミヤ 3:12~14）

初めの愛を失ってしまったエペソの教会に対して、主は警告された。「だから、どこから落ちたのかを思い起こし、悔い改めて初めの行いをしなさい。そうせず、悔い改めないなら、わたしはあなたのところに行って、あなたの燭台をその場所から取り除く」（黙示録 2:5）。今日のエペソを訪れるなら、その燭台は数世紀前に取り除けられていることを見いだすだろう。

レオナルド・ラベンヒルがかつてこう言った。「教会はこの世が再生することを待っているが、この世は教会が悔い改めることを待っている」。[2]

悔い改めと謙遜さが存在する教会は、未来に恐れを抱く必要がない。私たちとともに歩み、力強い右の手で私たちを支えてくださるイエスは、私たちが「非難されるところのない純真な者となり、また、曲がった邪悪な世代のただ中にあって傷のない神の子ども」（ピリピ 2:15）となるように、力を与えてくださるのだ。ただ、プライドと自己義認だけが、私たちの召命が実現するのを妨げることになる。

よく言われることだが、私たちの光は月の光と同様、借りてきたものである。世の光であるお方だけが私たちの光となり、そんな光は消さねばならないと訴えるこの時代にあって、私たち自身を燃やし続けてくださる。

アウグスティヌスは、ローマ帝国がヴァンダル族によって没落させられた時、深い悲しみに沈んだということを本で読んだことがある。なぜなら、彼はその都を愛していたからである。同時に彼は、この帝国の終焉がその罪に対する裁きだと信じ、嘆きながら、「ど

---

2.Leonard Ravenhill, quoted in Bryon Paulus and Bill Elliff, One- Cry: A Nationwide Call for Spiritual Awakening (Chicago: Moody, 2014), 34.

んなものも、人間によって作られたものは、人の手によって壊される。神の国を作ろうではないか」と語ったという。

　その通りだ。人がどんなものを作ろうとも、同じ人間の手によってそれは破壊される。だから神によって高く評価される教会を作り出そうではないか。その教会のためにご自身の命を投げ出した救い主によって力づけられる教会を。

　「わたしはこの岩の上に、わたしの教会を建てます。よみの門もそれには打ち勝つことはできません」（マタイ 16:18）

　人にはできないと思われることも、神が共におられれば可能となる。

# 第２章　都市へ光を、心を神に
## 〜敵地で神を見出す〜

　教会はまるで、大海に浮かぶ船のように、世の中に存在している。しかし船内に海水が入り込んでくると、たちまちトラブル発生となる。讃美歌「アメージング・グレイス」の作者であるジョン・ニュートンは、嵐の中へ船が進み行こうとするときのことを知っていた。1748 年、恐ろしい嵐に遭遇したときに彼は船上の人であった。そしてひどい恐怖を経験した後、回心を体験したのである。人生の後半に聖公会の司祭に叙任されたニュートンは、教会内に不和を見出し、次のようにコメントしている。「船が難破しかかり、甲板の仲間が暴動で分裂しているとき、賢い男がいたらこう言うだろう。『友よ、私たちがこうして議論している間にも、水は船の中に入ってきます。議論を止め、水を汲み出すポンプの所へ行くべきでは？』」１

　私は、クリスチャンもまた細かいことを横において、汲み出しポンプのある所に集まるべきだと信じている。私たちの所にも、バビロンから大量の水が流れ込んできている。私たちの船も沈み始めているのだから！　クリスチャンが異教文化の中で、適切な身を守る手段もないまま生活することは、危険が伴うものである。このような文化は、私たちを破滅へと追い込んでいく。それでも私は、イエスの祈りの中に私たちの指針を見出す。「わたしがお願いすることは、あなたが彼らをこの世から取り去ることではなく、悪い者から守ってくださることです」（ヨハネ 17:15）。この言葉は現在でも役立つものである。

---

1.John Newton, The Work of john Newton: Volume 1 (Edinburgh: Banner of Truth Publications, 2015), 75.

私たちはこの世界から孤立してしまうのではなく、たとえ危険があるとしても、この世界の中で聖なる証人となることを求められている。エド・ステッツァー牧師はこのようにコメントしている。「王の働きをすることは、この世界で何とかして生きることを意味している。同時に、この世的なものに抵抗することでもある。神はその両方の働きのために私たちを召したのだ」。[2]　この世で生きるとは、私たちが戦争に巻き込まれ、その結果、負傷することもあるということだ。

　ユダヤ人たちは自分たちの土地と神殿を失ったので、宗教、国土、そして文化を守るために戦う機会を失ってしまった。またさらに多くのものを失った。バビロン人の守護神であるマードックが大勝利を収めたのである。でも懲らしめられたユダヤ人は、その損失に痛み苦しみながら、バビロンにおいて真の神を現したのである。驚くべきことに、神はこうなることを期待しておられたのだ。

　ユダヤ人はエルサレムというとても重要な都市を離れ、バビロンという影響力のある別の都市で生活せざるを得なかった。その渦中にあって、彼らには選択の余地はなかった。紀元前605年、バビロンの軍隊は南下し、数千人のユダヤ人を捕らえ、バビロンへ連れ去っていった。最初の捕囚には、ユダヤ人の中で最高の頭脳を持った者たちが選ばれ、彼らはバビロン帝国の発展に寄与すべく働きを与えられた。その中に、聖書に登場するダニエルとその友人たちが含まれていたのである。

　それから8年後、バビロン人はイスラエルに再びやって来た。そして今度は残された人々のほぼすべてを捕囚の民としたのであっ

---

2.Ed Stetzer, Subversive Kingdom ― Living as Agents of Gospel Transformation(Nashville: B&H, 2012),220.

た。華美で壮麗なソロモンの神殿は、全く破壊されてしまった。エレミヤはそのすべてを目撃していた。彼こそ、この状況を見て泣く資格があったと言えよう。

　バビロン軍によって包囲されていた時、あるユダヤ人は殺され、他の者は飢えで亡くなった。子どもたちは栄養失調になり、赤ん坊はミルク不足で飢えていた。生き残った者たちとバビロンに連れて来られた者たちでも、その親族たちの多くは危険に満ちた旅の途中で死んでしまっていた。最終的に生きながらえた者たちはバビロンに定住した。この都市はエルサレムから 800 マイル（1280 キロ）も離れており、当時栄えていたバクダットから約 60 マイル（96 キロ）の所である。

　エレミヤはこの苦境について、次のように個人的叙述をしている。「私の目は涙でかすみ、はらわたはかき回され、肝は地に注ぎ出された。私の民の娘の破滅のために。幼子や乳飲み子が都の広場で衰え果てている」（哀歌 2:11）。

## 建物ではなく、心で

　今日、もし私たちがイスラエルを訪れて、ソロモン神殿の観光ツアーができたとするなら、それは素晴らしいことであろう。もし、バビロンや他の軍隊がその神殿を破壊していなかったなら、この壮麗な建物は、おそらく今もその場に存在していただろう。そこには神の栄光が臨在していたにもかかわらず、主はこの巨大な神殿を、残忍な異教の兵士たちが蹂躙することを許したのである。それによって主の民が謙遜になることを学び、悔い改めに至るとするなら、それは価値あることとなるからだ。

　数世紀後、巨大な石を用いた第二神殿がヘロデ王の指揮下で建てられた。この神殿は紀元前 20 年頃に建設が始められ、64 年に完

成した。イエスが訪れたのはこの神殿である。

　しかしイエスはオリーブ山に座って神殿崩壊を予言し、次のように述べた。「ここで、どの石も崩されずにほかの石の上に残ることは決してありません」（マタイ 24:2）。そして神殿建立からわずか 6 年後の紀元 70 年にローマ軍がやって来て、予言通りに城壁の石を崩し去ってしまったのである。もし他にも軍隊が来ていなければ、今もこの神殿はそこに建てられていたであろう。神は再びこう仰せられると思う。「たとえどんなに美しい神殿で私を礼拝したとしても、そこに心が無ければ、それは私にとって無意味なのだ！」と。

　ワシントン D.C. を思い起こしてみよう。そこに建てられているほとんどの建物には聖句が刻まれている。それはアメリカが、聖書とユダヤ－キリスト教の世界観に多大なる敬意をもつ人々によって建国されたからである。もちろん今日、この聖句は世俗主義者によって有名無実化されている。彼らは、アメリカの宗教的起源を一掃しようとしているからである。

　さらに重要なこととして、私たちの教会堂は神に捧げられ、神と出会える場であるはずなのだが、実際のところほとんど神は顧みられていない。主はその状況をご覧になり、こう語っておられる。「主はその御目をもって全治を隅々まで見渡し、その心がご自分と全く一つになっている人々に御力を現してくださるのです」（歴代誌第二 16:9）。

　ステッツァーが語っているように、教会は建物ではない。「王国という考え方を抱いているなら、多くのクリスチャンは教会こそそれにふさわしい建物だと思うだろう。だから螺旋階段や尖塔をまるでお城のように教会の上部に据えようとするのだ。教会は王国の働きであるとの考え方を切り離すことはできないが、この王国そのものは、見える建物で表せるものではない。肉眼では見ることのでき

ないものなのだ」。[3]

　会堂があることについて神に感謝するが、私たちが決して忘れてはならないのは、私たちの心こそ、キリストの真の住まいだということである。神はご自身の民と共に住まわれるが、手で作った神殿の中においてではない。確かに神殿はユダヤ人の生活にとっては大切なものだった。

　しかしバビロンでは、神の臨在こそが真の神殿であった。神は、敵地のただ中でも彼らとお会いになられるのである。

## バビロンに到着する。

　ユダヤ人がバビロンに到着した様子を思い浮かべてもらいたい。エルサレムに家族を残してきた人々は、もう二度と親戚と会えないことを知っていた。彼らの家と所有物は、永遠に失われてしまったのだ。バビロンでの彼らの生活は、家は共有で、その場しのぎの家具だけだったろう。ユダヤ人が異教の地へ足を踏み入れたとき、宗教的にも経済的にも、そして感情的にも困窮しており、今までになかった環境に放り込まれたのである。

　まとめて言うなら、バビロンではユダヤ人であることを証しする3つのシンボルを失ってしまっていた。まず彼らの土地、そして王、最後に神殿である。[4]　彼らはバビロンに着いた時、バビロンで崇められていた神々に取り巻かれていた。例えば、イシュタルは、豊穣の女神であり、売春とフリーセックスの神であった。そしてバアル（ベル）という神は太陽神であり、農耕と稲妻の神であった。これら異教の神々は十戒など知る由もなかった。これら非人格的な

---

3.Ibid.,12.
4.Lee Beach, The Church in Exile － Living in Hope After Christendom(Downers Grove, IL: InverVarsity, 2015), 53.

神々は、様々な形の性的倒錯に寛容で、バビロン人の生活スタイルを許容していたのだ。

　ユダヤ人はこのようなバビロン人に仕えなければならなかった。新しい言語を学び、生活のために働き、食物を購入し、できる限り異教の隣人たちと平和に過ごさなければならなかった。真の神は、そのような環境にあっても、神を敬う生活と個々人のきよさを保つことを期待されたのである。

## ・同じ国で、異なる文化を持つ

　ユダヤ人とは違って、私たちは住んでいる国を変えたわけではない。しかしクリスチャンの視点に立つなら、私たちの文化の本質的価値は、大きく変わったのである。特にここ数十年間の変化は著しい。

　一般的に言うなら、アメリカはヨーロッパ人によって建国された。彼らの多くは、自らをクリスチャンと考えていた。ロバート・P・ジョーンズは、その著書『白人クリスチャンによるアメリカの終焉』で、私たちの建国の父らは法律を制定し、政治機構を創り出し、国家形成のために基本的価値観を生み出したと述べている。このことをフランシス・シェーファーは「ユダヤ―キリスト教的総意」と言う。ジョーンズはこの「卓越した文化的パワー」がアメリカの歴史には源流として存在し、それが美意識として共有され、歴史の枠組みを作り、道徳的な語彙を生み出したと語る。このWCA（白人クリスチャンのアメリカ社会：White Christian America）が死んでしまったというのである。[5]

---

5.Robert P. Jones, The End of White Christian America (New York: Simon and Schuster, 2016), 1-2.

　今日、多くのクリスチャンにとって、アメリカという国家は二、三世代前と全く変わってしまっている。私たちは、進歩的な思想が統合と人種的平等を生み出したことに拍手喝采した。しかし他の方面における変化は、トラブルを引き起こしている。ジョーンズは著作の冒頭で「白人クリスチャンによるアメリカ社会の死亡報告」と述べ、この集団の「死」の原因を次のように語っている。「環境的要因と内的要因が融合され、国の人口構成の変化から複雑な流れが生じてきた。宗教的な事柄から距離を取る者たちが増えてきたことによって、特に若い世代は WCA の考え方に疑いを持ち、それに伴って文化的な変化が起こって来た」。[6]　そして WCA 集団の信頼度は、20 世紀最後の 10 年間に彼らが党派的政治の世界にはまり込んだ（宗教右派と呼ばれる政治集団となった）ことによっても、ダメージを受けてしまった。さらに彼は、「アメリカの若者たち全般と同様、WCA に属している若者たちにとって特に重要な事柄である LGBT（レズビアン、ゲイ、バイセクシャル、トランスジェンダー）問題に対し、適切な対応をしなかったことで、WCA は末期症状に陥ってしまった」と述べている。[7]

　しかし私は、白人のアメリカが死に至ることに興味はない。人種の多様性は私たちの強みであって、天国の多様性を教会に示す機会なのだ（黙示録 5:9~10）。私たちが行くべき地点はまだ遠くにあるが、教会は次第に多文化主義を認め、人種間の融和を目指し、難民たちへの救いの手を差し伸べるようになってきている。

　むしろ私にとっての関心は、クリスチャンのアメリカが死にゆくことである。アメリカの基礎となった多くの聖書的価値が、もはや

---

6.Ibid.,1.
7.Ibid., 3.

私たちの法律や生活を形作ることをゆるされないことである。規模は小さいだろうが、クリスチャンたちはバビロンに生活するようになったユダヤ人と同じようになってきたのだ。現在の私たちの文化は、むしろ宗教的な分断や教会への嫌悪感によって形成されつつある。性に対する意識が変わり、道徳的・霊的な相対主義へと流れている。加えて、「政治的な正しさ」や「宗教」が政党政治の観点から語られ、混乱をもたらしている。クリスチャンの目から見るとき、アメリカが日々異質なものになりつつあるのは驚くべきことではない。

しかし、私たちはこの巨大な文化の中にあって、主の証人となるよう召されている。くだらないテレビ番組や快楽主義、勢力を拡大しつつある同性愛の力と影響力、宗教間の対立、そして個人的権利の過度な強調などに固執する文化のただ中において、である。ムーディー教会の近くを歩いていた時、一人の男性が来ていたＴシャツに書かれてあった言葉に目を引かれたことがある。そこに上記のような価値観が完璧に表されていた。それは「ただ自分を礼拝せよ。そうしたら皆がうまくやっていける！」である。

しばしば、私たち福音主義者はマイノリティだと考える。変わりゆくアメリカに広く受け入れられている文化的潮流から外れているからだ。そんな私たちの未来を予言するのはたやすい。多くの子どもたちが福音的な家庭や教会で育てられはしても、「何でもいい」という神学とリベラルな政治行動を選んでいるからである。賛同できない者もいるだろうが、私はジョン・ディッカーソンの調査は正しいと信じている。「教会は会員数を減らし、経済的にも傾き、影響力も失われている」と言うのだ。[8]

---

8.John S. Dickerson, The Great Evangelical Recession (Grand Rapids:Baker, 2013), 22ff.

　だから私たちの前にある課題は、「クリスチャンの価値や関与を毛嫌いする文化的状況の中で、どのようにして私たちの信仰をシェアしていくのか？」ということになる。ユダヤ人たちはどうしたのか？ バビロン人たちの好意によって、自分たちのアイデンティティを保ち、ヤハウェなる神を礼拝していたのだろうか？ 彼らは、自分たちがバビロンの文化に影響を与えることができないことを知っていただけでなく、バビロン人からより大きな影響を受けることを恐れていたのである。

　ユダヤ人は生き残ったし、私たちもそうできる。しかしそれは簡単な道ではなく、危険性も高い。ラッセル・ムーアが述べているように、「私たちの召しは、疎外感を覚えながら生きることである。福音は特別なものだと確信しつつ、良い隣人、友、そして市民となるという召しから逃げてはならない」。[9]

　バビロン人たちにとって、ユダヤ人は、信頼している民を守ることができない弱い神を信じている人々だった。バビロン人たちの考えでは、ヤハウェはバビロンの神、マードックに敗北したのである。もしあなたの信頼する神が敗北神だと言われたら、どんな気持ちがするだろうか？

　バビロン人たちはヤハウェの光をむしろ暗闇だと信じていたのである。

## ユダヤ人が直面した選択

　エレミヤによれば、ユダヤ人は「悩みと多くの労役」（哀歌 1:3）を強いられていた。挫折と落胆、そして抑圧が常にあった。彼らは

---

9.Russell Moore, Onward: Engaging the Culture without Losing the Gospel (Nashville: B&H, 2015),8.

それらに対してどのように対応したのだろうか？

## ・孤立するという選択

　ユダヤ人が採った最初の選択は、怒りをもってバビロンの文化から自身を孤立させ、自分たちを捕囚とした彼らを非難することだった。しかし一体この状況で、誰が非難の声をあげられるだろうか？彼らの怒りは当然だ。なぜなら激しい迫害下にあって、彼らもその家族も冷酷な殺人者の手によって危険にさらされたのだから。

　バビロンの兵士たちは、ユダヤ人の赤ん坊を嬉々として岩に投げつけ、女性をレイプし、他の人々を鎖につないだのだ。ひどい仕打ちの最たるものが、連れて来られたユダヤ人に対し、バビロン人たちが嘲笑の声を上げ、シオンの歌を歌わせて楽しもうとすることであった。

　ここに、このような不快な要求を受けたユダヤ人たちの心情が描かれている。


　「バビロンの川のほとり　そこに私たちは座り　シオンを思い出して泣いた。

　街中の柳の木々に私たちは立琴を掛けた。

　それは　私たちを捕らえて来た者たちが　そこで　私たちに歌を求め　私たちを苦しめる者たちが　余興に　『シオンの歌を一つ歌え』と言ったからだ。

　どうして私たちが異国の地で主の歌を歌えるだろうか。

　エルサレムよ　もしも私があなたを忘れてしまうなら　この右手もその巧みさを忘れるがよい。

　もしも　私があなたを思い出さず　エルサレムを至上の喜びとしないなら　私の舌は上あごについてしまえばよい」（詩篇

137:1~6）

　この詩人は、捕囚の民の失望と怒りを響かせつつ、ここで終えてはいない。彼は、自分たちに理不尽なことをしたバビロン人に対して復讐できるように祈っている。

　「娘バビロンよ　荒らされるべき者よ。幸いなことよ　おまえが私たちにしたことに　仕返しする人は。幸いなことよ
　おまえの幼子たちを捕らえ、岩に打ちつける人は」（詩篇137:8~9）

　こんな声が聞こえてくる。「お前たちは我らの赤子を岩にたたきつけた。同じことをやり返せる日が来ることを、私たちは待ち焦がれているのだ！」。

　このような態度で、本当に生活に必要な事柄を除いて、あらゆる社会的関係から遠ざかったユダヤ人たちがいたことは疑いない。彼らは各家庭で、また個々人の胸の内で、自分の信仰を保っていた。彼らはバビロンの神々について何も言わず、自分の信仰についても沈黙を守った。彼らは恥ずかしさと怒りのあまり、「打ち負かされた神」であるヤハウェへの忠誠を語ることをしなかった。彼らは、自分たちの先祖を神がエジプトから導き出したこと、カナンの地を与えられたことについて口を閉ざしていた。もし話せるとしたら、何の憐れみもない裁きの言葉を語ったであろう。

　現代の文化に生きるクリスチャンの中にも、指を回しながら、罪を犯した人々の破滅を語る者たちがいる。彼らは「自分たちの国を奪った輩」に対して怒りを覚えているのだ。怒りの対象は、学校でリベラルな教えを垂れる人々、暴力と性的堕落を蔓延させたメ

ディア、そして私たちの信仰的伝統と価値観を蝕むような法律を常に押し付けようとする政治家たちである。

　そう、確かに私たちは自分たちの文化が壊されていくことに、「正当な怒り」を覚えているかもしれない。しかしもし私たちの怒りがキリストの証人たちにも及んでしまうなら、この世はすでに我らを包み込んでいるというステレオタイプの世界観を助長させるだけだろう。確かに私たちはこの世の罪を明確にするために召されている。しかしそれはキリストの贖いの業、そして私たちの謙遜さと思いやりをもってなすべきである。そう、それに加えて、勇気と涙が必要である。

　怒りと批判は何も変えない。事実、怒りをそのまま発する人々は、リベラルで左翼的考え方をもつ友人が、キリスト者への憎しみをさらに深くする原因とさえなるのだ。さらに言うなら、このような言動は私たちの主を体現することではない。主は「ののしられても、ののしり返さず、苦しめられても、脅すことをせず、正しくさばかれる方にお任せになった」お方である（第一ペテロ 2:23）。

　怒り、復讐、そして報復の精神は、主イエスの方法ではない。しかし本書後半で見ていくように、沈黙することや臆病になることも、主の方法とは違うのである。


## ・同化するという選択

　最初の選択が<u>孤立化</u>だとしたら、次の選択は極端な<u>同化</u>であった。言い換えるなら、ユダヤ人たちが文化の急流に飲み込まれ、流れを生み出すどころか、周りの人々との違いが全く見受けられない状態に陥ってしまうということである。

　霊的に同化するということは、最低限の抵抗しかしなくなることである。その結果、おのずと臆病に生きていくこととなる。同化す

ることは、文化が私たちの自然的な傾向につけこんで、この世が提供するものこそ私たちが愛している神の示される方向だ、と頷く者にしてしまうことなのだ。

## 神からの言葉

　神は第三の選択を私たちに与えてくださった。それは汚れなき浸透とでも言うべきものである。

　エレミヤはエルサレムに留まり続けた。しかし神からの啓示は止むことがなかった。彼は、捕囚として連れて行かれた民がバビロンでどのように行動すべきかを神から示されたとき、神からの指針を手紙にしたため、捕囚民に送った。それゆえ、神は、あらかじめ用意されていない未来へ民を連れて行かれることはないことを、民は発見したのである。

　神はユダヤ人をバビロンへ遣わすと告げられた（エレミヤ29:7,20）。それはこういうことだ。「ユダヤ人がバビロンに連れて行かれたのは、彼らの悪行ゆえであった。しかし現在彼らがそこにいるのは、自身の苦境をきっかけにして、バビロンの悪しき人々に対して神の恵みを証するためである！」。ユダヤ人は、自分たちが神の使節としてそこに遣わされたと考えるべきなのである。

　神の心を受け取ることだ。数的劣勢に立たされ、文化的には周辺部へと追いやられていても、教会は今なおキリストを体現すべく、この世界のただ中に遣わされている。私たちはこの不幸な世界において、今もなお希望を伝える最高の証人であり続けているのだ！私たち教会は、キリストによってこの世に遣わされた者であるという自覚を持って初めて、この世界に影響を与えることができる。主はこう祈られている。「あなたがわたしに下さったみことばを、わたしが彼らに与えたからです。彼らはそれを受け入れ、わたしがあ

なたのもとから出て来たことを本当に知り、あなたがわたしを遣わされたことを信じました」（ヨハネ 17:8）と。

　私たちは巡礼者であり、常に変わりゆく文化と同じような歩みはしない。私たちは、教会の頭なるキリストから遣わされた存在である。教会は、現在の道徳的破綻が取り返しのつかない混沌に至らないように防ぐ最後の壁である。

　異質な国に置かれたとき、私たちは何をすべきだろうか？ 神は、数的に劣勢で、異教文化の中で葛藤を覚えている人々に対して、5つの指針を与えてくださった。


　「イスラエルの神、万軍の主はこう言われる。『エルサレムからバビロンへわたしが引いて行かせたすべての捕囚の民に。 家を建てて住み、果樹園を造って、その実を食べよ。 妻を迎えて、息子、娘を生み、あなたがたの息子には妻を迎え、娘を嫁がせて、息子、娘を産ませ、そこで増えよ。減ってはならない。 わたしがあなたがたを引いて行かせた、その町の平安を求め、その町のために主に祈れ。その町の平安によって、あなたがたは平安を得ることになるのだから』」（エレミヤ 29:4~7）


## ・バビロンで、落ち着きなさい

　まず家を建てよ。隣人との関係を築け。自分のテントだけに住んではダメだ。なぜならあなたは 70 年もの長きにわたってこの世で住むことになるのだから！ ここに含まれていることは、「あなたが捕えられている国の言葉を学べ」である！

　予言されたように、偽預言者は現れてくる。彼らは 800 マイル離れたところでもしぶとく生き残っている。そして異なったメッセージを持ち込み、ここでの滞在は短期間だと語って人々を安心さ

せようとする。彼らの主張を手短に言えば、こうなる。「神は私たちをここではないところへと導く。神は、私たちがこの異教の地に長期間いることを許されない」（エレミヤ28:12~17,29:29~32）。

　再び言う。偽りの教師はあまりにも簡単に人々の傷を癒そうとする。

　しかし神は、あなた方が考えるほど簡単にここから出て行けない、と語られる。「安易な約束を信用するな。事態は深刻になる。私は、あなたがたがここで作物を植え、家を建てることを願う。なぜなら、この状況は簡単には変わらないからだ」。

　私はこんな題で講演することを頼まれたことがある。それは「いかにアメリカを再生させるか」である。言い換えれば、どうしたら私たちは同性婚、堕胎の権利、そして公立学校での洗脳（進化論教育や祈祷禁止などの措置）を後退させることができるか、ということであり、どのようにして憲法を遵守する裁判官を任命するかということだ。まず言いたい。それは簡単に変えられることではない。かつて抱いていた価値観や、ノスタルジックに言う「古き良き時代」に二度と戻ることはできないかもしれない。たとえ、衰えているユダヤ―キリスト教的合意を回復させられないとしても、私たちの任務は忠実であることだ。私たちは、福音とその意味していることを守る長い戦いに参与しなければならない。その結果、変化が一人の人に、一つの家庭に、一つのコミュニティに起こる。しかしそれは簡単なことではない。

　神は私たちに長期的視点に立つよう語っておられる。今日における私たちの任務は、この国の人々との妥協なき統合であり、継続的な安全網の構築である。そうすることで、私たちは世の中に吸収されることがなくなる。私たちはノース・ダコタの丘の上に落ち着き、周りにフェンスを張り巡らして生きるために召し出されたのではな

い。そうでないと、私たちは人間社会に必要なことから遠く離れ、混乱して中毒状態になっているこの世で生きることの危険性から遊離してしまう。主イエスはこの危険な世界に生きるためにやって来られたのだから、私たちもその足跡をたどるべきである。

　覚えておいてもらいたい。神は私たちに従順を求めて呼び出したのであり、成功を与えるためではないのである。

### ・バビロンで、強い家族を築きなさい

　ただ、強い家族だけが、バビロン文化という嵐を乗り越えることができる。「妻を迎えて、息子、娘を生み、あなたがたの息子には妻を迎え、娘を嫁がせて、息子、娘を産ませ、そこで増えよ。減ってはならない」（エレミヤ 29:6）。ある説教者はこの箇所をこのように表現している。「神は言われる。独身者のパーティーを開きなさい。若い女性がそこで若い男性に出会い、そして結婚し、家族ができるのだ」と。

　そんなことを聞いて、驚かないだろうか？ どうやってこの異教の地で子どもたちを養育するのだろうか？ ユダヤ社会では、力強い父親が存在し、家のことは彼がすべて責任を持っていた。父親が過ぎ越しの儀式を行っていた。父親は子どもたちに神の言葉を教えるという責任をもっていた。神は、神の言葉に基礎を置いた強い父親がいてこそ、異教徒の中にあっても家族は生き残れることを知っておられた。

　父親によって、神は将来の種まきをすることができ、福音のメッセージ（旧約聖書時代の理解だが）を浸透させることができたのである。神は子どもたちを必要とされた。それは、未来の世代が捕囚から解放されて、再び神の土地に帰ってきたとき、主の働きが継続されるためであった。だから神は、「この異教文化の中で、家族を

作りなさい」と言われたのだ。感謝なことに、彼らの子どもたちは
おそらくバビロンの学校に通う必要はなかったろう。しかし子ども
たちは、通りで見聞きすることでバビロン的なものを取り入れてい
たことは、想像に難くない。

　アメリカにおいては、多くの公立学校がバビロン的な価値を子ど
もたちに刷り込んでいる。そして彼らを混乱させ、両親や教会が教
えていた信仰や道徳に対する疑いを抱かせることに成功している。
だから私は、神学者のアル・モーラー Jr. が言うことに同意する。
今日の親たちには、公立学校で教えられることから子どもたちを引
き離す戦略が必要だというのが彼の意見である。学校では、小学校
低学年の頃から「無神論的な性のとらえ方」を押し付けようとして
いるのだ。[10]

　学校教育に代わるもの、例えばホームスクーリングをするとか、
信仰を土台とした私立学校などに通わせるなどのことをするのが難
しい家庭もあるだろう。しかし子どもたちが学校に行くかどうかに
関係なく、両親（特に父親）は、神から子どもたちの養育の責任を
任されていることを忘れてはならない。もし子どもたちが、事実上、
世俗的な考え方をする教師たちから洗脳されているとしても、両親
はこれをくいとめねばならない。どんな犠牲を払ってでも、両親は
学校に性の問題をまかせてはいけない。

　「伝統的な公立学校に子どもを通わせている両親のための選択肢
の一つは、これらのことを予測し、先回りすることである」と、フォー
カス・オン・ザ・ファミリーの教育評論家であるキャンディ・クッ
シュマンは語っている。例えば、両親は学校のカリキュラムや授業

---

10.Al Mohler Jr., Culture Shift—The Battle for the Moral Heart of America(Colorado Springs:
　Multnomah, 2008),53.

計画を見せてほしいと願い出ることができる。さらに、両親のための「権利の章典」は、両親が子どもたちの「効果的な弁護者」であるために、価値ある内容を提供するものである。[11]

　私は友人のトニー・エヴァンズのことを思い出す。彼はダラスにあるオーク・クリフ・バイブルフェロシップの牧師である。彼と妻のロイスは、彼の子どもたちが学校から帰って来ると、子どもたちを「洗脳から解放する」時間を持ったという。彼らは子どもたちに学校で何があったかを聞き、どんなことを教えてもらい、どんな価値観を伝えられたかを尋ねていたのだ。その後に、その誤りを正して、彼ら家族が持っているクリスチャンとしての世界観を明確に教えたのである。

　おそらくバビロンでも同じことがなされたのだと想像する。彼らの子どもたちが通りで遊んで帰って来たとき、市場から戻ってきたとき、父親は彼らがその一日で何を聞き、何を見たのか、尋ねたであろう。それから子どもたちに、異教文化が伝える嘘の見分け方を教えたのだろう。そして、自分たちはなぜヤハウェなる神に忠誠を示さなければならないかを強調したと思われる。

　神が父親たちに語られた基本的なことは次のようなものだ。「私はあなたたちに多くの家族を委ねる。そして私の臨在は、あなたとあなたの家族と共にある。あなたはもはや神殿を築いたり犠牲をささげたりしなくてよい。私はあなたと共にいるからだ。そしてもしあなたが私と共にいることを願い、私の顔を求めるなら、私はあなたが必要とする知恵を授ける。子どもたちを神の栄光のために養育するための知恵を」養育のための知恵を神に求めることは、この混

---

11.Jim Daly, "Education Options for Christian Families," Daly Focus(blog), April 13, 2016, http://jimda1y.focusonthefami1y.com/

乱した世界で家族を導くための大切なカギとなる。

　家族が文化に対抗できるものに成長することを支援しない教会は、すべての社会組織の中で最も重要なもの（家族）を強めるという神からの責任を放棄している。私たちはあらゆる手段を講じて家族を助けるべきである。離婚、片親、十代の妊娠、そしてホームレスなどの問題に苦しむ家族を助けよう。家族の崩壊は、社会全体の崩壊につながっていく。私たちは犠牲的な助言や同情をもって、彼らと共に歩むように召されているのである。

　文化を元に戻すことは、簡単にはできない。一つひとつの家庭から始まっていく。

### ・バビロンで、市民としての生活にかかわりなさい

　良き隣人となるべきである。「わたしがあなたがたを引いて行かせた、その町の平安を求め、その町のために主に祈れ。その町の平安によって、あなたがたは平安を得ることになるのだから」（エレミヤ 29:7）。繁栄という意味のヘブル語はシャロームである。神が「町のシャロームを求めよ」と語っておられるのだ。

　このシャロームという言葉は、「繁栄」とか「平和」と訳されるが、実際はもっと広い意味がある。平和が含んでいるすべてのことを意味する。だから「幸運」「一体感」「祝福」「好意」などの意味も含んでいる。神は、現在シカゴに住む私たちになら、こう語られるだろう。「仕える者になりなさい。あなたの家の前に積もっている雪をシャベルで除けなさい。ついでに隣人の前の雪も！　人をもてなしなさい。良き人間関係を築きなさい。ちゃんと税金を支払いなさい」あるシカゴ市民に対しては、おそらく神はこう言われるだろう。「貧しい人々のために、市議会議員になる道を探るか、貧しい人々のために食糧庫を作りなさい」。

私たちは自分の町のために投資すべきだ。なぜなら「あなたが<u>シャローム</u>を見出すなら、それこそが<u>シャローム</u>だから」。潮の流れがこちらに向かってくるとき、すべてのボートは浮かび上がる。同じように、あなたが町を祝福しようという思いをもって、正義をこの町に浸透させるなら、その祝福はめぐりめぐってあなたに還って来る。あなた自身の繁栄が、街全体の繁栄に繋がっているのである。

## ・バビロンで、祈りなさい。

　偽りの神を信じているあなたの隣人のために祈ろう。「わたしがあなたがたを引いて行ったその町の繁栄を求め、<u>そのために主に祈れ</u>」（エレミヤ 29:7）と神は語っておられる。

　この言葉は、イスラエルの人々に衝撃を与えたに違いない。神様、本当ですか？ あなたは本当にバビロンのために祈ることを願われているのですか？ この国の人々は無慈悲な兵士で、家族、両親、親せきなどを殺しているのですよ？ あなたの国を奪った者たちのために祈れ、ですって？ 彼らの祝福のために、彼らのシャロームのために祈るのですか？

　自分たちこそ正しいとする考え方がユダヤ人の心から追い出されていった。自分たちの苦難のゆえに、彼らは、神が無慈悲な敵を祝福するよう祈るものになったのである。自暴自棄になっているなら、成功や繁栄などを生み出せるはずがない。

　シカゴは暴力で知られた街である。市の殺人発生率は、なかなか低下しない。私たちはそんなニュースを聞いても、それは氷山の一角だと思う。虐待、中毒、そしてアルコール依存症などが多くの家にあることを計算に入れていないからだ。

　多くの教会が、「シカゴのために祈ろう」という団体に加盟している。異なった教派から、多くの人々が少なくとも一年に3回集まっ

て、私たちのために、シカゴのために祈っている。それは大いに必要なことだ。私たちはいつも、市内に住む77地区の隣人のために祈っている。

　私たちはシカゴ市の経済のため、人種的な問題のためにも祈るが、何よりも大切な霊的必要のために祈るようにしている。私たちはシカゴの<u>シャローム</u>のために祈るのだ。

　時々、疑り深い人々が、神は私たちの祈りに答えてくださっていないと指摘する。でも私たちが祈りを止めてしまったらどんなにひどいことになるか知りたくないので、シカゴの<u>シャローム</u>のために祈り続けている。少しずつの歩みが積み重なって、この町の福音的な教会が一致し、各々のコミュニティの中で活動し、宣教するのである。

　私たちは、上に立つ者たちと政治的権威をもつ人々のために祈るべきである。市長のために、議員のために、そして国家の指導者（大統領）のために祈るべきである。しかし私たちは、真の<u>シャローム</u>は唯一、キリストの福音を通して見出されるということを知っている。

　神はユダヤ人へ語っている。バビロンのために祈れ。バビロンの指導者のために。そしてあなたの敵のためにも祈れ、と。


## ・バビロンで、神の約束を思い出しなさい

　楽観的になりなさい。


「まことに、主はこう言われる。『バビロンに七十年が満ちるころ、わたしはあなたがたを顧み、あなたがたにいつくしみの約束を果たして、あなたがたをこの場所に帰らせる。　わたし自身、あなたがたのために立てている計画をよく知っている──主のことば。──

それはわざわいではなく平安を与える計画であり、あなたがたに将来と希望を与えるためのものだ。あなたがたがわたしに呼びかけ、来て、わたしに祈るなら、わたしはあなたがたに耳を傾ける。あなたがたがわたしを捜し求めるとき、心を尽くしてわたしを求めるなら、わたしを見つける』」（エレミヤ 29:10~13）

　これはあなたの家の額縁に飾られている約束の言葉ではない。文脈では、イスラエルの未来について具体的に言及されている言葉である。神はこう言われる。「70 年後、わたしはあなたのところにやってくる。そして、あなたはエルサレムに帰還することになろう。わたしはあなたに将来と希望を約束する」。

　少し考えてもらいたい。あなたは 45 歳でバビロンにやってきたとしよう。800 マイルの困難な旅を生き延び、自分の信仰を失うことなくバビロン人の文化に必死で馴染んできたのだ。そして今、70 年後にバビロン帝国がユダヤ人たちにエルサレムへの帰還を許す、という声を聴いた。きっとあなたはこう思うだろう。「この約束を感謝します。しかし私はここで死んでしまうでしょう」。確かにその通り。あなたはこのバビロンで死んでしまうだろう。そしてあなたの家族も親戚も、そのほとんどが死んでしまうだろう。

　すこし先へ飛んでみよう。

　第一世代の人々の子どもたちは、帰還することができた。彼らの両親は皆バビロンで死んでしまっている。この期間に、彼らはヘブル語を話す能力を失っていた。彼らは、今やアッカド語を話している。これはバビロン人が使っていた言語である。だからこそ、70 年後に彼らが帰還したとき、律法の書は彼らのために読み上げられ、翻訳されなければならなかった（ネヘミヤ 8:1~8）。

　しかしバビロンで亡くなった人々はどうだろうか？　彼らは生き

ているうちにエルサレムを見ることはなかったが、将来において与えられる祝福の約束を受け継いだのである。例えばアブラハムは、信仰をもって亡くなった。約束されたものを手にすることはなかったが、いつの日かその約束が完全に成就することを見たのである（ヘブル 11:39~40）。

　彼らと同じように、私たちも生きているうちに再臨されるイエスにお出会いすることはないかもしれない。しかし私たちは信仰のうちに死を迎えられる。「祝福に満ちた望み、すなわち、大いなる神であり私たちの救い主であるイエス・キリストの、栄光ある現れを待ち望む」（テトス 2:13）からである。

　神が最後に来られるときの光景を忘れてはならない。

## 私たちへのレッスン

　イスラエルの歴史から、私たちが学ぶべきレッスンは何だろうか？

### ・絶望の中の祝福

　ある土曜日、午前中に血液検査を終えた私に、夕方ごろ医師が連絡してきた。すぐに緊急治療室へ行くようにとのことだった。私の検査数値が悪い状態だったので、医師は私が危機的状態にあると警告したのである。しかしそう言われても私自身は異常を感じられなかった。私はその夜をいつものように家で過ごしただけでなく、翌朝には説教さえしたのである。しかしその午後、私は医師が正しかったことを思い知らされた。妻のレベッカはわたしをER（救急治療室）へ連れていき、胆嚢の緊急手術をすることになったのである。私はこのことから一つのことを学んだ。それは、自分では大丈夫だと思っても、実際に危機は起こりうるということだ。

アメリカの福音派教会は危機的な状況にあるが、多くの人々はそのように感じていない。私たちは、自分たちが道徳的多数だと思い込んではならない。私たちは文化をめぐる争いに負けつつあるのだ。堕胎、同性婚、性的中毒、ポルノ、性同一性障害、学校での明け透けな性教育など、防波堤はすでに決壊している。世俗的で性的放縦を良しとする偶像の神が立ち現れ、この戦いに勝利している。聖書の神は、異教の神々にその道を譲ってしまっている。この世は私たちに感謝も尊敬も示さない。私たちは頑迷な神、信頼を損なった神を体現する者とみなされている。世俗主義者は、私たちの敗北を喜んでいるのだ。

　自分たちの神が「敗者」であることを常に思い起こさせられた捕囚のユダヤ人たちのように、私たちは世俗主義者たちによって嘲笑の的とされている。彼らは、教会が弱体化しているように思って喜んでいる。しかし、ユダヤ人を捕囚の民とされた神は、今度は私たちをこの世俗世界に遣わされたのである。この世は、私たちが「時代遅れ」の考えを持ち続け、黙っていることを望んでいる。『アメリカン・コンサヴァティブ（アメリカの保守派）』誌の編集長ロッド・ドレハーはこう記している。「文化的左派－今ではアメリカの主流派といってもいい－は、戦後の平和な時代を生きようとは思っていない。彼らはこう考えている。もっと激しく、執拗に占領政策を進めなければならない。実際に何が起こっているかを理解しない無知なクリスチャンたちによって援助されているのだから」。[12]

　私たちは文化をめぐる争いに負けてしまった。勝者は略奪品によだれを垂らして群がっている。しかし覚えておかなければならないことがある。神はユダヤ人たちを無作為に放って置いたわけではな

---

12.Rod Dreher, "The Idea of a Christian Village," Christianity Today March 2017, 36.

い。イエスもまた私たちの愚かさに任せておられない。主は、「見よ。わたしは世の終わりまで、いつもあなたがたとともにいます」（マタイ 28:20）と約束くださった。事態は目に見えることだけで判断できるものではない。勝利そして撤退はあくまでも一時的なものであり、それで終わりではない。物語は、イエスが再び来られ、誰が最終的な勝者か敗者かを決着されるときに、記されることになろう。

　バビロン、アメリカ、中東世界、そして中国……。これらの国に存在する人間中心主義、イスラム主義、アメリカの急進主義によって、神が脅かされることはない。主は、私たちが彼を求めさえすれば、必ず導いてくださる。神の配慮に信頼するとき、私たちが為すべきことがあるなら、私たちを永遠に打ち負かそうとするサタンおよび彼と徒党を組む悪魔的なものたちの協力は失われるのである。

　身の縮むような恐怖がユダヤ人たちを襲い、彼らは自暴自棄となる寸前にまでなってしまった。国が滅ぼされるという体験が、人びとを偶像から立ち返らせることとなった。唯一、悔いた人々だけが祈り、真の神を求めようとする。このことに私たちは同意すべきであるし、神もそのことをご存じである。神は、人間の弱さ、甘さ、そして罪を明らかにすることによって、私たちおよび教会を謙虚にして下さる。時には、挫折のみが人々に熱意をもたらすのである。

　常識外れのプライドや自信が私たちから祈りを奪ってしまう。かつて「祈りに頼らないことが私たちの独立宣言だ」などとうそぶいた者がいた。[13]　この言葉が端的に表しているように、祈りがなくなると人は傲慢になっていく。メディアや学校、そして家庭の中にさえ、悪しきものが攻撃しようと入り込んでくる。それらに対して、

---

13. Daniel Henderson, "Don't Feel Like Praying?", Strategic Renewal, 2014, http://www.strategicrenewa1.com/2014/11/10/dont-feel-like-praying/.

私たちが無力さを感じることは、決して不思議ではない。私たちは、多くの罪を悔い改めるべきである。筆頭に挙げるべきは、祈らないことへの悔い改めである。

アメリカには多くの必要があるにかかわらず、福音的な教会であっても、定期的に祈祷会を持っているところはあまりない。あるメガチャーチの牧師に「祈祷会を持っていますか?」と尋ねたところ、「いいえ」と返ってきた。そこでもう一つ、「定期的な祈祷会を予定に入れることで何か不都合なことがありますか?」と尋ねてみた。しかし彼は明確な回答を避けてしまった。

いったいどんな不都合があるというのだろう?

## ・聖なる神が支配しておられるという励まし

次の質問に真正面から向き合ってみよう。「私たちの神は負けたのか?」である。私たちが悲観的になり、われらの神が文化という神々との争いに負けてしまったと信じている限り、真の礼拝を捧げることはできない。言いたいことはこうだ。真の神とマードック(バビロンの神々)との争いに立ち戻らなければならないのである。もしあなたがバビロン人に、「どっちの神が勝ったの?」と尋ねたらどうだろう。彼らは確信をもってマードックだと答えるだろう。証拠ははっきりしている。ちょっと周りを見渡すだけで、弱々しいユダヤ人たちがみすぼらしい家の中で縮こまっている姿を見つけることができる。彼らはバビロン人に仕えざるを得ないのである。

しかし間違ってはいけない。ヤハウェなる神は、たとえ彼の民が敗北に苦しむときでも、勝利をもって支配しておられるお方である! 真の神、すなわちユダヤ人の神は、バビロンの軍隊をその手に握っておられる。彼らはこの神の特別な許しと指示なしには、エルサレムを攻撃することなどできなかったのだ。真の神は、たとえ

その民が負けてしまっても、なお神であり続けられた。民が倒れたときも、愚弄されたときも、殉教したときでさえ、神は神としてそこにおられた。マルティン・ルターは次のように語ったと言われている。「悪魔でさえ、神の許しなしには悪魔として存在することはできない」と。

　ユダヤ人は、神が預言されたとおりエルサレムに帰還した。さらに数世紀後、別の約束が成就した。それは、世界の人々にシャロームをもたらす救い主がベツレヘムにお生まれになるというものだった。「わたしはあなたがたに平安を残します。わたしの平安を与えます。わたしは、世が与えるのと同じようには与えません。あなたがたは心を騒がせてはなりません。ひるんではなりません」（ヨハネ 14:27）。

　結論は次のことである。神の支配への揺るぎなき信頼は、真の礼拝に力を与える。打ち負かされた状況の中でも神を見上げる者だけが、どんなときでも神をほめたたえることができる。それは詩篇の作者がこう語っている通りである。「私はあらゆる時に　主をほめたたえる。私の口にはいつも主への賛美がある。私のたましいは主を誇る。貧しい者はそれを聞いて喜ぶ。私とともに主をほめよ。一つになって御名をあがめよう」（詩篇 34:1~3）。

　打ち負かされたユダヤ人でさえ、神を賛美し礼拝することができたのだ！

## ・確かに危険、しかしそこから得られる報い

　エルサレム、バビロン、シカゴ。

　バビロン（この世）で生きることには危険が伴っている。福音派信徒として、私たちはバビロンを贖おうとしないで、逃れようとしているのだ。私たちは、自分たちの街のシャロームを求める点にお

いて、過去に良い業績をあげていない。私たちの周囲には、私たち
だけが満たすことのできるニーズがあるのに、私たちは内にこもっ
てしまうか、バビロンに全く同化してしまっている。

D.L. ムーディーはシカゴを愛し、危険を顧みずに行動していた。
彼は言う。「都市は、人々に最も影響を与えやすい場所だ。水は高
いところから低いところへと流れていく。アメリカの最も高い丘、
それは大都市だ。もし私たちが都市部をかき回すことができるなら、
国中をかき回すことができる」[14]。そしてムーディーは 1864 年に
ムーディー教会を設立した。過酷な環境で生きる子どもたちを日曜
学校へ迎え入れるためだった。当時の教会は、粗野で落ち着きのな
い、そして薄汚れた子どもたちを教会に招き入れるムーディーを快
く思っていなかった。つつましいスタートをしたムーディー教会は、
のちにムーディー聖書学院を設立する。この教会と学院がシカゴ市
に与えたインパクトは、150 年たった今でも計り知れないものがあ
る。ムーディーはよく言っていた。「もし神があなたのパートナー
だったら、あなたの計画をもっと大きくせよ！」[15] と。

ムーディーが天に召されて久しいが、神は彼の遺志をシカゴで
受け継ぐ新たな世代を育てあげられた。私たちのメンバーの一人で
あるドニッタ・トラビス（Donnita Travis）はムーディー教会でボ
ランティア・スタッフをしている。彼女は、劣悪な環境下にある子
どもたちを助け、宿題の面倒も見ている。子どもへの愛にあふれた
彼女は、放課後に子どもたちの面倒を見ようと思い立ち、シカゴで
最も危険な地域に住む子どもたちの衣食住すべてをケアしようとし
たのである。イエスが約束した豊かないのち（ヨハネ 10:10）を持

14.Paul Dwight Moody and Arthur Percy Fitt, The Shorter Life of D. L. Moody (Chicago: The
  Bible Institute Colportage Association, 1900). 79..
15.D. L. Moody, http://www.azquotes.com/quote/523866.

てるよう、都市に住む人々への隣人愛を実践した。2001年、彼女は、現在「子どもに手を差し伸べるクラブ（By The Hand Club For Kids）」として有名になっている働きを始めた。[16]　16名から始まった働きは成長し続け、1400名もの子どもたちに手を差し伸べることができるまでになった。彼らは、最も貧しく犯罪の多い4つの地域の子どもたちである。

　ドニッタは、数百人のボランティアや有給スタッフとともに、文字通り子どもたちに手を差し伸べ、彼らと共に時を過ごし、大学へ入学させた。「手を差し伸べるクラブ」の全人的なアプローチはさらに展開し、彼らの心とからだと魂のケアにまで及んでいる。子どもたちそれぞれが教えを受け、導きを得ている。この働きの成功は、82%の子どもたちが高校を卒業できていること、そしてその中のさらに88%が大学、専門学校へ進学していることから見ても明らかである。そしてこの成果は、シカゴ市立学校が進学率40%であることと比べるなら、なおさらである。子どもたちの多くはイエスを信頼し、救い主として受け入れている。

　ブライアン・デイとその妻ヘイジの物語を紹介させてもらいたい。彼らはグリーンフィールド・パークに住んでいる。ここは数年前まで、シカゴの77地区の中で最も殺人事件が多いところだった。

　数年間、ブライアンはレガシー大会という働きに関わってきた。この大会は、数千人の若者たちをアメリカ中の各都市から集め、各々の地域で仕えることを学ぶものである。この働きと同時並行して、彼は「レガシー・クリスチャン・フェロシップ」のリーダーシップを執っている。この団体は家の教会を立ち上げ、シカゴの各地区に次々と新しい集まりの場を生み出している。リーダーたちは別の職

16.By The Hand Club For Kids, bythehand.org.

業を持ちながら牧師の働きを務めているのである。[17]

　その戦略はとてもシンプルで、「ライフ・オン・ライフ」という現場訓練型のトレーニングである。ブライアンとヘイジの家で昼食をとった後、彼らは私に次のような話をしてくれた。彼らには実子はいないが、その代わりに多くの「子どもたち」が年中一緒に生活しているという。その数はおよそ 150~175 人である。彼らは自分の家に 8 名分のゲストルームを設けている。現在、その地区の 6 名の若者が一緒に住んでいるという。彼らはそれぞれ異なった霊的成長の段階にある。

　デイ夫妻は、家族のない男性たちと共に過ごしている。彼らは中毒を抱えている者、虐待を受けてきた者たちである。私がそこにいたとき、20 歳くらいの若者が語り掛けてきた。「もしデイ夫妻がいなかったら、私はとっくに死んでいました」と。彼は現在、ボランティアをしているが、まだクリスチャンではない。なぜなら、彼曰く「僕はあまりにも罪が好きだから」だという。デイ夫妻は、ありのままでキリストの下にやってきた人々のことを彼に話して聞かせた。彼らは皆、罪にひかれる気持ちもあったが、神のために生きることを選び、そして神の国のために今までとは異なる生き方を実現したのだ、と。

　私はデイ夫妻に、窃盗が問題になることがないか尋ねてみた。「もちろんありますよ」という答えだった。あるクリスマスの日、彼らが出かけていたときに、テレビとコンピュータが盗まれてしまったという。その時彼らは、買い替えることはしないと決めた（ラップトップのパソコンをもっていたので）。そして家の中には盗む価値のないものだけ置くことにした。また、この地区では暴力に関する

---

17.The Legacy; 1egacychristianfel1owship.org

報告が入るのは日常茶飯事だったが、彼らは夏の間中、表のポーチに友人たちと座り、道を歩いている人々すべてを心から歓迎して迎え入れた。私が最も感動したのは、彼らが自分たちの生活において喜びをもって人々に仕え、決して見返りを求めないという姿勢だった。

バビロン捕囚時代にも多くのユダヤ人が彼らと同じような働きをし、異教徒たちの友となったと思いたい。他者の必要に対して自己犠牲的に関わり、罪を咎めずに彼らを愛してより良き道を示す働きである。それは、私たちの信仰を分かち合う最も大切な方法であったし、これからもそうあり続けるだろう。

このような働きをする忠実な牧師たちがシカゴには数多くおられる。彼らは最もニーズのある人々のために犯罪が頻発する地区に住み、彼らに仕え、命をかけて、そのコミュニティに希望を届けている。シカゴで最も必要とされる働きについて語ることができて、私はとてもうれしい。それらの働きはまさに福音を確実に証しし、主の忠実なしもべとして生きていることなのである。

彼らは、大きな危険が伴うけれどもまた大きな報いがあることを雄弁に語っている。

## 都市の広場に十字架を据える

ジョージ・マクリード師のチャレンジに満ちた言葉を共に見ていこう。彼は20世紀スコットランドの聖職者で、キリストの十字架を据える場所について語っている。私たちは遠い場所から世界を変えることはできない。

私は十字架を教会の屋根に掲げるように、市場の中心にも掲げるべきではないかと、単純に提案したい。イエスは大聖堂の二つのキャ

ンドルの間で十字架にかかられたのではない。ごみでいっぱいの丘の上で、二人の盗賊の間で、十字架にかかられたのだ。そこは交通の要所だったので、その肩書をヘブル語、ラテン語、ギリシア語で書かなければならなかった。皮肉やみだらな言葉にあふれ、盗賊たちは呪いの言葉を吐き、兵士たちはかけ事に興じていたような所であった。そんな場にこそ、教会に属する人がいなければならない。そして教会の交わりとはどういうものかを示すべきなのだ。[18]

　簡単に結論の出る問題ではない。現在、私たちは美しい礼拝堂で礼拝することができるし、素晴らしい音楽と恵まれる説教を聞くこともできる。しかし、イエスは現場訓練型のトレーニングを示しておられる。キリストの真正な証人によって福音を聞く必要のある人々のただ中に私たちが住むことがなければ、町々にインパクトを与えることなどできないだろう。教会は、この世で勝利を得るために集められただけでなく、何の希望も持たないこの世に対し、イエスの美しさを告げ知らせるために、散らされたのである。私たちのインパクトは、私たちが安全圏にいる限りわずかなものでしかない。イエスはそうされなかったし、私たちもそのようにできない。

　イエスはこう祈られた。「わたしは彼らにあなたのみことばを与えました。世は彼らを憎みました。わたしがこの世のものでないように、彼らもこの世のものではないからです。わたしがお願いすることは、あなたが彼らをこの世から取り去ることではなく、悪い者から守ってくださることです」（ヨハネ 17:14~15）。

　教会はバビロンの中になくてはならない。しかしバビロンの一部に成り下がってはならない。

---

18.Ron Ferguson, George MacLeod: Founder of the Iona Community(Glasgow: World Goose Publications, 1990), 265.

# 第3章　良心の葛藤
## 〜敵対的な環境下で信仰を保つ〜

「神は、あなたを守れない所にあなたを置くことはない」という格言は正しい。

このことを証明する人物として、ダニエル以上の存在はない。彼は、ユダヤ人の赤ん坊を岩にたたきつけるよう軍隊に命じた異教の王ネブカドネツァルのために働くよう、採用された人物である。ネブカドネツァル王はオカルトに夢中になり、そのためのトレーニングをしてくれる人物を求めていた。ダニエルと彼の3人の友に関して、次のこと以上の説明は不要だ。彼らは、真の神が悪しき存在以上に力強いことを、自身の生きざまを通して示さなければならなかった。

ダニエルと3人の友（彼らについては後ほど触れる）は、神が一つの国を裁かれるとき、正しい者も邪悪な者たちと共に危険にさらされることを私たちに思い起こさせる。彼ら4人の男性（彼ら以外にもいたに違いないが）は、神を愛する心を持っていて、神の御心に従う者だった。しかしバビロン人がやってきたとき、彼らのような敬虔な人物たちも、新たな難民と同じことを経験せねばならなかった。

彼ら4人には信仰の確信があった。だからこそ、私たちは次のような疑問を抱く。「妥協しないで私たちの確信を保つため、この世の文化にどの程度関与すべだろうか？」「どこに境界線を引くべきだろうか？」。これらの疑問は、クリスチャンだからこその問いであり、教会はこれらに対して答える用意をしておくべきである。少なくともその原則を見出しておかねばならない。

信仰熱心なユダヤ人とクリスチャンは、しばしば法律に違反する

者であった。それは、モーセの時代に男子の赤子を殺すことを拒否した助産師に始まり、福音を語ってはいけないという命令に背いた使徒たちにまで続いている。彼ら敬虔な者たちは、しばしば神に従うか人に従うかの選択を迫られることになった。そしてその答は、明確でない時もある。ラッセル・モアは次のように述べている。「文化の中で摩擦を生まないようなキリスト教は、死んだも同然だ」と。[1]

　アメリカ文化との間で生じた葛藤の数例を見てみよう。時としてそれらは、州法や連邦法との葛藤となる。米国のクリスチャンたちは、実際にこの分野で多くの疑問に向き合わなければならない。最近議論されていることで、国民の健康維持プログラムに関することがある。堕胎や避妊の支援、そしてピル（避妊薬）のために補助金を拠出するプログラムがある。ここにクリスチャンのビジネスは関与すべきだろうか？

　考えさせられるのは、花屋、写真家、そしてケーキ職人たちの多くは、その宗教的な立場から、同性婚の結婚式で花を飾ったり、写真を撮ったり、ウェディングケーキを焼いたりするべきではないと強く確信していることである。彼らはこう感じている。そんな同性婚者のために仕事をすることは、同性婚をサポートすることになり、それは聖書が教えている同性愛の禁止に反することになるのではないか。彼らは「今はそういう時代だから」というプレッシャーを受け続け、彼らの信ずる道を選択したことで深刻なペナルティを課されるようになってきている。もちろん 2018 年 6 月の「マスターピース・ケーキ店事件」（同性婚カップルにケーキ店の店主が、自身のキリスト信仰に則って、ウェディングケーキの提供を拒否した事件。

---

1.Russell Moore, Onward.: Engaging the Culture without Losing the Gospel (Nashville: B&H, 2015),8.

最高裁で店主の主張する「信教の自由」が認められた）は、最高裁判所が店主のジャック・フィリップスの主張を認める結果となった。しかしこの決定もやがて覆されるかもしれない。これは、一時的で小さな勝利でしかない。

　仕事場でもまた、同じような葛藤を見いだす。ある教師が教会に電子メールを送ってきたことがある。彼は、自分のクラスの子どもたちを「彼らが好む呼び方をするように」と言われたのだという。例えば、生物学的に男性である生徒が自分を女の子だとみなしている場合、彼はその男の子に対し、教室では「彼女」と言わなければならないのである。家庭においては、例えば彼が「バート（男の子の名）」と呼ばれているとしよう。しかし学校では、「バーニス（女の子の名）」と呼ばれることになるのだ。さらにこの教師は、父母懇談会では、「彼女」ではなく「彼」と呼ぶようにとの指示を校長から受けた。息子が学校で「バーニス」と呼ばれていることをバートの両親が知らないからである。米国では（個人の性に関する事柄を本人が学校に告白した場合）、たとえ両親であっても本人がトランスジェンダー（性同一性障害）であることを知る権利がないのである。この場合の疑問または葛藤は、こういう問いかけになるだろう。「クリスチャンの教師は、このようなだまし合いゲームに参加しなければならないのだろうか？」。

　また職場では、こんな規則もある。従業員たちに対し、自身の宗教を明らかにしないようにとの指示が出されているのだ。聖書を机の上に出すことはもちろんのこと、十字架のネックレスを身に着けることもダメだと言われている。その理由は、他の従業員たちへの宗教の押し付けになるから、だそうだ。従軍牧師たちは、軍隊内で聖書的な教えを広めてはならないと言われている。理由は先ほどと同様、他の人に対して無言のプレッシャーを与えるからである。性

に関しては、特にそう思われているのだ。

　もちろん良心の葛藤が生まれるのは、個人的、内輪的な問題である。例えば、二人の母親から手紙を頂いたことがある。一人目の母親は、息子の結婚式に参加すべきかどうか、という質問をもっていた。彼女の息子が結婚する女性はカルト集団の一員であり、しかも悪いことに、その花嫁の父親はそのカルト集団の指導者的立場にあって、権力をほしいままにできる人物だったのだ。

　もう一人の母親は、彼女の娘が同性パートナーと結婚することになり、結婚式への出席をめぐって、家族が分裂状態にあると書き綴っていた。娘との関係を断ってしまってはいけないから出席すべきだという意見がある一方、そんな式に出席したら同性婚を認めてしまうことになると考え、出席を拒否したほうが良いという家族の意見もあった。

　そのような家族は、いったいどうすべきだろうか？

## どのような態度をとるべきなのか？

　このような良心の葛藤に対して、異教的文化の中ではどう対処すべきなのだろうか？　前章で見たように、文化に抵抗し続けるというのも一つの選択である。私たちは正義感から周りの人々に対して、声高に「私たちの道徳的芝生から出ていけ！」と叫ぶこともできる。怒れる福音主義者になることもできる。その怒りとは、私たちの自由を奪い去られることへの怒り、政治家の堕落に対する怒り、憲法に従うのでなく偏見から法的判断をしてしまう裁判官への怒りなどである。端的に言えば、現代文化は、私たちが好むと好まざるとに関係なく、倫理的周辺部へ私たちを追いやろうと強制していることへの怒りである。

　もちろん私たちは文化に対抗して毅然と対応すべきだが、イエス

の視点を失ってはならない。私たちは罪贖われた者として、文化に対峙しなければならないのだ。また、文化に対する責任があることも忘れてはならないし、この世界で何が起こっているか意識しておくことも大切だ。良心がそれを受け入れる限り、私たちは文化に対して心開く必要がある。しかしその時はきちんと境界線を引き、「ここまでは良いが、これ以上はだめだ」と言わなければならない。

　もしくは別のやり方として、私たちは文化に同化したり、手心を加えることもできる。流れに身を任せ、精いっぱい生きて、「いつも抵抗している」と言われないようにするのだ。愛することと家族の益とに忠実であり、経歴に最善であることをし、現世肯定という選択をする人々に目を向けることも可能である。臆病になることは、過酷な文化的状況の中では、魅力的な選択である。

　しかし興味深いことに、神はダニエルと彼の3人の友人たちに異教文化から距離をとるようにとは求められなかった。むしろ彼らがその中に入り、関与するよう願っておられたのである。すでに学んだように、彼らは「その都市の<u>シャローム</u>を求める」べきであった。神は、彼らにどこで境界線を引くかについて、知恵を与えられた。そして実際に彼らは、命を危険にさらしながら神への忠誠を証拠だてねばならなかった。今や彼らは、異教の政治と深く関わり、それを助けなければならなかったのだ。逃げることはできなかった。

　彼らは私たちに次のことを教えてくれる。もしあなたが成熟しており、どこで境界線を引くべきかを知っていたら、たとえ悪人に対してもあなたは仕えることができるということだ！　すべての人々がこの繊細な匙加減を間違わないというわけではない。しかし彼らは、ネブカドネツァル王に真の神を知らせる必要性を理解していたのである。

## 文化的配慮の訓練

　バビロン人たちは、弱々しい捕囚の民よりも自分たちが優位に立っていることを知っていた。しかし、彼らは若くて能力のある4人のヘブル人を見出し、王のために信頼できるアドバイザーに仕立てようとしたのだ。

　「王は宦官の長アシュペナズに命じて、イスラエルの人々の中から、王族や貴族を数人選んで連れて来させた。それは、身に何の欠陥もなく、容姿が良く、あらゆる知恵に秀で、知識に通じ、洞察力に富み、王の宮廷に仕えるにふさわしく、また、カルデア人の文学とことばを教えるにふさわしい少年たちであった」（ダニエル1:3~4）

　言い換えるなら、彼らはネブカドネツァル王に仕えるために、バビロン文化漬けにされたということである！
　誰から見ても、王が高い基準を彼らに設け、自分の右手として働かせようとしていることは明らかだった。王は彼らに、自分が飲み食いしているのと同じものを分け与えた。「王は、王が食べるごちそうや王が飲むぶどう酒から、毎日の分を彼らに割り当てた。三年間、彼らを養育して、その後で王に仕えさせることにした。彼らのうちには、ユダ部族のダニエル、ハナンヤ、ミシャエル、アザルヤがいた」（ダニエル1:5~6）。それから3年後、彼らはアッカド語を話せるようになり、バビロンの宗教、政治文化を理解したのである。
　ネブカドネツァルは思いやりがある王ではなかった。彼は征服地で残虐な行為を次々と行ったが、知性も才能も豊かなヘブル人たちを宮殿に招き入れるというセンスもまた有していたのである。王の管理下で、重要な政治的社会的任務のために、彼の部下たちがヘブ

ル人の若者への教育を行っていた。4名の若者たちは王の要求をすべてこなした。彼らはアドバイザーとして喜んで王を助けたのだ。

　3年間、彼らは王の宮殿で教育を受け、バビロンの文学や習慣に精通するようになっていた。性に関して、人生の意味に関して、そしてバビロン神話に見出される「知恵」に関して、様々な種類の異教の考え方が彼らに押し寄せてきた。将来、異教の王国に益をもたらす人物になるよう、彼らを洗脳しようとするあらゆる試みが為されたのである。要するに、彼らはバビロン様式のエキスパートに仕立てられたのだ。

　ラリー・オズボーンは『バビロンでの繁栄』という著作の中で、こう書いている。「バビロンは悪魔的な影響力という点で良く知られていた。彼らの国教は悪魔崇拝で、高等教育の核となる教えは占星術とオカルトであった」。[2]　しかし3人の若者たちは異教の教えに耐え、信仰を失うことはなかった。彼らはこれが困難なことだと分かっていたが、成功することができた。彼らがいかにして異教文化に汚されず、信仰を保って生きてきたかについて、もっとよく知りたいと願う。しかし、彼らはやり切ったのである。

## ・異教の教育は継続された。

　王は彼らユダヤ人の若者の名前を変えることを決心した。ユダヤ人の神にちなんだ名前から、異教の神々のそれへと変えられたのである。王は、宦官の長に彼らの名前を付けさせた。「ダニエル」とは「神は私の裁き主」という意味だが、それを「ベルテシャツァル」とした。意味は「ベルの王子」である（ダニエル 1:7）。ベルとは、

---

2.Larry Osborne, driving in Babylon—Why Hope, Humility, and Wisdom Matter in a Godless Culture (Colorado Springs: David C. Cook, 2015), 39.

悪魔的な神、マードックの呼称であった。つまりダニエルは『サタンの王子』へと名前を変えられてしまったようなものだ。同じように、他の者たちもその当時の宗教的文化の影響を受けた名前にされてしまった。彼らは異教の神からの祝福を受けるように、そして彼らの都市のシャロームを求めるように、名前を変えられるという苦しみに耐えなければならなかったのである。

　付け加えるなら、おそらく彼らは去勢されるという屈辱と苦しみを経験しただろう、というオズボーンの意見に私は賛成だ。そのような具体的な記述は聖書にはないが、そう信じるに足る２つの理由がある。一つ目は、彼らが連れて来られた当時、王の右腕であった人物とは「宦官の長」であった（ダニエル 1:3）。ここから分かるように、王に仕える人物は、去勢していなければならない。いずれにせよ、王は美しい女性を侍らせてハーレムを築いていたので、男性が王の近くで仕えるという場合、去勢は一般的に行われていたことであろう。

　第二に、４人の男性には配偶者、また家系や子孫についての記述が見受けられない。当時、ユダヤ文化における結婚の重要性は、子孫を残すことにあった。もし結婚しているにもかかわらず、その記述が全くないとしたら、それはあり得ないことである。[3]

　よってこの４人の若者たちは、ネブカドネツァル王を憎むのに十分な理由があったと言える。王の狂気じみた人間性、自由を奪ったこと、自分たちの信仰をゴミのように扱ったことなど、どれももっともな理由となり得るだろう。しかし、実際上、神はこう言われたのだ。「怒ってはいけない。私はあなた方をそのいる所での証人としたのだから」と。

---

3.Ibid., 41.

　考えてもらいたい。憎しみを乗り越えて、あなたの敵に仕える姿を！

　彼らがバビロンで自分の姿を見出した時、どれほど多くの夢を失ったことだろうか。家族のことを思い、愛する都エルサレムに家を構えられたらという夢である。神は彼らの夢の代わりに、神ご自身の夢を与えられた。それはどんな犠牲を払っても、彼らが神に誠実であることだった。

## 境界線を引く

　しかし異教文化への譲歩にも限界はある。「ダニエルは、王が食べるごちそうや王が飲むぶどう酒で身を汚すまいと心に定めた。そして、身を汚さないようにさせてくれ、と宦官の長に願うことにした」（ダニエル 1:8）とある。何と重要な告白であろうか！ 私が覚えている欽定訳聖書では「ダニエルは心の中で企てた」と訳されている。

　ムーディー教会のインターン生の一人が、「ダニエルは、自分を汚れから守るために」そういったのではないかと私に伝えてくれたことがある。そう語る彼自身が、ダニエルと同様に、シカゴの誘惑の中で自分自身をきよく保つことを願っていたのであろう。彼は、自分自身を汚すことのないよう、企て、決意したのである。

　4 人の若者たちは、食事をどう扱うかについて境界線を引いた。ダニエルは彼の前に用意された「グルメ」食を食べないことにしたのである。興味深いことに、彼らが食事の何を見て受け入れないと決めたのかは明確でない。しかしながら高い確率で、この食事がユダヤ教的に清い「コシェル」ではないことは分かる。おそらくこれは偶像に捧げられた食事なのだろう。そしてこれがこの異教の地では「良い」生活をあらわしており、それを食べてどんちゃん騒ぎを

するような生活をダニエルはしたくなかった。いかなる理由であれ、ダニエルは「私はここに一線を引く」と言い、宦官の長に伝えた。「私はこのような食事を食べたくはありません。王様の飲むワインなども飲みたくありません」と。

　なぜダニエルがそのような食事を忌避したかについては、正確に知る必要はないだろう。それよりも、ダニエルとその友人たちがどれほどの犠牲を払ってでも、彼らの確信に従って生きたことを評価したい。良心の問題は、各々の文化によって変わってしまう。しかし、私たちの価値観を決定するような文化を受け入れてはならないと心に決めるべきである。

　覚えておきたいのは、ダニエルは何も食べないと言ったわけではないということである。彼は知恵を用いて、代替案の可能性を伝えている。彼は、王が自分たちの健康を気遣っていることは知っていた。だから彼は次のように伝えたのである。「十日間、私たちに野菜を与えてください。そしてもし、王さまの食べるごちそうを食べている者たちのように健康でなければ、あなたの指摘することを認めましょう」ネブガドネツァル王の世話役はそのテストに同意した。そして十日後、4 人のユダヤ人の若者の顔は輝き、王のごちそうを食べた者たちよりもっと健康だった（ダニエル 1:12~16 参照）。

　ダニエルが引いた境界線は、決してこのことだけではなかった。後に彼は、ダレイオスという名の新たな王のアドバイザーとなっている。その時代、王の親衛隊がダニエルと彼が信じる神を憎み、ダニエルを陥れようとしてある法令を王に発布させた。当の王自身は神に祝福されたが、どうしてそのような法令によって自分が苦しまねばならないかを理解していなかったであろう。その法令とは次のようなものであった。「王よ、いかなる神にでも人にでも、あなた以外に祈願をする者は、だれでも獅子の穴に投げ込まれる」（ダニ

エル 6:7）。

　ダニエルは脅迫されてもこれに従わなかった。彼はエルサレムに向いている窓を開け、祈りを続けていたのである。日に三度、彼は膝をかがめて神の前に祈ったが、王を礼拝することは拒んだ。その結果、彼はライオンの穴の中に投げ込まれてしまった。しかしライオンの口は閉じられており、どんなに空腹であったとしてもダニエルに触れなかったのである。何の傷もなく、彼は放免された（ダニエル書 6 章の物語を参照）。

　ダニエルはライオンの穴から御使いによって救い出されると知っていたのだろうか？　決してそんなことはない！　彼はボロ雑巾のように引き裂かれると考えていただろう。数世紀の後、クリスチャンはローマでライオンの穴に投げ込まれたが、彼らに幸運は巡ってこなかった。神に忠実であることは、奇跡を期待することではないことを彼らは示している。

　ダニエルの確信は、岩のように固かった。彼は生きるためにいくばくかの妥協を強いられた。しかしある事柄については絶対に譲らなかった。「私は王を助けることはできる。王に助言はできる。しかし私はヤハウェへの信仰については妥協することはできない。これが何にも増して、最大の私の決心だ」私は、ダニエルと彼の友人たちのように、オカルト的な教えを受けることを真似すべきだと思っているのではないし、そういった印象を持ってもらいたくはない。私の言いたいのは、神によって今の場所に植えられた私たちを、神は必ず守ってくださることを軽く見積もってはいけないということである。この社会には多くの異教的なものが存在し、それを意識的に摂取することができる時代である。しかしだからこそ、わたしたちが意識的に離れるべき事柄がたくさん存在しているのだ。皆が同じような場所にその境界線を引くわけではない。神が、どこに線

を引くべきかの知恵を与えてくださるように。

## 大学生は信仰を失っている。

　なぜ現代の多くの若者たちは 4 名のヘブル人たちが立ち続けた場所に立ち損なうのだろうか？ なぜ第二学期が終わる頃に、多くの大学生が福音を信じなくなってしまうのだろう？ それまではあれほど熱心に教会に通い、すべての聖句を覚え、賛美歌を歌っていたのに。クリスチャン学生の 60~80% が「かつてクリスチャンのユースの集まりに参加していたのに、大学生活が進むにつれ、信仰から離れていくのはなぜだろうか？」。[4]

　思い当たる 3 つの理由がある。

　第一の理由。最近若い女性と話す機会があった。彼女は神様について疑いを持つようになったと話してくれた。その時、少なくとも彼女は「不可知論者（すべての事柄は最終的にわかり得ないと思考を停止する人たち）」となっていた。彼女の理知的な質問に答えるかわりに、私は彼女がどんな体験をしたのか聞かせてほしいとお願いした。分かったことは、彼女の疑いは神に対する失望と怒りから生まれてきたもので、神が自分を拒否したとの思いが大きくなったからであった。彼女の疑いが正直である限り、神は彼女の必要にお答えくださることを、彼女と分かち合えたことを嬉しく思う。そして学んだことは、疑いはしばしば感情的な葛藤から生まれてくるもので、決して知的な議論からではないということである。神が私たちの願いと向き合ってくれないと思い込むとき、私たちの中に疑いが生まれる。無神論とは、しばしば神に対する怒りと失望から生ま

---

4.Michael F. Haverluck, "Ministries tackle 70% rate of college students leaving faith," One News Now, August 13, 2017, https://www.onenewsnow. com/church/2017/08/13/ministries-tackle- 70- rate- of-college-students-leaving-faith.

れてくるものである。

　第二の理由として、道徳的なプレッシャーや、同世代からの圧力などがある。結婚以外の性的関係を持ってしまい、それによる罪意識や挫折感からどう立ち直ったらいいかを知らないのだ。道徳的な泥沼に陥った場合、自分は「無神論者」になったからもう教会に行かない、と両親に手紙を書くことになる。

　「大学間クリスチャン・フェローシップ（日本のKGKのようなもの）」で長年実績を積んできたある女性はこう語っている。それは、彼女と私は問題なく同意していることである。「大学生へのプレッシャーは圧倒的で、クリスチャン学生の信仰を簡単に失わせ、罪の中へ落ち込ませてしまうものです。その後、どうして自分が信仰を失ったかを説明するもっともな理由を探し出すのです。彼らは男女共学の寄宿舎で過ごす心構えができておらず、『セックス週間』などの道徳的な堕落を導くものに対する防御策も持っていません。それどころか、友人やときには教授たちまでもが、そのような性的表現を当然のことと見なし、受け入れるように促しているのです」。

　ほとんどの大学生は、自分の信仰を言い表すことなく、むしろそれを嘲っていると聞いたことがある。

　恥ずかしさのゆえに、沈黙しているのだ。

　私は決して知的な議論が不要だと言いたいわけではない。キリスト信仰が出くわす戦いに、納得できる回答を与えることは必要だ。しかし若者たちが罪責感や中毒によって毒され、その世界観が壊されてしまったときには、理知的な質問は、彼らの現状を肯定するためにしか用いられなくなる。数世紀前、マルティン・ルターの同僚であるフィリップ・メランヒトンは、次のような洞察を表明している。「心が愛するものを、意志は選び、理性は正当化するのだ」。[5]

　第3番目の理由は、私たちは若者たちを<u>教えて</u>きたが、彼らを<u>訓</u>

練して来なかった、ということである。私たちは、「真実を聞くことで十分」と考えてしまう。若者たちが「イエスを受け入れる」ならば、彼らが大学で出くわす多くの偏見、例えば「セックスなんて当たり前」「進化論が普通」「キリスト教なんてダサい」などに立ち向かう準備もまたできていると思い込んでしまうのである。

　訓練とは、彼らの現実生活に正しい教えが浸透していくことも含んでいる。そのため、学生から幅広くフィードバックを求めることが必要となる。彼らが信仰を理解しただけでなく、確信を明確にできるかを確かめねばならない。取り挙げるべき項目は、聖書に対する信頼性、進化論を超える創造論の優位性、そして倫理や性や個人についてのキリスト教的価値観の合理性などである。訓練とは、世俗の大学教育の中で、文化と道徳に関する嵐を実際に乗り越えようとしている学生たちとの相互交流によって、未来へ共に参画することである。この現実的な訓練がないなら、彼らが受けている大学教育によって、学生たちは不意打ちを食らうことになってしまう。

　私たちは学生に、大学での最初の数週間で自分たちの生活スタイルが決まってしまうということを告げる必要がある。他のクリスチャンの友人を見出すことがないなら、また、福音にしっかりと根差した教会でプレッシャーに立ち向かおうとする決心がないなら、自分たちの生活は台無しになり、せっかくの信仰から遠ざかってしまうのである。早い段階から、学生たちはクリスチャンとしてのアイデンティティを、霊的な面においても考え方の面においても明確にし、次にやって来ることに備えるべきなのだ。

　ユース・パスターや牧師の説教、あるいは週にたった一度30分

---

5.Ashley Null, "The Power of Unconditional Love in the Anglican Reformation" in Reformation Anglicanism. A Vision for Todays Global Communion, Ashley Null and John W. Yates III, eds. (Wheaton, IL: Crossway, 2017), 55

の説教を聴くだけだとしたら、彼らはこれから遭遇する大学での霊的な戦いに備えをすることはほとんどできないだろう。私は次の言葉を言った人に同意する。

「私たちは、乾いた土の上で水泳を教えようとしてきた」。

いかにしてヘブル人の若者たちが異教の環境下で信仰を持ち続けられたかについては少ししか触れてこなかったが、彼らが互いに交わりをもってきたと推察することはできる。互いに集まって祈り合い、その環境の中で毎日直面してきた困難について議論していたであろう。彼らは、神との交わりを持つことについて励まし合ってきたことは疑いない。

## 私たちの文化的挑戦

どこに境界線を引くべきか迷うときのため、ここにいくつかのガイドラインを示そう。

### ・偽りの神ではなく、真の神を見るべきである

前章で取り挙げたテーマに再び戻ろう。ヤハウェとマードックの間での対立である。

ネブカドネツァル王は、マードックが祈りに答えてくれると確信していた。彼が有名な神殿をマードックに捧げたとき、王は次のように祈った。「おお、憐み深いマードックよ。永遠にこの宮が立ちゆきますように。その壮麗さで私も満ち足りますように。すべての国の王たち、そしてすべての人々があなたを称賛しますように」と。[6]
王の祈りは答えられてその軍隊は勝利を得、エルサレムの神の宮か

---

6.Joshua J. Mark, 'Nebuchadnezzar II," Ancient History Encyclopedia, July 20, 2010, https://www.ancient.eu/Nebuchadnezzar_II/.

ら聖なる器具を持ち帰った。そして、ネブカドネツァル王は「その器を自分の神の宝物倉に納めた。」（ダニエル 1:2）。

　ダニエルと彼の友人たちは、毎日宮の中を歩き、王にアドバイスしていた。彼らは、かつてエルサレムの宮にあった器具の間を歩いていたのだろう。これは、民衆にとっては、マードックがヤハウェに勝利したという目に見える証拠であった。

　しかし立ち止まって、この光景を少し考えてみよう。

　もちろん私たちは、マードックが本当に勝利したのではないことを知っている。ダニエル書の冒頭に、そのことがちゃんと記されている。それは、「主は、ユダの王エホヤキムと、神の宮の器の一部を彼の手に渡された。」とあることからも分かる。「主が渡された」というところに注目すべきである。その後には、「神は、ダニエルが宦官の長の前に恵みとあわれみを受けられるようにされた」とも記されている。

　「神が渡された（与えられた）」というフレーズに注目してみよう。神が敵の手にユダ王国を渡されたのである。そして神が宦官の長にダニエルを「愛しいつくしむ心を与えられた」のである。さらにダニエル書 1:17 には次のようにある。

　「神はこの四人の少年に、知識と、あらゆる文学を理解する力と、知恵を授けられた。ダニエルは、すべての幻と夢を解くことができた」すべての事が神の許しなしには起こり得ない、ということは明白だ。ヤハウェはすべてのことを命じられる！

　エド・ステッツァー氏の言葉を引用しよう。「世の中の法律違反は、正当ではないという意味である。確かに、本来あり得てはいけないものがそこに実在しているかのように感じることがある。例えば IS（イスラム国）は実際に存在する違法組織である。しかし、彼らが存在するからといって、神があらゆることの支配者であるとい

う事実が変えられるわけではない。人々は IS が反乱したと思った
としても、イエスがこの世の統治者であるという事実から究極的に
逃れ出ることはできないし、できるはずがない」。[7]

　神は地球規模でこの世を統治しておられる。神は全世界の国々の
神である。しかし同時に彼は一人の人の統治者でもある。私たちの
髪の毛の一本一本も数えられているのだ。もし私たちの見るところ
の敗北がマードック（サタン）のせいだとしたら、そこには失望し
かない。もしサタンが勝利したとしても、それは統治者である神の
命令のゆえであることを確認しよう。悪魔の勝利は一時的であり、
最終的には地獄の火でもっと苦しむ結果となる。サタンの勝利と思
えることは、現実には、恐ろしい永遠の滅びなのである。

　私たちの失敗のゆえにせよ、神の隠れた計画のゆえにせよ、私た
ちは、神の聖なる意志（あるいは神の許しと言ってもいい）によっ
て、現在の場に置かれている。だから私たちは、現在の困難に対し
て信頼と勝利をもって立ち向かっていくことができる。もし私たち
が、謙遜と悔いた心で神を求めるなら、神の好意を受けられる。私
たちは恥ずかしさのあまり顔を伏せるのではなく、むしろ勝利の高
揚感を持って顔をあげることができるのだ。

　マードックは敗者である。王なるイエスが統治しておられる。

　神は私たちの小さな船が誘惑の海を渡るときでも、どこにいるか
をご存知である。船板の強度も、風の軌道も速度も知っておられる。
だから私たちの社会に多くの不安材料があるなどと言わないように
しよう。私たちはそれらを混ぜ合わせて、最高の文化を生み出さな
ければならない。私たちの文化から逃げ出したり、避けられない運

---

7.Ed Stetzer, Subversive Kingdom—Living as Agents of Gospel Trans- formation (Nashville: B&H Publishing, 2012), 5

命なのだとあきらめたりすべきではない。苦境に立たされた時、神から離れるのでなく、むしろそのただ中で神を見出そう。神の約束は、神の民のためにそこにあるのだから。

しかし、あなたがたは選ばれた種族、王である祭司、聖なる国民、神のものとされた民です。それは、あなたがたを闇の中から、ご自分の驚くべき光の中に召してくださった方の栄誉を、あなたがたが告げ知らせるためです。（第一ペテロ 2:9）

たとえ悪しき王の部屋にいようとも、4 名のヘブル人は自分たちを神から遣わされた者とみなしていた。イエスは次のように語っておられる。「あなたがたは世の光です。山の上にある町は隠れることができません」（マタイ 5:14）。喜びを持って、この知らせを受け留めよう。

神が私たちのあらゆる面に関わってくださることに感謝しよう。喜んで礼拝を捧げることは、私たちの最優先事項であり、特権なのだから。

## ・「関わりをもつ」と「参与する」とを区別すべきである

4 人のユダヤ人は、悪しき支配者と関わりをもつことができた。彼らが悪に参与することがない限り、王を助けることもできた。良心に関する問題をうまく切り抜ける必要があったため、神はこの若者たちに知恵を与えられた。王の食物を食べよと言われたとき、彼らはそれを拒否した。彼らは正確に王の目的を読み取り、王が願っていたことと同等の、いやそれ以上の成果を挙げる代替案を提示したのである。

時として、私たちも良心の葛藤に直面する。その時、受け入れら

れるような代替案はないかと、自分に問わなければならない。親で
あるなら、子どもたちが学校の性教育の授業（婚前交渉を前提とし
た避妊法、堕胎容認）の代替案を示すことも可能だろう。妻ジルと
一緒に多くの宣教師たちを励まし続けているスチュワート・ブリス
コーは、英国時代のこんな話をしてくれた。スチュワートが銀行で
働いていた時、上司がスタッフに不正をするよう指示したという。
それは結果として、顧客からお金を奪うような行為だった。彼は上
司に自分の信じるところを告げた。「もしあなたの<u>ため</u>、私に盗み
をさせたいなら、良い機会があるなら私はあなた<u>から</u>盗むかもしれ
ない、と言えるのではありませんか？」。上司はこの言葉に納得し、
彼の正直さを認める結果となった。私たちは、周囲との関わりを断
つことなく、私たちの確信を保つこともできるのである。

　クリスチャン医師と言えども、プロ・チョイス派（堕胎容認論者）
と関わりをもつことはできる。しかしそれは、堕胎に参与すること
と同じではない。教師であるなら、性に関する点で同意できないよ
うな同僚と一緒に仕事をすることもある。でもクリスチャンである
なら、明確に聖書に反するような考えを教えることはしない。パウ
ロが語っているように、私たちは、明らかに故意の罪を犯すクリス
チャンたちと関わるべきではない。しかしパウロは、不道徳で性的
に無理解である未信者の世界、あるいは、キリストを知らないがゆ
えに、強欲でずるい心を持ち、そして悪しき影響を受けやすい人々
と、「全然交際しないように」と言っているのではない（第一コリ
ント 5:9~10）。もし私たちが「良い人々」との関わりだけを求める
なら、影響力は小さいものにとどまってしまう。私たちは、交わり
を拡大させると同時に、明確に境界線を引くことを決意する必要が
ある。

　友としての関わりは必要だが、彼らの働きに参与することは拒否

すべきだ。

　決断すべき時が来るなら、私たちが頼ることのできる約束がある。「あなたがたのうちに、知恵に欠けている人がいるなら、その人は、だれにでも惜しみなく、とがめることなく与えてくださる神に求めなさい。そうすれば与えられます」（ヤコブ 1:5）。板挟みにあった時を神の助けと知恵を求める機会としよう。

　<u>あなたの境界線をどこにひくのだろうか？</u>


## ・良心のあり方を正しく認識すべきである

　聖書には、どんな状況下にあろうとも常に過ちであるとすべきことがらが列挙されている。同様に、どんな状況下でも常に正しいとされることも挙げられている。その中間に、尊敬をもつとしても同意できないことがらがあるのだ。

　あなたはご自分の娘さんの同性婚に出席すべきだろうか？ 皆にあてはまるような答えを出す前に、注意深く考えてみる必要がある。クリスチャンがこの問題に対して、違った意見をもつのは無理のないことだ。ローマ書 14 章で、使徒パウロは 1 章まるまるかけて、良心の葛藤について述べている。あるクリスチャンは、良心にとがめなく偶像に捧げられた肉を食べることもできる。しかし他の者は、これは異教の習慣に妥協することだと確信しているのである。

　パウロが言いたいことをまとめるなら、「自分の内に余裕をもて。なぜならこの件について、一律に他の者を規制することはできないからだ。ある人の良心は、このことに関して他の人よりも繊細なのだから、あわてて互いに裁き合うな」（ローマ書 14:10~13 参照）ということになる。

　こう語る母親に配慮しなければならない。「私は娘の同性婚には参加できません。私は彼女に自分の確信について説明するつもりで

すし、それでもあなたを愛しているということも伝えます」さらに、こう語る親も尊敬せねばならない。「私は出席します。しかしそれはこの罪深い交わりを認めるということではありません。彼女は私の娘であり、私の愛を示したいのです。私がその行動に賛同していないことを娘は知っているのですが」。

　前章で取り上げたパン職人やフラワーショップの主人の同性婚に対する決断は、法律とは相いれない見解だろう。この結婚式のためにパンを焼いたり結婚式の写真を撮ったりすることは、このような結婚を認め、二人を祝福する行動だと考える多くの人がいると私は思う。クリスチャンが同性婚に参加しようとしまいと、それは個々人の良心が決断すべき問題であり、だれかがとやかく言うべきものではない。

　私たちは、結婚適齢期の若い世代に、愛と真実には葛藤がないことを伝えなばならない。真実に基づく良心は、愛することを止めない。たとえ、境界線を引いて、「私はそれをしない」と伝えるとしても。

　私の個人的確信がどんなものであれ、たとえ妥協しないにしても、愛は常に豊かなものなのである。「信仰から出ていないことは、みな罪です」（ローマ 14:23）というみ言葉を思い出そう。世の中の文化とは異なり、愛は「できない」と言えるのである。

　私たちが容認できないのは、この世が私たちに「ここに境界線を引け」と言うことである。この世は私たちに「これはしていい」「これはいけない」と言うべきではない。文化的エリートたちは、もし「愛している」なら、彼らがすべきと思っていることを私たちがするように言う。しかし私たちの愛の定義は神の言葉から導き出されたものである。移ろいやすい文化的流行から生み出されたものではないのだ。

## ・個人的な強い確信をもつべきである

　今日、私たちにはダニエルの軍団が必要である。

　マルティン・ルターが同じような決心を表明している。彼はこう語る。「私はここに立つ。他のところではない。良心に反することをするのは、正しくもなく安全でもない」。ルターは、そこに立ち続けるためには命を懸けなければならないことを知りながらも、こう語った。彼のこの宣言のために、神聖ローマ帝国のチャールズ5世は、「ルターを見つけたものは誰であれ、生け捕りにしようとせず、殺してよい」と命じたのである。神はルターの命を救われたが、彼の残りの人生は、いつでも暗殺者を警戒しなければならないものとなってしまった。

　私たちは若い世代に、明確な確信を持つことを教えなければならない。「私は自分を汚すような行為を拒否する。自分と意見の異なる者たちへの敬意も忘れないが、たとえ生活程度が向上するとしても、それが信仰的に妥協することだとしたら、それを拒否する。たとえそれが失敗とか排斥になったとしても。日々直面する性的な圧力にも汚されない」

　私と妻のレベッカは、東ドイツに旅したことがある。まだベルリンの壁が残存し、共産主義がその国を支配していた時代である。その国のある牧師は、「もしお前たちが教会に行くなら、お前たちの子どもは大学に行けなくなるぞ。おまえはそこまでだ。低賃金の仕事しか就けなくなるぞ」と共産主義者が自分たちを脅してきたことを話してくれた。たいていの場合、そんなことを言われた人々は、子どもたちや家族のことを考えて、その脅しに屈してしまう。「もし生活が向上し、子どもたちに良い教育を受けさせられるための代価であるなら、降参して国の方針に従おう」と。ある調査によると、

その地域のわずか 13% の人々しか神を信じ続ける者はいなかったという。[8]

　しかし、「私たちは他のクリスチャンと協力することをやめない。教会に行き続ける。神を信頼し、共産主義者の脅しに負けはしない」という力強いクリスチャンがわずかながらいた。共産主義者は彼らのやり方を押し通したので、熱心なクリスチャンは隅に追いやられ、低賃金の仕事しか与えられなかった。彼らの子どもたちは良い教育を受けることができなかった。ご存じの通り、共産国の中には、クリスチャンを投獄し、拷問にかけ、そして死に至らしめる政府が存在したのである。

　次のような質問をしてみたい。今から 100 年後 ―実際には 100 年も経つ必要はないだろうが―、どの家族が最善の選択をするだろうか? 脅しに屈しない人々だろうか。私たちの子どもたちが友人や権威者から嫌われて生きなければならないとしたら、親としてどんなにつらいことだろうかと思う。食べ物をかき集める家族のつらさなど、想像することもできない。しかし神を信頼する人々は、神が自分たちの必要を満たすだけでなく、最も重要なことである、迫害に耐える恵みを与えてくださる誠実な方であることを見出すのである。彼らは、どんな代価があろうとも、その誠実さのゆえに神から誉れを受ける者にならないであろうか?

## ・徹底的に従うべきである

　神はユダヤ人をバビロンへ送ることに、二重の目的を持っておられた。一つはユダヤ人が従順になり、神が偶像をどれほど嫌ってお

8.Spiegel Online, "Only the Old Embrace God in Former East Germany," April 19, 2012, http://www.spiege1.de/internationals zeitgeist/report- shows- highest- percentage -of- atheists- in-former- east-germany-a-828526.html

られるかを学ぶためだった。第二に、バビロン人の中でユダヤ人を光とすることで、神は約束を守られる方であることを示すためだった。

　神はその言葉を守るお方である。捕囚から70年後、確かにユダヤ人はエルサレムに帰還した。神は「未来と希望」をお与えになった。神は、「わたしがここ（バビロン）に連れてきたのは、お前たちを滅ぼすためではなく、汚れを取り除くためである。お前たちが謙遜になることを望んだのであって、見捨てたのではない」と伝えたかったのである。

　このことはまた、今日の教会へ向けての神からの指針ではないだろうか？確かだと思っていたものが破り捨てられた。毎日のニュースで、新しいドミノ倒しが始まる。問題は、私たちがどうするかである。神はこう仰せられるだろう。「わたしはあなたを謙遜にしよう。あなたは打ち負かされるようだが、わたしは最終的な勝利をあなたに得させる」。

　そうなるまでの間、私たちは「主の証人」と呼ばれるのだ。

　教会と文化の双方を理解していることで有名なティム・ケラー牧師は、目の前の文化ばかりに焦点をあてることに警告を発している。むしろ自分たち自身の在り方にこそ目を向けるべきだと。私たちは世の中の失敗ではなく、むしろ自分たちの失敗にこそ目を留めるべきでなのである。彼はこう書いている。


　　クリスチャンは、新たな異教的多元主義を前にして謙遜になるべきである。ちょうど捕囚民のように、状況は私たち自身の失敗が大きな要因となっている。教会は、単に悪しき信仰の敵によってその特権を失ったのではない。私たちのプライド、偽善、権力欲、偏見、頑固さ、真実を見誤る失敗などに対して神の裁きが下され

たゆえに、立場を失ったのだ。これは、神が私たちの注意を喚起
なさる方法である。

（ケラーはさらに、私たちが耳を傾けるべき非難の言葉を続けて
いる）

　私たちは、不信の文化の中に身を置くことよりも、礼儀正しく
謙遜な悔い改めに自らを置くことの方がよほど難しい。
　それらは、捕囚民だけでなく私たちにとっても、重要な学びで
あった。私たちの最初の応答は悔い改めであるべきだ。私たちは、
教会の証が弱いゆえにキリストへの信仰を見失った人々に対し
て、理解を深めねばならない。今日、私たちの文化の中で起こっ
ている多くの出来事は、私たちが思う以上に、私たちの失敗ゆえ
に引き起こされたことなのかもしれない。[9]

イエスは弱さのゆえに十字架にかけられた。彼は捕囚民のように
死なれた。単にユダヤ人のコミュニティからだけではなく、自分に
付き従ってきた弟子たちからも排斥された。彼らは、蔑まされてい
る自分たちの師と同じように見なされるのが怖かったのである。し
かし、地面に種はまかれ、驚くほどの実りがもたらされた。それと
同じように、今日の教会は文化的に弱者となっている。しばしば私
たちはバカにされる。それがもっともなこともあれば、的外れなこ
ともある。問題は、私たちが喜んで自分の弱さを告白し、神を求め、

9.Tim Keller, "Exiles in a Foreign Land," from Living in a Plural- istic Society (Bible study), (New York: Redeemer Presbyterian Church, 2006) http ://s3.amazonaws.corn/ churchplantme dia-cms/ chatham_community_church_pittsboro nc/engage-series- discussion-guide.pdf

福音に生きるための代価を払っているかどうかである。神は、ご自身が負けたと思われているときにこそ、私たちが神を体現してくれることを求めておられるのだ。

　私たちの弱さは、神の強さを制限しない。もし私たちが自分自身には希望がなく、神を求めることしか希望がないことを認めるなら、彼の強さは私たちの弱さの内に全うされる。私たちが負けたと思われる時にこそ、勝利することができる。

　「私はここに立つ。他のどんなところでもない。神よ、私を助けてください」。

# 第 4 章　国家が神に成り代わるとき
## 〜他の者がひざまづく時に強く立つ〜

　カエサル（ローマ皇帝）は、しばしば、私たちの忠誠心を神と競わせる。平時における国家の責任は、国民を守り、繁栄のために法律を制定することである。しかし国家はしばしば、法律の適用範囲を拡大しすぎて、個々人の自由との間に軋轢を生じさせる。国家が神から漂い出るとき、宗教的自由を侵食して、神の役割を果たそうとする。

　アメリカについて話をする前に、少し国家と神とのかかわりについての歴史を振り返ってみよう。イエスはコインを手にして、「カエサルのものはカエサルに、神のものは神に返しなさい」（マタイ22:21）と語られた。その時、主は私たちに二つの面で責任があることを教えられたのである。一つは神に、もう一つは国家に対してである。理想的な状態では、私たちはこの両者に対する責任を果たすことができる。しかし両者の対立は、2000 年間に渡るキリスト教史の重要な題目であった。

　ローマ帝国は、国家の統一に宗教の一致が欠かせないものだと確信していた。だから、「カエサルは主なり」という告白を拒否することは、国家に不忠実な反逆行為であった。カエサルは忠誠心を求めて神と競い合い、彼の前にひざまづかない多くの者たちを処刑したのである。

　コンスタンティヌスが、314 年にローマ帝国を「キリスト教化」した後、流れは全く変わってしまった。キリスト教は今や支配する側に回り、異教徒のイデオロギーと同じ道具となったのである。やがてキリスト教に改宗することを拒む者たちを違法の輩とみなすようになった。キリスト教徒ですら、「キリスト教国」の支配のもと

で苦しんだのだ。ドナティストと呼ばれるキリスト教の一派は、教会は国家と分離すべきだと信じ、信仰の自由を主張した。何年も対立した後、ドナティストたちは迫害され、異端と宣告され、そして殺されてしまった。ヒッポの司祭であるアウグスティヌスは神学者、哲学者として名高いが、彼もこの問題を扱っている。神は教会に2つの剣を与えたと彼は語る。それは、神の言葉という剣と鉄の剣である。そして後者は、異端と見なされた人を滅ぼすためにしばしば用いられたのである。

　シャルルマーニュは、AD800年のクリスマスの日に教皇から戴冠されたフランク王国の王である。彼は、子どもたちに洗礼を授けることをしない両親は死刑に処せられるという法律を制定している。もはやこれは神学的な問題ではない。カトリック教会は、幼児洗礼をキリスト教国家の一致の象徴と見なしていたのだ。これは、神聖ローマ帝国の国民であるという法的根拠を与える儀式であった。幼児洗礼は子どもをクリスチャンとする通過儀礼であるのみならず、帝国の一員とみなす儀式となった。だから両親は子どもたちに洗礼を施さなければならなかった。さもなくば自分たちが殺されてしまう。これは、国家が神の役割を担った事例である。

　共産主義とファシズムは、宗教的自由が国家の命令に従属させられた、より現代的な例である。もし教会が存続を許されたいなら、国家の法律と規制に服従せねばならない。国家は、家庭で子どもたちを教育する権利を認めない。説教者は講壇から語って良いことといけないことを決められてしまう。ご存じのように、クリスチャンは昔も今も、ある国においては、その宗教的自由が国家から否定されてきた。何十年にもわたり、その確信を持つゆえに、投獄されたり、社会的に差別されたり、時には死にまで至ることもあった。

　アメリカはこれらの国々とは異なる。一つの国を宗教ではなく憲

法を共有することによって統一することは、新しい考え方である。それゆえ、「教会と国家の分離」が必要なのだ。これは、国家は宗教的な慣例に干渉することはないという意味である。すべての国民が属さねばならない国家教会というものはない。また、アメリカ的な生活スタイルを受け入れるかどうかという、リトマス試験紙的な役割を担っているわけでもない。

　それに加えて、言論の自由という重要な権利がある。残念なことに、「あなたの言うことに賛成できない。でもあなたの語る権利を守るためには死を賭しても戦う」という宣言は、もはや過去のものとなってしまった。ピュー調査センターによると、ミレニアム世代の 40% は、一部の少数派が攻撃的になるような場合、彼らが公的に意見を表明することを政府は阻止すべきだと考えている。[1]

　クリスチャンとして、この点をもう少し明確にしよう。私たちは愛をもって真実を語るべきである。そのことをパウロは、エペソ書 4:15 で語っている。もちろん私たちは怒りにまかせて当たり散らしたり、不親切な言葉を発するべきではない。でもこう考えてみよう。攻撃的に叫ぶ少数派を、政府が規制できるという背景にあっては、福音を分かち合うこともそのような規制の対象になる可能性があるのだ。

　ある人は、合衆国憲法修正第一条で保証されている言論の自由は、攻撃的なことを言う人々が増えることを許すのではないかと恐れている。大学生は、自分の意見とは異なる発言をする人にしばしば抵抗するし、彼らの多くは、発言者を黙らせるために、声を荒げたり暴力に訴えたりすることも受け入れられると思っている。[2]

1.Jacob Poushter, "40% of Millennials OK with limiting speech offensive to minorities," Pew Research Center, November 20, 2015, http://www.pewresearch.org/fact-tank/2015/11/20/40-of-mi11ennials-ok-with-limiting-speech-offensive-to-minorities/.

これは皮肉なことである。自分と違う意見をもつ人を攻撃している者に対し、その自由を非難する人々は、私たちの文化では「寛容な人」と見なされるようだ。逆に、違う意見を持つ人々は「不寛容な人」と思われている。このことはこう言い換えることができる。左翼的・進歩的な考えを抱く哲学者は<u>寛容を説く。しかし、自分とは異なった視点から反対意見を勇気もって表明する人に対して、実際は不寛容を示していることになるのだ。</u>

なぜなら憲法修正第一条は、（どんな観点からであれ）言論の自由を法的に制限することを難しくしているからだ。現代アメリカにおいて、相手の発言を制限する最も効果的な方法は、公的に辱めを与えることである。特に現在、性に関する文化的「主流派」に反対意見を表明する人々を辱める傾向が強い。辱めは沈黙を生み出すばかりである。

ヘイトスピーチ規制法は、すでにヨーロッパやカナダで制定された。これはある者たちを正しく守ってはいるが、他の者たちの自由を制限している。イスラーム教のような特定の宗教や団体の行動、また教義に批判的な人々の自由を制限している。カナダ政府は103号法案を201対91で可決し、「イスラーム恐怖症」（その意味するところはあいまいだが）を違法とした。しかし、イスラーム以外の宗教はこの法律によって守られてはいない。[3] もし誰かがイスラーム─恐らくイスラーム過激派─に対する批判の声を上げるなら、その人は非難や起訴から免れることはできない。103号法案を守ろう

2.John Villasenor, "Views among college students regarding the First Amendment: Results from a new survey," Broobings (blog), Septem- ber 18, 2017, https://www.brookings.edu/blog/fixgov/2017/09/18/views-among-college- students-regarding-the-first-amendment-results-from-a-new-survey/.
3."Vote No. 237," Parliament of Canada, March 23, 2017, http://www.ourcommons.ca/Parliamentarians/en/votes/42/1/237/.

とする人は、この法律は拘束力がないので、言論の自由への脅威とはならないと主張する。

　しかしすでに長い間、カナダではヘイトスピーチに関する法律を制定してきた。刑法の 318、319 そして 320 号は「ヘイト・プロパガンダ」を禁じ、それは様々な分野に適用されている。例えば、マーク・ハーディング牧師はこの法令によって罪に定められた。彼は居住地の学校でイスラーム教を推進することに反対した。それは、キリスト教にもヒンズー教にも、仏教にも与えられていない特権だったからである。彼に下されたのは、2 年間の保護観察だった。罰として、300 時間以上の教義の学びをイスラームの指導者から受けなければならなかったのだ。[4]

　私たちの自由の喪失は、普通ではないねじれを生み出している。「キリスト教法律協会対マルチネス」という係争事案は、ヘースティングス大学が学内の学生団体であるキリスト教法律協会に対し、次のように主張したことに始まる。キリスト教法律協会は、そのリーダーに、特定の信条と活動を信奉することを要求してはならず、すべての学生に差別なく開放しなくてはならない、と。これは、他の団体と同様、無神論者であってもキリスト教法律協会の長になれるという意味だ。大学における結社の自由とか信教の自由を否定するものである。大学における学生団体は、そのリーダーに対して、いかなる宗教的、政治的、道徳的要求も課さないとする考え方は、一般常識を破壊し、そのような団体の目的を無効にするものにほかならない。[5]

　今日、言論の自由に対する最も大きな脅威の一つは、性的指向性

---

4.Art Moore, "Punishment Includes Islam Indoctrination: Canadian to resume hate-crimes sentence under Muslim direction," WND, October 31, 2002, http://www.wnd.com/2002/10/15738/.

と性的自認を法律における保護された分類にしようという提案である。この提案は、SOGIs（Sexual Orientation and Gender Identity）と呼ばれている。これは、「憲法で保障された良心の自由と言論の自由を脅かし、市民のプライバシーの権利と尊厳の益を侵害することになる。また、誠実で深い宗教心をもっている市民に対し、彼らがその信仰を公の場で示そうとするならば、かなりの法的、経済的な義務を浴びせることになる」。[6]

　キリスト教主義学校は、国家から評価認定をもらうために、同性愛的行為に反対するという方針を捨てなければならなくなるかもしれない。教会が結婚式のために施設を外部の人に貸し付ける場合、法的に言うなら、同性婚のためにもそれらを貸し出さなければならなくなる。そうでないと訴えられる。キリスト教書店やクリスチャンの会社でも、だれかを雇おうとするなら、国家のガイドラインに従って、LGBTである方をも一緒に雇わなければならなくなる。

　アメリカにおける宗教的自由は、過去のものと同じではなくなった！

　最近、イスラエルへ旅行した際、マサダを訪れた。900人以上のイスラエル人がローマ軍に抵抗して殺された場所である。ローマ帝国に反抗したユダヤ人たちは、皇帝カエサルの顔があるローマのコインの上に、ユダヤのシンボルであるメノラー（七本枝の燭台）を刻印したという話を聞いた。これによって、彼らは重要な告白をしたのである。それは「私たちの神への忠誠は、カエサルに対する忠誠に勝る」というものだった。この信仰に立って、彼らは死んでいっ

5.Christian Legal Soc. Chapter of Univ. of Cal., Hastings College of Law v. Martinez (No. 08-1371), Cornell University of Law School, https://www.law.corne11.edu/supct/html/08-1371.ZS.html.
6."Protecting Conscience & Privacy Against the Heavy Hand of Government,"Alliance Defending Freedom.

たのである。

　これこそ教会が教会員に備えさせるべき責任であると私は思う。国家の巨大な武器に抵抗し、どんな結果になろうとも神のみに従うことである。ユダヤ人兵士の心を私たちは受け継ぐことができるはずだ。神の民はこのような侵略に以前も遭遇していた。キリスト教の歴史を見るならば、信仰者は常に神とカエサルとの間で選択を迫られてきたのである。

　初期の教会は、迫害から逃れさせてくださいとは決して祈らなかった。キリストのために立つ大胆さを求めて祈り、迫害が襲ってきたときに耐えられるようにと祈ったのである。

　これから述べる事例は、きっと私たちを励ますだろう。

## ネブカドネツァル王、偶像、そして神

　ユダヤ人たちがバビロンに着いたとき、彼らは、神だけに属するという特権を強大な国に奪われて生きなければならなかった。前章で見たように、ダニエル、また彼と共に過ごしたシャデラク、メシャク、アベデ・ネゴは、バビロン政府の中で、神の助けを受けて誠実に仕えていた。それは、彼らの信仰が重大な危機に直面する前のことだった。

　ネブカドネツァル王は、黄金の頭を持った男の夢を見た。ダニエルは、その夢を解き明かすために呼び出された。彼は、ネブカドネツァル王が黄金の頭であり、その他の部分、つまり、胸、胴、すね、足は、これから興ろうとしている国々を表していると伝えた。これは歴史上もっとも偉大な預言的夢であり、事実そうなったのである（ダニエル書 2 章参照）。

　ネブカドネツァル王は、この幻を自分の知性で得たのではない。そして、そのイメージにそって（多分自分自身の姿に似せて）一つ

の像を建立しようと決心した。90フィートの高さの像を、直径9フィートの台座に置き、ドラの平野に建立した。

ここからドラマは盛り上がっていく。

### ・宗教的実践に関する新たな法律

バビロンのすべての住人は、この像の下に連れてこられた。それから王は新たな法律を発布したのである。「伝令官は力強く叫んだ。『諸民族、諸国民、諸言の者たちよ。あなたがたはこう命じられている。あなたがたが角笛、二管の笛、堅琴、三角琴、ハープ、風笛、および、もろもろの楽器の音を聞いたときは、ひれ伏して、ネブカドネツァル王が建てた金の像を拝め』」（ダニエル 3:4~5）。

ネブカドネツァル王は、「聖なる立法制定者」となった。新たな法律は、違反した者に厳罰が処されるという内容だった。この像を拝まない者は、火の燃える炉の中へ生きたまま投げ込まれるというのである！

オーケストラの音色が響き渡り、音楽は始まった。数千もの人々が一緒に頭を垂れた。しかし3人の男性だけが立ち続けたのである！（この日、ダニエルがどこにいたのか分からない。しかしもし彼がそこにいたとしたら、3人の友人と同じように公然と反抗したであろう）

この「頑固な」3人の若者に反感を持っていたカルデヤ人たちは、この3人が像を拝んでいないことを王に告げた。彼らが拒否していることを知った王は激怒し、個人的に彼らを問いただした。この時の様子を今日に置き換えるなら、王はこう伝えたのだろう。「お前たちのところにはメモが回ってこなかったんだろう。音楽が鳴り始めたら、皆像を拝むように言われていたのだぞ。おそらくお前たちは知らなかったのだろう。だからもう一度チャンスをやろう。やり

直してやる。今度は従うのだぞ」（ダニエル 3:13~15）。

　しかし彼らは即答した。

　「シャデラク、メシャク、アベデ・ネゴは王に答えた。『ネブカド
ネツァル王よ、このことについて、私たちはお答えする必要はあり
ません。もし、そうなれば、私たちが仕える神は、火の燃える炉か
ら私たちを救い出すことができます。王よ、あなたの手からでも救
い出します。しかし、たとえそうでなくても、王よ、ご承知くださ
い。私たちはあなたの神々には仕えず、あなたが建てた金の像を拝
むこともしません』」（ダニエル 3:16~18）。

　これは聖書における最も偉大な信仰告白の一つである。<u>神は私た
ちを救い出すと私たちは信じている。しかし、たとえそうでなくと
も、その像を拝むことはしない。私たちは天の父なる神のみを礼拝
する！</u>

　ネブカドネツァル王は、顔面蒼白になって怒り、「シャデラク、
メシャク、アベデ・ネゴに対する顔つきが変わった。彼は炉を普通
より七倍熱くするように命じた」（ダニエル 3:19）。

　そして、彼の軍隊の中の力強い者たちに、彼らを火の燃える炉に
投げ込めと命じた。「三人は、上着や下着やかぶり物の衣服を着た
まま縛られ、火の燃える炉の中に投げ込まれた」（ダニエル 3:21）。

　ここに私たちはネブカドネツァル王の邪悪な心を垣間見ることが
できる。これら 3 人の若者は王の助言者だった。王の最初の厳格な
プログラムの中でも生き延びた。王に誠実に仕えた。彼らの宗教的
な確信は、死で罰せられるようなものではなかった。しかし、それ
らに対する寛容さはなかったのである。

　火の強さは、3 人のユダヤ人を投げ込んだ男たちが焼け死んでし
まうほどであった。さらに驚くべきことに、王が炉の中を覗き込む

と、縛られていたはずの3人の若者が自由に歩いているではないか！ いぶかしく思った王は、「われわれは三人の者を縛って火の中に投げ込んだのではなかったか。……だが、私には、火の中を縄を解かれて歩いている四人の者が見える。しかも彼らは何の害も受けていない。第四の者の姿は神々の子のようだ」（ダニエル 3:24~25）と言った。

## 私たちのための質問

　知りたいことは次のことだ。どのようにして、シャデラク、メシャク、アベデ・ネゴは、彼らの信仰に誠実にとどまる勇気を得たのか？ 彼らは、自分たちが救い出されるとの希望を告白したが、炉の中で灰になる覚悟はできていた。だから「火の中に投げ込んでみるがいい。でも私たちは神を否定しない」と言えたのだ。

　どこからそんな勇気を得たのだろうか？

### ・彼らは神の約束を信頼していた

　シャデラク、メシャク、アベデ・ネゴは、神の約束を信頼していた。私たちは、彼らがどの程度預言者イザヤの言葉を知っていたか、知る由もない。しかし、神がイスラエルに次のように約束されていたことは明らかに知っていた。

　「だが今、主はこう言われる。ヤコブよ、あなたを創造した方、イスラエルよ、あなたを形造った方が。『恐れるな。わたしがあなたを贖ったからだ。わたしはあなたの名を呼んだ。あなたは、わたしのもの。あなたが水の中を過ぎるときも、わたしは、あなたとともにいる。川を渡るときも、あなたは押し流されず、火の中を歩いても、あなたは焼かれず、炎はあなたに燃えつかない。わたしは、

あなたの神、主、イスラエルの聖なる者、あなたの救い主であるか
らだ」（イザヤ書 43:1~3）

　もちろん彼らは賢かったので、この約束を単純に自分たちの救い
の根拠にするようなことはしていないし、私たちもそうすべきでは
ない。火で焼かれた殉教者は多く存在した。この約束は、イスラエ
ルが国家として永遠に存続することを宣言したイザヤ書の預言であ
る。決して個々人が火から救われるとの約束ではない。しかしここ
から多くのことを学ぶことができる。救い出されようがそうでなか
ろうが、彼らは神の臨在に絶対の信頼を寄せていたのである。
　おそらくこの 3 人の若者は、エルサレムにいた頃シナゴーグで歌
われていた詩篇 73 篇を思い出していたのだろう。

　しかし私は絶えずあなたとともにいました。あなたは私の右の手
をしっかりとつかんでくださいました。あなたは私を諭して導き後
には栄光のうちに受け入れてくださいます。あなたのほかに天では
私にだれがいるでしょう。地では私はだれをも望みません。この身
も心も尽き果てるでしょう。しかし神は私の心の岩　とこしえに私
が受ける割り当ての地。（詩篇 73:23~26）

　妥協せよ、という私たちの信仰への圧力は、次のようにしてやっ
てくる。「神はご自身の約束に対し、本当に誠実なのだろうか？」と。
ヘブル書 13 章 5 節に「わたしは決してあなたを離れず、また、あ
なたを捨てない」とあるのは本当なのか？ 問題は、私たちが炎か
ら逃げられるかどうかではなく、主が私たちと共に炎の中を歩んで
おられるかどうかである。
　アメリカに住む私たちは、炉の中に投げ込まれることに関心を

持ってこなかった。しかし、自分たちの教会において、これからも福音とその内容とを宣べ伝えることができるかどうかには関心を持っている。軍隊において、チャプレンが福音を分かち合えるかどうかに関心をもたねばならない。私たちの教会が同性婚のために場所を貸すよう法的に強制されるかどうかに関心をもたねばならない。公立学校で子どもたちに行われる性教育に関心を持たねばならない。

　私たちは原点に立ち返るべきである。神の約束は有効なのか。そうでないのか？


## ・彼らは神の摂理を信頼した

　シャデラク、メシャク、アベデネゴは絶対の信頼を神に置き、生かされようが殺されようが、主の全能の御手にその選択を委ねていた。私たち読み手は結末を知っている。でも当の本人たちはそうではなかった。火の中へ投げ込まれたとき、彼らの知識の範囲では、このまま灰になってしまうと思ったであろう。灰の山となることを覚悟した。しかし、彼らの責任は神に誠実であることで、結果は神に任せたのである。

　ここから私たちが学べるのは、神はいつでもご自分の民を火の中から救い出し、飢えたライオンの口を天使に命じて閉ざされるというわけでは<u>ない</u>ことである。教会史には、信仰深い人々が火で焼かれ、ライオンの前に投げ出されたという物語で満ちている。今日でさえ、多くのクリスチャンがその信仰のゆえに毎月殺されている。彼らに神からの介入はないのである。

　ヘブル書11章は、しばしば信仰の英雄の列伝と言われる。しかしこの章は、いかにしてモーセ、エリヤ、そしてダニエルのように奇跡を起こすことができるかについて教えているのではない。その

代わりに、もっと深い真実が指摘されている。そんな救いをも見ることなしに、苦しみ死んでいった人々も、信仰の英雄なのである。神が彼らのために働かれたという経験上の証拠がないとしても、神を信じ続けたという意味で、彼らは信仰の英雄なのである。

　次のことを見逃がしてはいけない。ヘブル書11章は、36節以降、今までの語り口とは全く異なったものになっていることである。35節までに多くの奇跡が挙げられた後、私たちは急にこんな言葉に出くわす。「ほかの人たちは嘲られ、むちで打たれ」たと。そして、他の信仰者たちが忍耐の限りを尽くしたという、恐ろしい出来事が書かれているのである。ここには、炎から救い出してくれた「第四の男」は登場しない。ライオンの口を閉ざす天使たちも出てこない。紅海が分かれるシーンもない。これらの人たちは、天からの御手なくして苦しんだ。しかしこれらの名もない信仰者たちもまた、大いなる報いを得るにふさわしい人々なのである。

　使徒の働き12章で、ヤコブとペテロは牢に入れられている。ヘロデ王はまずヤコブを殺そうと選び出した。ペテロは「次はお前だ」と告げられた。彼は処刑される前の晩、深い眠りに落ちた（おそらく彼は、明日には安らかな天国に行けると思ったからだろう）。しかし予期しないことが起きた。天使が彼を起こし、牢の扉を開き、彼を祈祷会が行われている場所まで導いたのである。そこには彼の友人たちが多く集まっていた。

　私が指摘したいのは、このことだ。二人のうち一人が殉教の死を遂げなければならなかったのに対し、もう一人は生きることが許されたのはなぜか、その理由など私たちは知る由もないということである。このことはすべて神の御手の中にある。私たちはこれを「神の摂理」と呼んでいる。

　こう祈る人は幸いである。「神よ、私たちはあなたが若い母親の

ガンを癒やすことがおできになると知っています。しかしもしあな
たがそうされなかったとしても、私は献身の思いとあなたの聖名へ
の信仰を失うことはありません」と。私たちの天の父は、予測でき
るようなお方ではない。彼は時として私たちを火の中から救い出さ
れるが、時として私たちを火の中にそのまま残されることもあるの
だ。どちらにせよ、神は私たちと共にいてくださる。この世でも来
るべき世でも、私たちは見捨てられることはない。もしかしたら私
たちはこの世では救いの奇跡を体験することはないかもしれない。
しかし天は私たちを待っている。説明されて生きるのではなく、約
束されて生きるのである。

　私たちは自分のためだけに苦しむのではなく、私たちを見ている
人のためにも苦しむ。イエスは弟子たちに、彼らは主のために迫害
されると警告された。「また、あなたがたは、わたしのために総督
たちや王たちの前に連れて行かれ、彼らと異邦人に証しをすること
になります」（マタイ 10:18）。多くの ISIS（イラクとシリアにあっ
たイスラム国）メンバーは、彼らが殉教へと追い込んだクリスチャ
ンの死を目の当たりにして、むしろ個人的にキリスト教への信仰を
持つようになったと聞いた。使徒パウロは、ステパノの死から受け
た衝撃を思い起こしている（使徒の働き 22 章 17~20 節）。

　クリスチャンがライオンに食いちぎられるとき、彼らは単に空を
見上げていたのではなく、あたかも誰かがそこにおられるかのよう
に見上げていたと言われている。おそらく最初の殉教者となったス
テパノは、そのときに自分を迎えてくれるイエスの姿を、天におら
れる神の右の座に見ていたのだろう。

　シャデラク、メシャク、アベデ・ネゴに救いの手を伸ばされた「第
四の男」は、私たちとともに歩いてくださる。たとえ私たちが彼を
見ることができなくても。神の臨在を私たちが経験するために、私

たちは救われるのではない。

　神の目的を完全に解き明かそうとする試みをやめよう。確かに一か所か二か所に、それは書かれているかもしれない。しかし、私たちは神の目的の全てを理解できないし、永遠の全体図を描くこともできない。私は、ある状況下で神はこうされるだろうと予想を立てることもやめた。神は私を何度も予想外の出来事でびっくりさせてくださったのだ！

## 私たちが変貌するための学び

　おそらく私たちは炉の中に投げ込まれることはないだろう。しかし私たちの中の幾人かは、同性婚を認めなかったり、イスラーム法典に同意しなかったことが理由となって、仕事を失うかもしれない。また、政治的な正しさを要求する法令に違反したとされて、顧客や友を失うこともあるだろう。

### ・反対は予想される

　私たちは、苦境に立たされることを、喜びをもって受け入れる必要がある。ペテロはローマ帝国の迫害下にある信徒に対して、こう語っている。

　愛する者たち。あなたがたを試みるためにあなたがたの間で燃えさかる試練を、何か思いがけないことが起こったかのように、不審に思ってはいけません。むしろ、キリストの苦難にあずかればあずかるほど、いっそう喜びなさい。キリストの栄光が現れるときにも、歓喜にあふれて喜ぶためです。もしキリストの名のためにののしられるなら、あなたがたには幸いです。栄光の御霊、すなわち神の御霊が、あなたがたの上にとどまってくださるからです。（第一ペテ

ロ 4:12~14)

　国家かイエスか、どちらに従うのかと迫られたとき、私たちは常にイエスを選択すべきである。数年前、多くの福音派の人々（幾人かは厳密には福音派ではない）が「マンハッタン宣言：キリスト者の良心の声明」という文書にサインした。これは政府の妨害が高まっていく傾向に直面する中で、私たちの責任を明らかにするものである。その中から一部分を引用してみよう。

　私たちは……不道徳な同性パートナーシップを祝福せよと強制するいかなる規則にも屈することはない。それを結婚の一つの形として扱うようなことをせず、道徳と不道徳の差異や、結婚と家族との正しい関係などの真理を宣言することを控えはしない。私たちは、カイザルのものをカイザルに帰することに何の抵抗もなく、むしろ喜んでそうする。しかし、神のものをカイザルに帰することは断じて容認できることではない。[7]
　私たちは「心に目的をもって」、信仰の自由を表明しなければならない。私たち自身に対してのみならず、私たちに反対する人々に対してもである。だから「教会と国家の分離」という表現が大切なのだ。私たちは、聖書によって導かれる私たち個々人の信仰に基づいて生きる自由を強調せねばならない。
　恐れと怒りはクリスチャンの持つべきものではない。私たちは初代教会を見習うべきである。悪意に満ちた文化の中で、イエスと同一視されることを特権とする生き方である。

---

7."Robert George, Timothy George, and Chuck Colson, Manhattan Declaration: A Call of Christian Conscience," Manhattan Decla- ration, November 20, 2009, http://manhattandec1aration.org/man_dec_resources/Manhattan_Declaration_fu1l_text.pdf

次の項目では、あまり驚かないでもらいたい。

## ・一人で立つことを学ぶ

　１万人ものユダヤ人がユダヤからバビロンへ連れてこられたということはどういうことか？　すべてのユダヤ人が、ネブカドネツァル王の像を拝んだのだろうか？　平野の他の一方に集められた人々は、像を拝まずに立っている３人の若者の姿など想像しなかっただろう。ただ、多くの人々が、音楽が鳴ると同時に膝をかがめたことはありそうなことである。彼らは心の中でこう思っていただろう。「心では、こんな像を拝むことなどしていない。私たちはヤハウェだけを礼拝するのだ。膝をかがめたとしても、心の中では立っていることを、神はご存じである」。

　では、私たちがした行為とは何なのか？

　あるゲイの人権団体が同性婚に反対する人々を批判するというので、私の知っているある福音派教会は、教会のウェブサイトからその教会の長老者の名前を消すことを真剣に考えていた。その団体が長老たちをハラスメントで訴えようとしていたからである。そして長老たちの雇用主に、彼らが聖書的な結婚に固執しすぎていることを理由に解雇するようプレッシャーをかけてきたのだった。

　このようなプレッシャーをかけたくなる気持ちはわかる。しかしこのような脅し、いやがらせ、生活の糧を失うことの恐れに、教会が屈服してしまっていいのだろうか？　シャデラク、メシャク、アベデ・ネゴは、像の前に形式的には膝をかがめても心ではそうしていない、と考えたのだろうか？　私は、アメリカの教会が確信をもって行動し、その結果を受け入れるように祈る者である。これ以下のものは、私たちの信じて告白する福音の力を損なわせる。

クリスチャンの男性、女性の中には、カフェやレストランで天の父に食前の感謝の祈りを捧げない人がいる。彼らはキリスト信仰を持った者だと思われたくないから、祈らないのだ。しかしイエスはこう語っている。「このような姦淫と罪の時代にあって、わたしとわたしのことばを恥じるなら、人の子も、父の栄光を帯びて聖なる御使いたちとともに来るとき、その人を恥じます」（マルコ 8:38）。

多くのユダヤ人は、黄金像の前に膝をかがめてしまった。なぜなら、彼らは神を恐れる以上に、燃える炉を恐れたからである。最近の歴史的出来事から見よう。私たちは、ヒトラーに反対した人々の名前の大半は覚えてはいないが、デートリッヒ・ボンヘッファーとマーティン・ニーメラーとその仲間たちのことを忘れることはない。その理由はただ一つ、彼らはこの世の支配者に屈しなかったからである。その時代に、彼らは一人で立たねばならなかった。でも臆病者たちは、長く人々の記憶に留まることはない。

しかし誤解しないでいただきたい。もちろん私たちが知らない多くのヒーローたちは存在している。そして、彼らは神に知られている。何万人と言う無名のクリスチャンが嫌われ、仲間外れにされ、時には殉教の死に向き合わなければならなかった。しかしその忠実さのゆえに彼らは誉れを受けている。この地上で、知られているか知られていないかに関わらず、彼らは幅広く影響を与え、この地上ではなく、永遠の世界で誉れを受けることを望んだのである。

その当時、大きな影響を与えた 18 世紀の神学者、ジョナサン・エドワーズの決心は、次のように要約できる。「決心その 1: 私は神のために生きる。決心その 2: 誰がそうしなくとも、私はそうする」。[8]

---

8.Jonathan Edwards's first two resolutions are often summed up as quoted in the text; however the original versions can be found here: be Works of Jonat'han Edwards vols. 1-26 (New Haven, CT: Yale Univ. Press, 1957-2008)

## ・忠実であるために、自由は不可欠ということではない

　教会史を学ぶなら、驚くべきことに、西洋社会における私たちの自由は、ほとんどなかったことに気づかされる。この 2000 年間、教会には信教の自由がなかったのである。キリスト教の物語は、投獄、火刑、溺死、または自ら墓穴を掘ってそこに生きたままで埋められるような歴史ばかりである。

　来世での勝利のためにはこの世で勝利する必要はない、ということを決して忘れないようにしよう。例えば、ヤン・フスの例を見てみよう。彼はプラハで説教するためにやってきて、1415 年にコンスタンスの町で火刑に処せられた。彼はこの世での命を失ったが、来るべき世での勝利を手にした。またポリュカルポスは 2 世紀にスミルナで命を落としている。私たちの時代でも、特に閉鎖的な国々においては、多くの殉教者が出ている。彼らは福音のゆえに殉教できることを特別な名誉と受けとめていたのだ。

　国家が神に成り代わる時代が必ずやってくる。悪しき獣が迫りつつあり、私たちは、この獣が天の神を冒涜する言葉を聞く。「獣は、聖徒たちに戦いを挑んで打ち勝つことが許された。また、あらゆる部族、民族、言語、国民を支配する権威が与えられた。地に住む者たちで、世界の基が据えられたときから、屠られた子羊のいのちの書にその名が書き記されていない者はみな、この獣を拝むようになる」（黙示録 13:7~8）。

　想像してもらいたい！「あらゆる部族、民族、言語、国民を支配する権威」と聖書は語っている。ほとんどの人々はこの獣を拝むが、そうしないレムナントがいる。彼らには特別の栄誉が永遠に与えられる。彼らの名は、この世の基が据えられる前から、いのちの書に記されているのである。

　カリフォルニア滞在中に、友人の一人が私たちをフランク・シナ

トラの墓に連れて行ってくれた。そこには彼が作詞したものの一部が刻まれていた。「最高のものはこれからだ」と。もちろん、この言葉はキリストにある信仰者にもあてはまる。しかし、未信者にも当てはまる言葉がある。それは「最悪のものはこれからだ」である。

　永遠の視点から見るなら、両者の違いはなんと大きいことだろう！


## ・本物の証人の力

　驚くべきことが起きた。血に飢えた王、エルサレムを占領し、自分の部下たちに自らを崇拝させようとし、それを拒む者たちを根絶やしにしようとし、異教の神マードックへ祈りを捧げていたネブカドネザル王が、生きておられる真の神を信頼するようになったのである！

　あなたは、そんなことを期待していただろうか？

　3人のユダヤ人の若者たちが火の中から助けられたことを見た王は、シャデラク、メシャク、アベデ・ネゴの神のみを礼拝するように、そして、この神に反対する者は罰せられるとの命令を発布したのである。「このように救い出すことのできる神は、ほかにないからだ」（ダニエル 3:29）。

　しかしそれだけではなかった。

　その欲望に限界を持たない王は、さらに賞賛を浴びようとした。しかし神は彼を謙遜にさせるため、獣のような生活をさせたのである。「彼は人の中から追い出され、牛のように草を食べ、そのからだは天の露にぬれて、ついに、彼の髪の毛は鷲の羽のように、爪は鳥のように伸びた」（ダニエル 4:33）。

　この屈辱的な経験の結果、王は明確に天の神へと回心したのである。彼は、全ての民族と国々を支配なさる神の主権を認めた。「今、

私ネブカドネツァルは、天の王を賛美し、あがめ、ほめたたえる。そのみわざはことごとく真実であり、その道は正義である。また、高ぶって歩む者をへりくだらせることのできる方である」（ダニエル4:37）。

ムーディー聖書学院のユダヤ学教授であるマイケル・リデルニクは、この時、ネブカドネツァル王は本心から天の神に立ち返り、服従したと信じる証拠があると語っている。王は贖われた者の一員となったのである！[9]

私たちは、ダニエルが日に3度も礼拝していたのを知っている。そして2人の王に仕えたことも。彼の証しは、3人の友人、シャデラク、メシャク、アベデ・ネゴの証しとともに、素晴らしい実を結んだ。無慈悲な王であり、ユダヤ人の敵であったこの王、ネブカドネツァルが回心し、天の神のみを礼拝するという力強い証しを打ち立てたのである。

神は時々、最も罪深い者、もっとも救いに似つかわしくないものを救われて、私たちを驚かせなさる。あなたの人生におけるネブカドネツァル王とはだれか？　その人のために、あなたは祈り、証しを立てているだろうか？

## 牧師の心から

クリュソストムスは、古代コンスタンティノープル（今のイスタンブール）の説教家であった。彼は町から逃げ出さなければならず、しかも町の権力者から追いかけられていた。なぜなら彼の説教が、富と権力を乱用する人々を非難したため、嫌われたからである。[10]

---

9.Michael Rydelnik, "Daniel,"in be Moody Bible Commentary, Michael Rydelnik and Michael VanLaningham, gen. eds., (Chicago: Moody, 2014), 1293

彼を支援する人々は、彼を助けようとして、棒と石を手に取った。しかし当然ながら、それだけでは、反対者たちの力を抑えることはできなかった。今日のように、文化的な反対がおこっている中では、何の力もないのである。

　人々は、処刑されるクリュソストムスの最後の説教を聞くために、教会に集まってきた。そこで彼が人々に語った言葉を引用しよう。

　多くの波が押し寄せても、怒りが海のようにうねりをあげていても、私たちは沈んでいく恐れはない。私たちは岩の上に立っているのだから。思いのままに逆巻く海も、岩の前には無力である。波が激しく打ち付けたとしても、イエスの声をかき消すことはできない。教えてほしい。どうして私たちは恐れる必要があるのか？ 死ぬのが怖いのか？「私にとって生きることはキリスト、死ぬことは益である」。もしかして追放されるかもしれないことか？「全地は主のもの。地はこの方によって満ちている」。財産の没収か？ 私たちは何も持たないでこの世に生まれた。何も持たないでこの世を去るのもはっきりしている。私はこの世が恐れるものを軽蔑し、良いものを笑い飛ばす。貧困を恐れないし、富むことにも興味がない。死を恐れないし、生きることがあなた方にとって良いことでないなら、生きたいと祈ることもない。これが、私が今ここで起こっていることについて話す理由だ。あなたがたの愛を、人を励ますために用いてほしい。[11]

　その通りである。私たちは勇気づけることができる。なぜなら、

---

10. "John Chrysostom, Early church's greatest preacher," Christian History, Christianity Today, https://www.christianitytoday.com/history/ people/pastorsandpreachers/john-chrysostom.html

11. Saint John Chrysostom, quoted in Stefano Tardani, Whole Children Are We? be Future fat Awaits Us (Bloomington, IN: WestBow, 2016), 126.

私たちの敵は神によってその活動が制限されるため、やりたいことができないからである。いつの日か、この世で最も強い政治的な力が、黙示録 12 章、13 章に記されているように、反キリストとしてこの世界を治める時が来るだろう。未来の独裁者は、神の領域を奪おうとし、この地に生きるすべての人に自分を礼拝するよう強要するだろう。その時、全世界を地政学的に支配する体制に対し、聖徒たちはどう立ち向かうのだろうか？

　「兄弟たちは、子羊の血と、自分たちの証しのことばのゆえに竜に打ち勝った。彼らは死に至るまでも自分のいのちを惜しまなかった」（黙示録 12:11）。

# 第5章　教会、科学技術、そして純粋性
## 〜恐るべき敵と対決する勇気〜

　教会は文化に巻き込まれることに責任をもつが、今日、文化は（しばしば招いていないにもかかわらず）私たちの家庭に、寝室に、そして心の中に忍び込んできている。そしてこの「文化」は私たちの魂に戦いを挑んでくるのだ。魂の純粋性や個人的な聖化を求めることに反対し、その影響は陰険かつ邪悪である。

　ちょっと想像してもらいたい。ある朝、目が覚めた時にあなたの子どもたちが奪われてしまっていたとする。その誘拐劇は静かになされたため、あなたは目覚めることがなかった。気も狂わんばかりになって子どもたちを探し、また警察に電話する。幸運にも子どもたちを無事に見つけ出すことができたとしたら、こんなことが二度と起こらないように細心の注意を払い、ドアのロックを二重にするとか、窓を覆うとか、ハイテクのセキュリティシステムを導入するとかするだろう。

　しかしもしモンスターが部屋の中にすでに入ってしまっているとしたらどうだろうか？　この怪物は子どもたちの肉体を奪うことはないが、もっと大切なもの—子どもたちの魂を奪っているとしたらどうか？　子どもたちに衣食住を与える責任を果たすことはできていても、彼らの心に別の主人が住んでしまっているとしたらどうだろう。あなたはそれと対立し、葛藤し、そして子どもの心理的必要のために専門家に見せようとするだろう。しかし、根本的なところで子どもたちを誤った方向に導き、欺き、あわよくば彼らの精神を破壊しようとしているこの怪物に、子どもたち自身が傾倒しているとすると、どうなのか。

　この怪物は、<u>テクノロジー</u>（科学技術）という名である。

　私はこの章を書いているときでさえ、恐れを抱いている。この書を読む多くの人々が、私が語っていることについて、完全に同意してくれるだろうか？　テクノロジーは自分たちや自分たちの家族に対して、否定的な影響など与えないと思っていないだろうか？　この怪物はあまりにも強力かつ魅力的なので、対決などできないと思っていないだろうか？「悪魔は悪賢い」言い訳はたくさんある。

　もちろん、テクノロジーが良い目的のために用いられていることは知っている。ムーディー教会では、メディア・ミニストリー・チームがインターネットを利用して、世界中の人々に福音が届けられるよう励んでいる。テクノロジーのゆえに、イスラームが西洋社会のニュースやキリスト教プログラムを視聴するゆえ、彼らの支配力が弱められている。テクノロジーは良いことにも悪いことにも用いられる。怒っている人間の手にあるナイフは恐ろしいことに用いられるが、同じナイフでも外科医の手にあるなら、価値あることに使われる。

　しかし私たちは、テクノロジーの恩恵を間違って強調してしまったようだ。その裏側に存在する暗く、破壊的な側面について考えてこなかったからである。今日の教会は、この問題と真正面から向き合うべきである。そして子どもたちをネット中毒から守るため、必要なツールを与えなければならない。

　妻のレベッカと私は、あるご夫婦と友達で、彼らはブレットという息子について語ってくれた。ブレットはゲーム中毒で、ほとんど食事もとらずにゲームにのめり込み、成績も下降気味であった。両親は彼のゲーム中毒が気になったが、そのたびにブレットはうまくごまかして、「そんなに長くパソコンの前にいないよ」と言うのだった。ある日、両親とも家を空けなければならない時があったため、彼らは息子の様子を隠れて撮影するようにセットしておいた。やが

て家に帰ってきてから、息子に自分たちの留守中どうであったかと聞いたところ、彼はやはり嘘をつき、宿題をやっていたと言い出した。そこで証拠となるビデオを示した。彼は泣きながら、「ママ、パパ、僕はやめられないんだ！ どうしようもないんだよ！」と語ったとのことだった。

　彼らは賢明にもパソコンを数日間家の外に出し、それが戻ってきたときには使用を厳しく制限した。結果として、ブレットは急性ゲーム中毒から解放された。だが、間違わないでほしい。私たちのうちにある欲求が起こるとき、その感情を再現しようとの誘惑は生涯私たちから離れないのだ。暴力的なゲームやポルノなどに捕らえられた人は、一時的には解放されても、以前と同じ中毒症状へと誘惑されることが多いのである。

## テクノロジーの神話

　私たちはテクノロジーの嘘を信じたいと願っている。それは、無害で現実には何も影響を与えないという嘘だ。ちゃんと調べないと、すぐに中毒になってしまう。十代の若者だけがこの虜になってしまうのではない。多くの大人たちもフェイスブック、インスタグラムなどのSNSメディアに多くの時間を費やしている。私たちはテクノロジーの神話を受け入れることによって起こっている事柄に目をつぶってはならない。

　第一に私たちは、テクノロジーは中立であるという嘘をそのまま信じている。純粋な心と、キリストを崇めるライフスタイルに反するものとして、テクノロジーは大きなウェイトを占めるようになっているが、誰もそのことに気づいていない。『死に至る楽しみ』の著者であり、教育者である故ネイル・ポストマンは、テクノロジーを中立と捉える考え方を厳しく非難している。「誰も気づかないことだ

が、テクノロジーは社会変革のためのプログラムを備えている。テクノロジーを中立として受け入れ、文化にとって親しき存在だと前提することは、今の時代、恐ろしく平凡で単純なことなのである」[1]

　ポストマンはすべてのテクノロジーは偏見に満ちていると語っている。そこには誰かの意図が隠れ潜んでいるのだ。特にインターネットの場合、それは明確である。ニュース記事をクリックしてもらいたい。すると私たちの興味を引く挑戦的な写真が出てくる。偏見なしに送られてくるものは何もない。メディアはほとんどの場合、私たちと対立する論調である。中立なんてとんでもない！概して、メディアは私たちの中心的な価値観と対立している。

　神話の第二番目は、ネットで見たものは私たちに影響を与えないという神話だ。暴力的なビデオやその他のメディアは、短期また長期にわたって、青年や大人に好戦的な振る舞いを生み出すという研究結果がある。[2]　ポルノ動画が、結婚生活や若者たちの性意識に徐々に悪影響を与えていることを証明する必要はほとんどないだろう。もし私たちの行動にこれらのものが何の影響も与えないのだとしたら、どうしてこれらの宣伝に何億円も使うのだろうか？もっと強調してこの点を言わせてほしい。自分が見て楽しんだものに、私たちはなってしまう。

　第三番目の神話は、テクノロジーはオフボタンを押すことで簡単にコントロールできると思い込んでいることである。多くの人は、テレビやパソコン、スマホやタブレットを切ることができない。なぜならテクノロジーには中毒的なパワーがあるからだ。その結果、

---

1.Neil Postman, Amusing Ourselves to Death (New York: Penguin, 2005), 84
2.Brad J. Bushman, PhD and L. Rowell Huesmann, PhD, "Short-term and Long-term Effects of Violent Media on Aggression in Children and Adults" (abstract), JAMA Network, https://jamanet work.com/jour nals/jamapediatrics/fullarticle/204790.

家庭と結婚は崩壊しようとしている。ある方が私に話してくれた。彼と奥さんは仕事から帰ると、急いで用意した食事を食べ、彼女はすぐにパソコンの前に座り、チャットルームで友人とのおしゃべりを夜の 11 時ごろまで楽しむのだそうだ。そこには意味あるコミュニケーションはなく、新たな友人が生まれることもない。毎日、同じような夕方の時間が繰り返されるのである。このことを彼が奥さんに話そうとすると、彼女は自己弁護を始め、さらに、一緒にいることがいかに退屈だったかと彼を非難するようになったとのことである。

精神分析医のトーマス・カースティングの著書『分断された人々：デジタルで悩む若者たちを再生する方法』によると、テクノロジー中毒は拡大しているだけでなく、私たちの脳の回路を変えてしまうとのことだ。彼は多くの子どもたちを症例として見てきた結果、テクノロジーは、彼らのこれから発展するであろう能力に影響を与え、不安や落ち込み、そして神経過敏などの現象を引き起こすと訴えている。[3]

E メールのない生活など考えられない。しかし、インターネットの世界的拡大がポルノによって助長されたという話が本当なら、インターネットは発明されなかったほうが良かったと私は思う。インターネットは、アナーキストたちが人材をリクルートする際に用いる道具になっている。また多くのブログを書く人は、勝手に事実を作り上げ、道徳的判断をして、全く責任を伴わない尊大な書き込みをしているのである。

---

3.Thomas Kersting, Disconnected: Host to Reconnect Our DigitaJly Distracted Young PeopJe (CreateSpace, 2016).

## ソーシャルメディア、正義の名を騙る復讐の場

　私は今日、ソーシャルメディアがここまで人々に浸透し、怒りの文化を持った現代社会で圧倒的に用いられ続けていることを悲しく思う。クリスチャンですら、この不敬虔な世界に吸い寄せられ、分断を生み出す誘惑に簡単に引っかかっている。しかも「すべて真理のために」という名目でこの誘惑はやってくる。私はガラテヤ書のパウロの言葉を思い起こしている。「愛をもって互いに仕え合いなさい。……気をつけなさい。互いに、かみつき合ったり、食い合ったりしているなら、互いの間で滅ぼされてしまいます」（ガラテヤ5:13,15）。そうだ。私たちは願うなら相手に食らいつき、滅ぼすこともできる場（ネットの書き込み）を得てしまったのだ。

　それは当然、ブログを書く人の責任である。しかし、クリスチャンによって書かれたブログを読み、コメントを読んでみると、以下のことに気づいた。

　第一に、「これはおかしいので知らさねば」と感じることが何であれ、ネットではそれらが大げさに騒ぎ立てられ、可能な限り悪しざまに扱われる。誰も、疑惑という益をフォロワーに与えたいと願う者はいないだろう。しかし攻撃モードで反応してしまうと、誇張したコメントや装飾や歪曲が生まれてしまう。2016年の大統領選挙後にクリスチャンの間で分断や非難の応酬があったが、私たちはより大きな神の国の市民であることを忘れてしまっているのではないかと私は不思議に思ったものだ。罪深い被造物として、私たちは最善のものよりも最悪なものを信じる傾向を持っている。その点を悔い改めるべきだ。

　第二に、そこには愛が欠けている。怒りや自己正当化を訴える論理が横行し、和解や「多くの罪を覆う」はずの愛ということに全く関心を示さない傾向が見受けられるのだ。個人的に扱うべき事柄を

全世界の人々にさらけ出すことにもなっている。オンライン投稿者の多くは、尊大にも自分たちが善であるという雰囲気を漂わせ、他の人々は軽率だからその人たちを見下す責任があるかのように振舞っている。これこそ、パウロが長きにわたって警告を発してきたことである。「兄弟たち。もしだれかが何かの過ちに陥っていることが分かったなら、御霊の人であるあなたがたは、柔和な心でその人を正してあげなさい。また、自分自身も誘惑に陥らないように気をつけなさい」（ガラテヤ 6:1）。

　こんな事実や状況を、より広いキリスト教世界にさらけ出す場が必要なのだろうか？　私は、あって良いと思う。しかしそれを進めるために、次のようなガイドラインを勧めたい。

　アップロードしようとしている情報は神の栄光のために必要だとあなたが思うのは、なぜなのか？　どのような「神があがめられるために」というゴールを、あなたは心に描いているのか？

　あなたが取り挙げようとする人物、または組織は、あなたが語る通りの存在か？　情報として正確なだけでなく、バランスが取れていて、文脈的にも大丈夫か？

　もしあなたが特定の人物について書こうとするとき、当の本人の前でもちゃんと同じことを言えるか？　背後から矢で射るようなことになっていないか？　それを読んで不快な思いを本人にさせてしまわないか？

　あなたが書くことで、その不安定な出来事が回復へ向かったり、和解へ進んだりすることがいつでも可能か？　怒りの気持ちをもっ

144

て、個人攻撃をしているのではないか？

　あなたは、自分の生涯と行動に責任をもたねばならないところの、教会やキリスト教団体の権威のもとにいることを自覚しているか？

　私が信徒の方々向けに公開している私の誓約項目がある。ものの言い方を控えめにしよう。他人の失敗をさらけ出すようなことはしないようにしよう。復讐心や怒りを正義と読み替えて、お互いを書き表すことはしないようにしよう。お互いの最善を信じ、最悪を想定する事柄には後ろ向きになろう。他者を、自分が扱ってもらいたいと願うやり方で扱おう。

　ソーシャルメディアが生み出されるはるか前に、パウロはこう語っている。「悪いことばを、いっさい口から出してはいけません。むしろ、必要なときに、人の成長に役立つことばを語り、聞く人に恵みを与えなさい」（エペソ 4:29）。

　これらは、この時代に生きる人々が聞く必要のある言葉である。

## 神から離れてしまった心

　箴言 4 章 23 節は、この時代に生きる私たちのための言葉である。「何を見張るよりも、あなたの心を見守れ。いのちの泉はこれから湧く」（箴言 4:23）。

　あなたの心は、命があなたの気質を作り上げる場所である。私は少しの疑念をもっている。多くのティーン世代が —そう、私はクリスチャンのティーン世代に語っているのだが— 神との交わりに集中することを難しく思っていることに対しての疑念だ。YouTube は聖書よりもよりも彼らをエキサイトさせるし、Facebook はデボーションテキストよりも、自分のエゴに対して優しい。

　手の中にあるスマホは、私たちに世界中の情報を提供してくれる。

その能力は、私たちの想像を超えるものだ。今日若い人々は、性やその他の命に関することについて、教会や親以上に、メディアから学ぶことが多い。現代の平均的な子どもたちは、スマホ、パソコン、テレビ、タブレットなどを何時間も使っている。

　ある夕方のユース集会でのことである。私が礼拝堂の後方に歩いていくと、多くの学生たちが集会中にスマホを見ていることに気づいた。彼らは聖書アプリを開いているわけではなかった。ユース集会の説教者は、その時点では、聖書を引用していなかったからである。

　私は、メディアが人間が知る限り最も有効な教育システムであるという主張に同意する。文化批評学者のケン・メイアは、迫害よりもはるかに狡猾にメディアは私たちの文化に攻撃を加えていると語っている。彼はこう書く。「大きな音を立てて、目に見える形で襲ってくる敵は、見えないところで侵攻する敵よりも戦いやすい。見えない敵は私たちの人格を侵食し、無垢な楽しみを損ない、命の価値を貶める。それによって私たちは、現代文化の中に何も脅威的なことは起こっていない、と受けとめてしまうのだ」。[4]　覚えておかなければならない。多くのメディアにとってのゴールとは、あなた方の子どもたち（もしくはあなた自身）を多様な価値観の中に陥れることだ。その目標は「もっともっと」という欲望をかきたてることになる。ラビ・ザカリアスが「この年代の若者たちは、目で聴いて、感情で考える世代だ」と語っているが、私も彼の意見に同意する。[5]

　現代の子どもたちは、テレビ、パソコン、そして iPad で養育さ

4.Kenneth A. Myers, All God's Children and Blue Suede Shoes (Wheaton, IL: Crossway, 1989), xiii.
5.Ravi Zacharias, "Think Again—The Gentle Goldsmith," RZIM December 14, 2012, http://rzim.org/just-thinking/think-again-the-gentle-goldsmith/.

れている。ある時私は、一週間の内に二組の両親と交わりを持った
ことがある。彼らは、10代の子ども（共に16歳）がすでにパソコ
ンやスマホのフィルター（アダルト向けサイトへアクセスしない設
定）をうまくすり抜ける方法を知っていることに驚いていた。1年
後には、その内一つの家庭の子どもが違法ポルノをダウンロードし
ていることを発見した。他の家庭の子どもは、悪魔的なゲームにの
め込んでいた。二人の若者に共通していたのは、怒りやすく、落
ち込みやすく、そして威嚇的な姿勢をとることだった。

　テクノロジーは人を誘惑し、虜にし、そして人間の尊厳を破壊す
る力を有している。灯油缶に投げ入れられた火のついたマッチのよ
うに、私たちの性的欲望は簡単に焚きつけられてしまい、さらにそ
の欲望は「もっと、もっと」と要求し続けるのである。私たちの心
の内には、「破壊的な状況に陥ってしまう」とささやく声があっても、
「何とかコントロールできる」と思ってしまう。自分を偽っている
のだ。そしてそのことを十分理解している。一つの悪い選択があな
たを破滅の道に陥らせてしまうということに気づくのは、なんと怖
いことだろう。

　私は、児童ポルノに手を染めて逮捕された男性が語ってくれた言
葉を生涯忘れないだろう。彼はこう言った。「一旦この道を下り始
めると、行くところまで行ってしまう。そこは自分でも考えたこと
もないほどの所なんだ」と。もう一度繰り返して記しておこう。二
旦この道を下り始めると、行くところまで行ってしまう。そこは自
分では考えたこともないほどの所なんだ！

　道徳的社会であるかどうかの最終テストは、子どもたちにどんな
世界を残したかである、と言われている。私たちは、自分たちのた
めに、そして未来世代のために戦わなければならない。

　この世は、テクノロジーを用いることで、私たちの生涯に深く関

わろうとしている。ある両親が最近私に語ってくれた。「思い返してみると、娘に携帯電話を与えたことは、彼女にヘロイン注射を打つのと同じようなことだった」。

## 教会の批判的役割

テクノロジーの否定的側面と戦うことは、教会の重要な責任である。その理由は単純にこう言える。神に従順に従い、神と交わることは、常に教会員みんなが持つべき共有の意識である。何度も繰り返される罪の破壊的な影響を乗り越えるために、教会は互いに助け合う用意をしていなければならない。この戦いを自分だけで勝利したという人を、私は知らない。沼に入るのに誰の助けもいらない。それは自分だけで完璧にできることだ。しかし沼から這い出すためには、他者の助けが必要なのである。

ムーディー教会では、「5:8 ミニストリー」という働きを開始した。これはマタイ5章8節の、「心のきよい者は幸いです。その人たちは神を見るからです」に基づいた働きである。ビデオを通してのおしえと個人的な証しによって、多くの人々がインターネット中毒から解放されている。正しく教えて説明し、そしてともに祈りあうのだ。これ以外にも、教会の働きには新たな分野が開かれるだろう。それぞれの教会は、最善へと導くリーダーシップを持った人を見つけ出さねばならない。

残念ながら、多くの牧師たちがメディアの危険性に無知である。彼らは先に挙げたように、「テクノロジーは中立で、それをどのように用いるかにかかっている」という格言を鵜呑みにしてしまっている。安心して眠り、メディアの破壊的な影響が彼らの家庭に、教会の兄弟姉妹に、時には自分自身に及ぶことはないと静かに満足している。明らかにそうでないことに気づいても、ゆくゆくは解決す

ると思っている。そうこうしている間に、教会の核心部分は、隠れたモンスターによって汚染されていくのである。腐敗は隠されていたとしても、あちこちに存在している。

　カリフォルニアのあるユース・パスターは、自分の教会の若者たちは皆、ポルノの奴隷になっている可能性があると語ってくれた。彼の想定が幸いにも外れ、そうでない青年を見い出せるなら、幸せなことだ。しかしその想定の範囲を、パソコン、タブレット、スマホ、また他のテクノロジーに広げていくならどうだろうか。この種の誘惑は簡単に感染しやすく、強く、無慈悲なものだ。おそらく彼の予想は、悲観的過ぎるだろう。しかし、若者たちの部屋に巨象（怪物）がいるかもしれないことを伝えようではないか。この怪物について全く語らない牧師たちもいるのだから。

　イエスは、ティアティラの教会に個人的に話されてはいるが、会衆の性的な罪に対するたるんだ態度を叱っておられるのだ。主は、彼らが教会として良き働きをしていることを褒めている。しかし続けてこう言われるのだ。「けれども、あなたには責めるべきことがある。あなたは、あの女、イゼベルをなすがままにさせている。この女は、預言者だと自称しているが、わたしのしもべたちを教えて惑わし、淫らなことを行わせ、偶像に献げた物を食べさせている」（黙示録 2:20）。

　これで終わってはいない。続けてこう言っておられる。「また、この女の子どもたちを死病で殺す。こうしてすべての教会は、わたしが人の思いと心を探る者であることを知る。また、わたしは、あなたがたの行いに応じて一人ひとりに報いる」（黙示録 2:23）。想像してもらいたい。主は私たちの心と思いを探られるのだ。そしてパソコンの中身をも！

　もしも 1 世紀の教会がイゼベルの不品行の霊を避けることが出来

なかったとしたら、21 世紀の教会は、どこにでも入り込めるメディアを通して、家庭に忍び込むイゼベルの誘惑をどうやって退けることができるのだろうか？ イゼベルは今や、私たちの指先に宿っているのである。

　教会のリーダーシップをとる人は、必要を求めている人々を見いだし、積極的に助ける働きを推進していくべきである。教会は、被害を受けても声を上げられない人々に背を向けてはならない。彼らはどこに解決があるかを知らず、恥ずかしさのゆえに声を上げられない状態にあるのだから。このような個人的な葛藤は、決してその人だけで解決できるものではない。

　私たち教会は、純潔な花嫁を求めておられるイエスの心を無視することができるだろうか？ 私たちはお互いを必要としている。だからこそ、信じる者たちの集団には希望があるのだ。


## 霊的戦い

　1990 年代のある夜のことを私は今でも覚えている。この日私たちは、アメリカ・オンラインというパソコン通信にアクセスしていた。その夜、夢を見た。3 人の悪魔が私を壁に貼り付けにしていたのである。その時、私は力が入らなかった。

　これは夢だと分かったとき、ホッとした。私は、この夢が神から示されたものと解釈した。主は私にこう言いたかったのだと思う。「あなたは家の中に敵を招き入れた。彼らはあなたを滅ぼそうとしている」。

　テクノロジーの誘惑の中で、心と霊を清く保つために、私たちはサタンとの戦いの新たな段階へと進まなければならない。教会は、私たちが霊的戦いの渦中にあることをすべての人々に告げなければならない。聖書は、「悪魔が、ほえたける獅子のように、食い尽く

すべきものを捜し求めながら、歩き回っている」と述べている。も
しあなたが「アニマル・プラネット」という番組を見たことがある
なら、ライオンは相手を襲おうとするときには吠えないことをご存
じだろう。ライオンはテリトリーを示すために吠える。「ここは俺
の縄張りだ」と他の動物に知らせるために吠えるのだ。他のライオ
ンと競うため、敢えてそうしているのである。私は、サタンも同じ
ようなやり方で、テクノロジーが自分の縄張りだと訴えていると強
く信じている。「ここは俺のものだ。俺がここを支配している」と。

　これは、目に見えない領域で起こっている戦いである。あなたが
勝利したと思ったとたんに、妨害は激しくなる。サタンが願うのは、
私たちの魂を神から引き離すことである。そして神に代えて、快楽、
罪意識、自己卑下、怒りなどを与えようとしてくる。サタンは、私
たちが正しいと分かっていることを破らせ、それを合理化させよう
とする。サタンは確かな理由を説明することはないし、ルールに従っ
て行動することもない。戦わずに去るなんて考えてもいないのだ。
教会は、このような敵と遭遇している人々に助けの手を伸ばし、導
き、そして励ますべきである。どこにも隠れる場などないのだ。こ
の戦いは、祈りなくしては勝つことができない。熱心な祈り、とり
なしの祈りが必要だ。そして何が起きているのか、きちんと説明す
ることが大切である。

　あなたがこの章を読んでいる間にも、誰かが夜じゅう起きていて、
新しい方法で子どもたちを誘惑し、彼らを最新のビデオゲームや映
画、そして性的なイメージの奴隷にしようと画策しているのである。
プレイボーイ誌を立ち上げた故ヒュー・ヘフナーは、ポルノ「帝国」
を作り上げたとき、毎年のように青年たちを中毒にすることで、収
穫物としてきた。彼が成功者であることは認めざるを得ない。彼は
自分の夢を達成した。しかしそのために、他の多くの人々の夢は壊

され、不道徳、結婚の破綻、無慈悲な恥意識、神への無関心という結果を招くことになったのである。

　私はこの章の残りのページで、両親が家庭において、いかにして子どもたちの生活を守る門番としての重要な機能を果たせるのかについて記してみたい。

## 家庭を守る門番として

　まず神の言葉に聞いてみよう。「その祭司たちはわたしのおしえを冒瀆し、わたしの聖なるものを冒し、聖なるものと俗なるものとを分けず、汚れたものと、きよいものとの違いを教えなかった。また、彼らはわたしの安息日をないがしろにした。こうして、わたしは彼らの間で汚されている」（エゼキエル書 22:26）。

　なんと興味深い告発文だろう！

　これこそ両親の責任であり、特に父親がこれを為すべきである。子どもたちに清いものと汚れたものとの違いを教えるのだ。父親は自分自身をはじめ、子どもたち、家族を侵入者から守る義務がある。もし父親が家にいない場合は、別の門番が必要である。おそらくは母親がその責任を持つ。故マーク・ビューベック氏の説教によると、私たちはオオカミの中で羊を育てることに直面しているのである。[6]

　ペテロは次の言葉をインターネットやスマートフォンが出現する以前に語っている。「愛する者たち、私は勧めます。あなたがたは旅人、寄留者なのですから、たましいに戦いを挑む肉の欲を避けなさい」（第一ペテロ 2:11）。

　私たちはこの戦いを経験しているのだ。ある時は負け、ある時は勝つ。

---

6.Mark I. Bubeck, Raising Lambs Amang Wolves (Chicago: Moody,1997).

　調査によると、ほとんどの親は子どもたちがネットで何を見ているかを知らない。それに加えて、父親たちは、家の中に入り込んでいるきわめて影響力の高いものについて無知である。ある父親など、「子どもたちがめちゃくちゃになっていることで、私を責めないでくれ。だって私はずっと家にいないんだから！」と言ったのだ。

### ・両親たちよ、まず自分たちを見つめなおそう

　親として、自分自身を聖なるものとして備える必要がある。もし両親がテクノロジー中毒でその誘惑に負けているなら、子どもたちを正しく指導する道徳的権威はない。多くの父親は口を閉ざし、彼の息子を教育できないでいる。それは、彼自身がその誘惑に陥っているので、罪意識を持っているからである。罪に勝っていないなら、親は怒りっぽくなり、受け身になり、そして解決が必要な道徳的問題について語れなくなってしまう。

　神があなたに対して、怒りや無礼や肉欲に勝利するよう要求されているのかどうか、私は知る由もない。しかしイエスはこう語っておられる。「もし右の目があなたをつまずかせるなら、えぐり出して捨てなさい。からだの一部を失っても、全身がゲヘナに投げ込まれないほうがよいのです。もし右の手があなたをつまずかせるなら、切って捨てなさい。からだの一部を失っても、全身がゲヘナに落ちないほうがよいのです」（マタイ 5:29~30）。もちろんイエスは、これを文字通りに実行せよと言っておられるわけではない。右の眼をえぐったとしても、左の眼に欲望は残存しているからだ。主がおっしゃりたいのは、「大胆に行動せよ。肉欲の誘惑から自身を解放するための助けを求めて、すべきことは何でもせよ」ということである。

　親として、クリスチャンのモデルとなる言動をすべきである。も

しあなたが子どもたちに見てもらいたくないと思う番組があるなら、まずあなたがそれを見ないことだ。もし何かの番組を見ているときに、きわどい宣伝が流れてくるなら、すぐにチャンネルを変えて、なぜそうしたかを子どもに話すべきである。いかに誘惑が怖いか、広告産業が強い影響力を持っているかについて語るべきだ。私たちがしている生き方と違った生き方を子どもたちに期待することはできない。指導に適した瞬間を活用すべきである。

　もし父親、母親が互いに罵り合っていたり、指導の原則やルールに同意していないのなら、子どもたちはその混乱に乗ずる。両親は、どんな犠牲を払ってでも一致しなければならない。もし家庭内で子どもたちを混乱させるものから彼らを守りたいと思うなら、両親は一致しなくてはならない。隠そうとすることが中毒性を加速させることを忘れないようにしよう。オープンに話し合って理解しようとする態度が、助けを求めて道徳的健全さを保つ雰囲気を生み出せるのである。

　片親の方々へ。あなたがたに神の祝福があるように。母親だけであっても父親の役割を果たさねばならないし、父親だけであっても母親の役割を果たさねばならない。けれど、何もかもが失われているわけではない。神があなたのチームに加わっておられる。神は私たちの不完全さや足りなさよりも偉大な方である。離婚や不適切な妊娠や死によって影響を受けている家庭よりも偉大なお方である。

## ・批判的なステップを踏む

　次の聖句から想像してみよう。「自分の霊を制することができない人は、城壁のない、打ち破られた町」（箴言 25:28）。自分を守るものがない人の人生はどんなものなのか。いかなる敵であろうと、壁の外にいる者は、招かれていてもそうでなくても、中に入り込ん

でこれる。自制心がないなら、私たちの心は開け放たれた扉のようで、魅力的なイメージやアイデアが入り込み、価値のない想像の世界へと私たちを連れていくのである。

このような時、親として具体的に何をすべきだろうか？

## 子どもと、健全で有効な関係を築くこと

作家であり講演者であるジョシュ・マクドウェルは、しばしばこう語る。「良い関係を築かないで決めたルールは、反乱を引き起こすだけだ」[7] と。親として、あなたが子どもの電子機器の使い過ぎを責めるだけでは、健全なコミュニケーションは崩壊してしまう。子どもの世界に入っていかなければならない。外から批判の声を上げるのではなく、彼らを理解し、導き、彼らと「つながる」必要がある。あなたが聞き上手になれるなら、もっと直接的に、もっと有効に子どもたちを助けることができるのだ。

親たちは、自分の子どもが男性であろうが女性であろうが、「神の像」に従って創造された性的な存在であることを覚えておかねばならない。神は、性の違う二人の者が結び合うことを願う深く堅い思いを、私たちの本性に埋め込まれた。この願いは生来のもので、満足を求め、「否」と答えることのできないものだ。この欲望は批判されるものではなく、うまくコントロールされ、筋道を示されるべきものである。

残念なことに、あなたはこの世に氾濫している性の情報を子どもたちから遠ざけることはできない。家庭においても、学校や友人の

---

7.Jesus Live Network, "Josh McDowell: Relationships—Rules without Relationships Lead to Rebellion," Vimeo video, 2:27, July 19, 2014, https://vimeo.com/101157052

家においても同様だ。親や保護者との良い関係のみが、この世の魅惑的で底なしの沼をどのように扱ったらよいか、あるいはこれに替わるものは何かを、子どもたちに伝えることが出来るのである。

## 電子デバイスやテレビで情報をブロックするための教育を施す

パソコン、タブレット、そして他のデバイスは、以前の家庭では、皆が利用する場所にだけ設置されていた。決して子ども部屋に置かれることはなかった！ しかし現在、多くの子どもたちは眠らないで、自分の好きな中毒性の高いものを見る時間をもっているのである。

かつての調査では、10代の70%が「偶然に」インターネットでポルノ画像に触れてしまったとのことだった。現在、おそらくもっと多くの子どもたちが、故意にそのような画像を探していることだろう。[8] そう、あなたはコンピューターや電子機器をいつどのように用いるかについて、基本的なルールを決めるべきである。そしてもしもポルノ画像のサイトに誤って行ってしまったらどうするかを教えなければならない。幾つかの防御フィルターもインストールしておくべきだ。そして子どもたちがどんなサイトを訪問したか、また何を検索しているかを定期的にチェックせよ。

あなたが子どもに、夜、寝室に電子機器を置いてはいけないと強く言ったとき、「パパは僕を信用してないの？」と反論したらどう答えるだろうか。こう返答するといい。「この点に関しては、あなたを信用することはできないよ。私だって自分を信用できないのだから！」。家庭において、親も立ち入れないようなプライバシー空

---

8.Rusty Benson, "Vile Passions, Part 3,"American Family Association, August 12, 2014, https://www.afa.net/the-stand/culture/2014/08/vile-passions-part-3/.

間を子どもたちに与える必要はない。親子のふれあいの中で、互い
を尊重する必要はあるが、誘惑に関してはクリアにしておくべきで
ある。

　大衆心理に陥ってはならない。「4 年生になったら、みんなスマ
ホを持ってるよ」ということは、あなたの子どもがスマホを持つた
めの理由にはならない。あなたがそこまで厳しくすることに、子ど
もたちは嫌な顔をするだろう。しかし彼らが大きくなり、あなたが
何から自分たちを守ろうとしていたかを理解できるようになるな
ら、今まで以上にあなたを愛するようになるだろう。

## 子どもが学校で何を学び、何を見てきたかに注意を払う

　公立学校は子どもたちを守るべきである。しかし、政治と文化の
雰囲気、また圧力によって、学校教育は全く反対のことをしている。
親たちは、学校で行われている性教育によって子どもたちが危険に
さらされていることに気づかなければならない。学校の性教育では、
親たちが想像もしていないことが教えられている。性的知識を強化
するのに必要な道徳的な価値から離れた性的関係が教えられている
のである。

　タミー・ブルースは、ロスアンゼルスにある「女性のための国際
団体（National Organization for Women: 略称 NOW）」のリーダー
である。

　彼女は過去 20 年間に多くの素晴らしい著作を発表し、そこで左
翼的な進歩主義者たちが掲げている議論の本質を明示している。彼
女は、進歩主義者たちの試みが、私たちミレニアム世代の道徳や価
値観を蝕んでいることを示す第一人者である。

　初期の頃は女性の権利のために戦っていた NOW であった。しか
し当初の目的が揺らぎ、彼らの不道徳な指針を国中に押し付けるた

め、善悪の基準を無効にすることを追求する組織になってしまった。そんな中で、NOWに、社会の再建を目指す他のグループが加わった。彼女曰く、そのグループは、<u>彼らの歪曲した世界観を反映する曲がった社会にしよう</u>としていたのである。

その主張はあまりにも急進的で、同性愛を受け入れることなど大した問題ではないと言う。「むしろ異性愛、同性愛という境界線や礼儀、道徳そのものを無くそうとする。法律の下にある寛容さや平等性を求める代わりに、今日のゲイ推進運動は極端なものの考え方をする人々のものになった。今や彼らは、人に危害を加えるような言葉を、堕落的で悪意に満ちた自己陶酔的な言葉の数々を用いる権利を得てしまったのだ」。[9]

以下に彼女の言葉を引用しておこう。これは耳を傾けるに値するものである。


今日のゲイ活動家たちは、キャンペーン運動をさらに踏み込んだものにしている。そして子どもたちの生活の中に入り込み、寛容という大義を振りかざしてその本質をオブラートにくるんでしまう。彼らのその姿は、赤ずきんちゃんをだまそうとして、おばあさんに化けたオオカミが戸口に近づいているようなものである。ゲイ団体を立ち上げてそれを急進的にコントロールしている彼らは、自分たちが目指す道徳的退廃、自助努力の欠落、そして道徳の相対化を子どもたちに植え付けたいと願っているのである。なぜそんなことをするのか？　もし実際にはあなたは周辺部にいるのに、多数派に属していると思わせるため、次の世代を取り込むより良い方法がある

---

9.Tammy Bruce, The Death of Right and Wrong (Roseville, CA: Forum, and Imprint of Prima Publishing, 2003), 87.

だろうか？　子どもをターゲットとすることで、次世代を洗脳し始めることができる。ゲイの人々が価値を見いだす特別な関わり方（性の違いを不問にすること）や、特殊な法律（性の違いを不問にしなければならないとする法律）などの誤った考え方を教え込むのである。他にゲイ団体は、何を願うのだろうか？　彼ら独自の社会を形成したいと願っているのか？　ジョージ・オーウェルの言葉を借りるなら、ゲイの人々は他の人々よりも平等なのだろうか？　このような考え方を受け入れられるようにする唯一の方法は、人々をニヒリズム、つまり、道徳的な生き方や善悪の判断を禁じるという考えに引き込むことなのである。[10]

　ブルースは、これらゲイ団体の考え方が広く受け入れられるようになるのは、彼女が「性的特色をもった子どもたち」と呼ぶ人々が、将来の文化を支配すると保証されることによってのみである、と信じている。さらに彼女は言う。「このことは、ポルノ産業が頼りとしている、性的欲望に中毒となった人々が将来の顧客となることを約束している。彼ら自身の生活が破壊されることによって、家族も信仰も伝統も礼儀も、そして善悪の判断も、最終的に打ち壊されるのだ」と。[11]

　彼女は、自分の本の一章に、ジュディス・レヴァイン氏の著作『少数派への害悪：子どもたちを性の混乱から守らなければならない危機』について記している。レヴァイン氏は撤退した活動家で、この本は自分以外のだれにも語っていないものだとして、この本を却下しようとするかもしれないが、残念ながらそうではない。レヴァイ

---

10.Ibid.,88.
11.Ibid.,195.

ン氏は多くの人々に尊敬され、学術界でも高く評価されている。

　確かに、同性愛者の多くはこの本には同意しないだろう。私はそう思う。しかし私たちは気づかねばならない。急進的な同性愛推進運動の核に横たわっているものは、「性的特色をもった子どもたち」をコントロールし、育成するという目的であることを。ブルースが述べているように、「性的に混乱した大人によって子どもたちがつかまえられている」ことが、私たちの文化が今日直面している最も深刻な問題なのである。[12]

　1970年代に、福音派教会が文化的な責任に対して目覚めるきっかけを作ったフランシス・シェーファーは、恐らく今日の世界を見ても驚かないだろう。彼はこう予測していた。

　どの時代にも「考えられること」と「考えられないこと」が存在する。ある時代には、知的にも感情的にも受け入れやすいと思われることが、別の時代ではこの「確実さ」が受け入れられない。そして実践段階で別の価値観が加えられる。ヒューマニズムに基づいた世界では、人は時代が移り変わるごとに自らも移ろいゆく者となり、道徳的に考えられなかったことが、時代が進むにつれ、考えられるものとなっていく。[13]

　彼は、1970年代に書かれた著作で、当時考えられないことと思われていたことが、80年代、90年代になると考えられることとなり、80年代、90年代に考えられなかったことが、その先の時代では考えられるようになるだろうと言っている。だから彼はこう結論する。

---

12.Ibid.,94.
13.C. Everett Koop and Francis Schaeffer, Whatever Happened to the Human Race?, rev. ed. (Wheaton, IL: Crossway, 1983), 2

「未だに彼らは、相対的思考を超えるような重要原則をもっていないので、<u>何の驚きもなく、新しい考えに陥っていくのである</u>」。[14]

　それが書かれてから 40 年たった今、逸脱行為とみなされていた多くのものは当たり前になったり、価値あるものとして尊敬されたりしている。目の前で、考えられないと思っていたことが、考えられる状況になっている。親たちはこの新しいリアリティに目を覚ましていなければならない。子どもたちを守りつつ、何が清くて何がそうでないかを彼らに教えなければならない。確かにこれは難しいことだ。しかし、スマホ、iPad、パソコンの時代だからこそ、これはしなければならない宿題なのである。

　子どもがキリスト教系学校に通っているからといって、それは彼らを堕落に導くテクノロジーから守っていることにはならない。また、自分の子どもの友達がクリスチャンだからといって、その友達の家庭は安心だなどと考えてはならない。

　確かなものは何もないと考えた方がいい。「クリスチャンの」家庭で一体何が起こり、何を見ているかがわかるなら、私たちは皆驚くだろう。子どもたちの学校友だちをよく知るべきである。あなたは自分の子どもが放課後にどこへ行っているか、どこに入り浸っているか、知っているだろうか？ 他の子どもたちと一緒にいるとき、どうすべきかというルールを決めるべきだ。そして実際にチェックすることだ。各々の家庭は違っており、異なったルールを持っていることは、とても重要なことであり、そうなされるべきなのだ。

## 子どもたちに、彼らが直面する戦いに備えさせる

　子どもたちと四六時中一緒にいるわけにはいかない。厳格な家庭

---

14.Ibid, 3. Emphasis added.

では、両親は自画自賛することが多い。彼らは子どもたちと「密接なつながり」をしているので、子どもたちが正しいことをしているなら、子どもたちは自動的に聖書的な生き方をし、自制の心と清さを身につけてくれると思い込んでいる。しかしこのような善意に満ちた両親の言動はしばしば、子どもたちの内に反抗心を生み出してしまっている。子どもたちは家を離れると、両親の下では絶対に許されない多くの罪を犯すことがある。そのことを知った両親は驚いて我が子に説教したり、警告したり、忠告したり、時には侮辱的な言葉を投げつけるだろう。しかし子どもたちは全く聞こうとしない。なぜならすでに彼らの心は別のところにあるからだ。喜んで受け入れようという心がなければ、聞く耳を持つはずがない。隠したがるようになればなるほど、彼らの中毒性は、破滅的になってしまう。

　これから遭遇するであろう事柄を子どもたち自身が理解するのを助けるため、いくつかの状況について話し合うべきである。例えば、もしいかがわしい映画を観に行こうと誘われたらどうするか？　異性の友人から「Hしようよ」と持ち掛けられたらどうするか？　企画したパーティーが乱痴気騒ぎとなり、手に負えなくなってきたらどうするか？「イケてる」友人と同じことをしなかったから、変な目で見られたらどうするか？

　あなた自身が体験した葛藤を子どもたちと分かち合ってもらいたい。大人となった今、私たちはそれらを乗り越える術を知っているだろう。しかし、子どもたちに尊敬されたいと思って、それを語っているだけでは、あなたが激しい戦いで常に勝利してきたという幻想を抱かせることになってしまう。この年代の子どもたちへの適切な方法として、両親は自分の失敗を正直に語るべきである。私たちは全然恥ずかしくない人生を送ってきたのだろうか？　親世代が子どものように謙遜にならなければ、彼らと良いコミュニケーション

をもつことはできない。子どもたちは知るべきだ。「ああ、ママもパパも人間なんだ。だから僕（私）のことを分かってくれるんだ」と。

## 家族が罪を正しく理解するよう助ける

　罪意識の目的は、私たちを神から引き離すことではない。むしろ神は、向こうから近づいてきてくださり、私たちが新しいスタートを切れるよう恵みを与えてくださる。覚えておかなければならないのは、神は、回復を与えられるお方ということだ。再びチャンスを与えてくださるお方である。罪は、私たちが思う以上に遠くまで連れて行ってしまう。思う以上に長く滞在させる。思う以上に多大な犠牲を要求する。しかし恵みのゆえに、以上の法則に大きな例外が与えられる。かつては考える限りの罪を犯した人々が、恵みのゆえに善き存在に変えられ、生産的で健全な人生を送ることになる。神は、実に第二、第三のチャンスを与えてくださるお方なのである。

　「私の敵よ、私のことで喜ぶな。私は倒れても起き上がる。私は闇の中に座しても　主が私の光だ」（ミカ 7:8）。

## 神だけが子どもたちの心を変化させられることに気づく

　子どもたちが家に居ながら、その心が別のところにあるとしたら、あなたはどうするだろうか？　その答えは簡単ではない。あなたが自分の失敗を語り終えたら、あとは子どもたちを神に委ね、神を待ち望むべきである。あなたは子どもたちの行動を変えることはできるだろう。しかし神のみが彼らの心を変えることが出来るのだ。

　議論を戦わすようなことをしてはならない。罪とは本来不合理なものであることを忘れてはならない。酒を飲んだりドラッグをやっている 10 代の若者たちは、現実を斜めに見てしまう傾向がある。もし子どもたちが救いがたい状態になり、家にいることが不可能な

163

ら、放蕩息子の話を思い出すべきである。彼は豚を飼う仕事の中で本心に立ち戻った。

　私たちは、放蕩息子がいつ家に帰るかという神の計画を決めることなどできない。たとえ私たちができることをすべてやり終えたとしても、すべてのことをなさる神に拠り頼むことを忘れてはならない。

　私は切に主を待ち望んだ。
主は私に身を傾け助けを求める叫びを聞いてくださった。
滅びの穴から泥沼から主は私を引き上げてくださった。
私の足を巌に立たせ私の歩みを確かにされた。（詩篇 40:1~2）

## 罪ではなく、神を愛すること

　罪ではなく神を愛すること、これが結論である。しかしこの愛は人の手によって作り出せるものではない。蛇口のように、ひねれば出て閉じると出ない、というようなものではない。私たちがもつ神への愛とは、回心の結果として神から私たちに与えられるべきものなのである。そしてこの愛は、神の言葉である聖書、また神の民との交わりを通して、育てられていく。神が私たちのためになされたことへの応答として成長していくのである。

　私たちが神の子どもと呼ばれるために、御父がどんなにすばらしい愛を与えてくださったかを考えなさい。事実、私たちは神の子どもです。……愛する者たち、私たちは今すでに神の子どもです。やがてどのようになるのか、まだ明らかにされていません。しかし、私たちは、キリストが現れたときに、キリストに似た者になることは知っています。キリストをありのままに見るからです。キリストにこの望みを置いている者はみな、キリストが清い方であるように、

自分を清くします。（第一ヨハネ 3:1~3）

　私たちは、キリストのようになっていく……。主が聖であるので、私たちも聖とならなければならない。私たちは皆、葛藤の中で苦しむが、あきらめはしない。未来に向かっている私たちには、次のような約束があるのだ。

　私たちをご自身の栄光と栄誉によって召してくださった神を、私たちが知ったことにより、主イエスの、神としての御力は、いのちと敬虔をもたらすすべてのものを、私たちに与えました。その栄光と栄誉を通して、尊く大いなる約束が私たちに与えられています。それは、その約束によってあなたがたが、欲望がもたらすこの世の腐敗を免れ、神のご性質にあずかる者となるためです。（第二ペテロ 1:3~4）

　心のきよい者は幸いです。その人たちは神を見るからです。（マタイ 5:8）

# 第6章　トランスジェンダー主義、性、そして教会
## 〜文化のウソを声高に批判する〜

　ああ、私の頭が水であり、私の目が涙の泉であったなら、娘である私の民の殺された者たちのために昼も夜も泣こうものを。（エレミヤ9:1）

　国家が性に関して誤った理解をしてしまったことを、ともに泣こうではないか。そのことに気づき、健全さを取り戻すように祈ろう。ジョージ・オーウェルは、次のように引用されている。「世界がウソによって騙されているとき、真実を述べることは革命的な行為とみなされる」と。さあ、ともに真実をこの時代に語っていこうではないか。

　しかしながら、もし私たちが自分の心を守らないとすれば、同性愛やトランスジェンダーについての話し合いは、そのような傾向や欲求のない私たちの間では、すぐさま自分たちの義を主張するだけのものになってしまう。次のように考えやすいのである。性差について精神的な不安定さを抱えている人（生物学的な性ではなく、その反対の性に一体感をもつ人）は、「向こう側」に属していると。しかしそれは、私たちがみな同じように堕落した人間であることを忘れた人たち、受ける値打ちのない者に与えられた神の憐れみを感謝しない人たちのすることである。

　私は彼らを裁きたいのでこう書くのではなく、ただ悲しいのだ。ジェンダーをめぐる精神的不安定は、あなたの息子が「私は女の子になりたい」とか、娘が「私は誤って女の子の体に迷い込んだ男の子なんだ」とか言わない限りは、単に理論上の問題である。こんなシナリオは、私たちが思う以上に多く存在する。そう、クリスチャン家庭においても。

　私たちの教会は、破壊された世界に希望を示す灯台になるべきである。自分自身をしっかり保とうとしている人を見て、同情すべきなのだ。彼らは虚しさや痛みや孤独を何とかしようとしている。私たちと同様に、彼らもまた人生の意味を見つけたいと願っており、見せかけの平安でもいいからそれを見つけ出したいと願っている。そして、そこに至るためには、かなりの距離があるのだ。

　私は、これらの問題について話し合うことをしない牧師とは意見を異にしている。彼らは、トランスジェンダーの人や同性愛者は教会の壁の内側でなく、外側で生活すべきだと思っている。もし私たちが、福音はすべての人々のためのものであり、全生涯に関わるものだと主張しているなら、私たちの周囲に渦巻いている文化的潮流に対して、何らかの対話が求められているのではないだろうか。性に関する表現の仕方に葛藤を覚えている人々に寄り添って歩もうではないか。

## 安全地帯

　最近のこと、取り乱した一人のおばあさんが私のところにやって来た。彼女の13歳の孫が学校から帰宅して、こう尋ねたという。「どうして私たちは、トランスジェンダーの人が、自分で納得できるトイレを使うことを喜ばないの？」。また、「男性同士が愛し合って、結婚したいと思うことは、何がいけないの？」。

　これらの質問は、教会や家庭が答えるに値するものである。若者たち（そして大人も同様だが）には安全地帯が必要である。安全地帯とは、皆が胸襟を開き、裁き合わないで自由に語り合える場だ。親たちは、子どもたちのナビゲーターとして、正しい導きをすべきである。彼らの成長と成熟の過程は、しばしば混乱を来たしているのが現実である。

クリスチャンとして、私たちは現在の文化的状況に対し、柔らかい心を持ち、聞く耳を持たねばならない。決して非難するだけではいけない。子どもたちの話や理解をまず聞くことをせずに、いきなり聖書の言葉を引っ張り出すようなことをしたら、子どもたちは罪悪感と羞恥心を増すだけである。さらに、彼らを逃げ場のない状態に押し込んでしまったら、おそらく子どもたちは両親から、教会から、そして神から心が離れてしまうだろう。人はみな、話を聞いてもらいたいし、気持ちを分かってもらいたいと願っている。

　私たちは、人を受け入れることと、その人の意見や姿勢に賛成することとを区別しなければならない。すべての人間は神の像に似せて創造されており、尊敬に価する存在である。しかし私たちは、すべての人の行動と生活様式に賛成するわけではない。

　預言者イザヤが、「さあ、来たれ。論じ合おう。―主は言われる―」（イザヤ 1:18）と言う通りだ。本章の目的は、性の革命という破壊的な働きに対して、私たちが目覚めることであり、特に、トランスジェンダーや同性愛の教えから攻撃されている教会、両親、10 代の子を持つ家族に方向性を示すことである。もしこの章が、これらの問題についてのさらなる対話や調査のために用いられるなら、それは価値あることになるだろう。

## 私たちの前にある挑戦

　私は 30 年ほど前に、トランスジェンダー主義と出会った。私たちの教会のある女性が語ってくれた話からである。彼女が予定より早く帰宅したときのこと、ご主人が女性の服を着て、（彼女の言葉によると）「地下室ではね回っていた」のである。彼女はその時、ほかの箱の中にも女性の服や下着を発見してしまう。彼女が家にいない時、彼はこのようなことを恒常的に繰り返していたのだろう。

　この女性の主人は、ジェンダー意識について、一切の相談や話し合いを持つことを望まなかった。それからほどなくして、彼女はこの男性と離婚したということだ。その当時は、このような言動をする男性は「女装癖のあるヤツ」と言われていた。しかし今日、このような人は性転換手術というオプションを選ぶことだろう。このような大胆な変化は、心と体を一致させたいと願う彼らにとって、一つの希望と思われている。

　この事件は、単に私がトランスジェンダーの人と出会ったということだけでなく、葛藤している家族のリアリティに触れたということである。性というものが、もはや神から与えられたものではなく、個々人が決められるもの、となってしまっているのだ。現代の男性の中には、こう言う人もいる。「もし私が女性と思うなら、私は女性だ」そして女性はこう言う。「もし私が男性と思うなら、私は男性だ」。

　そして挑戦的な態度で、現代の多くの人々はこう言う。「神は、私が何者であるかを決めておられない。私が自分でそれを決めるんだ」。

　本当にそうだろうか？

## 神の言葉と人間の知恵

　まず、原点に立ち戻って考えてみよう。「神は仰せられた。『さあ、人をわれわれのかたちとしてわれわれの似姿に造ろう。こうして彼らが、海の魚、空の鳥、家畜、地のすべてのもの、地の上を這うすべてのものを支配するようにしよう。』神は人をご自身のかたちとして創造された。神のかたちとして人を創造し、男と女に彼らを創造された」（創世記 1:26~27）。

　神は二つの性を創造し、結婚という愛の中で補完しあうようにさ

れた。そして家族が増えていき、世界に満ちるよう備えられたのだ。もしあなたが男性なら、男性の染色体を持っている。そして女性なら、女性の染色体を持っている。すべての細胞はその二つのどちらかで構成されているのだ。個人が自分の性についてどう思うかにかかわらず、すべての人間には母と父がいる。それに代わるものはありえない。

だとしたら、ジェンダーの反乱（生物学的に男性／女性であるのに、心は女性／男性であって不一致が起こるということ）とは、一体何なのだろうか？単純に言うなら、この不一致とは、肉体の違いで性を決めるのでないと言って、性の境界線を曖昧にすることである。あなたがどう思うか、どう感じるかが優先されているのだ。ジェンダーの反乱は無神論的革命にそのルーツを見出すことができる。さらにこの反乱は今日の社会の最前線で議論されることとして押し上げられている。そこで指導的立場にあるのが、例えばフェミニスト運動であり、「伝統的なジェンダーの役割を改善したり、全く取り除いたりすることを目標とした諸団体である」。[1] ジェンダーを「改革する」という試みは家族や若者を破壊し、すべての人々に影響を与えている。まさに今は、涙すべき時代である。

## 子どもたちと始めよう

2015 年のタイム誌の記事に「新たな性の形を生み出す若者世代との出会い」という論説があった。私はこれを読み、この話題についてもっと調査し、語るべきだと思った。その論説は、生物学的に

---

1.Lawrence S. Mayer, MB, MS, PhD and Paul R. McHugh, MD, "Sexuality and Gender: Findings from the Biological, Psychological, and Social Sciences," The New Atlantis: A Journal of Technology & Society, Number50, Fall 2016, https://www.thenewatlanti s.com/docLib/20160819_TNA 50SexualityandGender.pdf, 87.

与えられた性に居心地の悪さを感じている6歳から12歳までの子どもたちについて述べている。その中に、男性であるのに女性の衣服を着ることを好んでいる少年がいた。彼らは自分の性別（ジェンダー）が分からないのである。そのため、性同一性障害、性を探す者たち、または性不安定症候群と呼ばれていた。彼らは自分の性が分からないため、「自分の性を探し求める子ども」という立場を受けとめてくれる仲間たちが、彼らは一人ではないことを知るための場を用意しようとしたのである。[2]

このような研究を進めている人物に、イギリスのワーウィック大学で社会学を専攻するマリア・ペレイラ（Maria do Mar Pereira）がいる。また、タラ・カルプ・レスラーという人は、Think Progress社の記事の中で、次のように調査結果をまとめている。「子どもたちが社会の中で育つということは、しっかりとしたジェンダー意識もその中で培われるということである。その中で、『男性的』『女性的』という言葉の意味を断定的に決めることは彼らの心身の健康に有害である。このことは、14歳までの子どもたちと3か月以上交わることで得られた調査結果である」。[3]

一方、ペレイラはこう述べている。「男女どちらであろうと、厳格な基準は子どもたちのジェンダー意識にとって有害である。男性は女性を支配すべきだという考え方に染まると、男の子は自分の能力を誇示しなければならないというストレス下に常におかれることになり、ケンカ、飲酒、性的嫌がらせをするようになる。誰かの援助が必要な時にそう言えず、自分の感情を押し殺さざるをえなく

---

2.Eliza Gray, "Meet the New Generation of Gender-Creative Kids," Time, March 19, 2015, http://time.com/3743987 /gender- creative-kids/.
3.Tara Culp-Ressler,"Forcing Kids to Stick to Gender Roles Can Actually Be Harmful to Their Hea1th," ThinkProgress, August 7, 2014, https://thinkprogress.org/forcing-kids-to-stick-to-gender-roles-can-actually-be-harmful-to-their-health-34aef42199f2#.aqjbvr2i8

なってしまう」一方女の子は、「自分を能力以下のように見せなければならず、実際よりも愚かなふりをしなければならない。嫌がらせに抗うことはせず、趣味やスポーツでは控えめに、そして『女性らしい』振舞いをするように気を付けなければならない」。[4]

2015年6月、シカゴ・マガジンの「転換の請負人」という特集記事の中で、性転換を幇助している医師の話が出ている。彼の患者たちは、18歳から4歳までの若い人々だ。医師のロブ・ガロファロは、「子どもたちを正真正銘の自分にすることを手助けしている」と言う。薬を使うことで自然に成長するプロセスを阻害し、子どもたちが大きくなるにつれ、もっと容易に自分を変えることができるはずにもかかわらず。[5] 彼は3人の治療スタッフと共に、青年期特有の不安や鬱傾向を克服する治療を行っている。

感情的な話題から離れて、身体的なことについて考えてみよう。彼のもとに、患者となる15歳の少年とその母親がやってきた。女性ホルモンの注入を認めるという3ページの同意書を患者に手渡しながら、ガロファロはこう認めた。「若い人に女性ホルモンを投与することで、その効果が長期的に有効であるという例証はあまりありません。私たちにはまだ分からないことが多くあるのです」。[6]たとえ、「わからないことが多くある」としても、この医師および彼のような他の医師たちは、子どもたちの身体を台なしにし、彼らに「本当の自分とは何なのか？」ということを知らせる試みをしているのである。

「新生児のため、医師にこんなことをさせてはならない」という

---

4."Girls feel they must 'play dumb' to please boys," Warwick,August 5, 2014, http://www2.warwick.ac.uk/newsandevents/pressreleases/ gir1s_feel_they/.
5.EllyFishman,'TheChangeAgent,"ChicagoPolitics & City Life, May18, 2015, http://www.chicagomag.com/Chicago-Magazine-}une-2015/Doctor-Rob-Garofalo/.
6.Ibid.

記事を書いた活動家のクリスティン・ミロイは、トランスジェンダーであると最初に公言した人物で、カナダの州事務所で働いている。彼は、新生児が男性か女性かを医師は言うべきでないと言う。「なぜなら」と彼は続ける。幼児の性別の課題について、手術によって性を変えることは、生物学的に赤ちゃんが本来持っていた無限の可能性をいとも簡単に、そして容赦なく、人間の期待と限界枠の中へ縮小させてしまうことになるからだ。そのしっぺ返しは甚大なものとなるだろう。頑なに意図的に行うにせよ、無知のまま無意識的に願うにせよ、結果は同じである。その医師（そして彼の後ろで糸を引く組織や権力者たち）は、本人の同意なしで、そして両親の明確な同意なしで、無力な幼児にその制限を押し付けるという、深刻な所業をしているのである。[7]

　覚えておいてほしい。ここで証言されている内容は、真剣に受けとめるべきものである。

## 誤ったジェンダー意識を避ける

　次のことは、私たちの教会から大学へ進む 10 代の若者が遭遇するかもしれない出来事である。

　2016 年 12 月 31 日、私はカンザス大学について書かれた宣伝ニュースを、共同通信社から受け取った。彼らはトランスジェンダーの学生たちが疎外感を抱かないように、自分の好みの性を表明し、名前の呼び方（〜さん、または〜くん）を届けるよう訴えていたのである。大学の図書館からの広報には、次のように書かれてあった。

---

7.Christin Scarlett Milloy, "Don't Let the Doctor Do This to Your Newborn," Slate, June 26, 2014, http://www.s1ate.com/blogs/outward/2014/06/26/infant_gender_assignment_ unnecessary_ and_potentially_harmful.html.

「ジェンダーは、それ自体に流動性があり、個々人に委ねられているものです。だから、一人一人が自分をどう呼んでほしいかを表明する権利を有しています。私たちは、誰かのジェンダーを勝手に想定するのでなく、まず本人に伺うことを推奨します。呼び方は大切ですから！」。そしてこう続けられていた。「誤ったジェンダーで誰かを呼ぶことは、深刻な結果につながります。間違った呼び方は、他者を傷つけ、軽蔑することであり、本人のアイデンティティを軽んじることになります」。[8]

　トランスジェンダーに気遣う考え方を支持すべきとの圧力は、次第に拡大しつつある。心理学者のケネス・ズッカーは、数十年間、「チャイルド・ユース＆ファミリージェンダー・アイデンティティ・クリニック」を指導してきた。このクリニックはトロント市内の「中毒症＆メンタルヘルス・センター」内にある。彼は、子どもの気持ちは普通、大人になるまで続くものでないから、彼らと関わるときには注意が必要だ、と発言したかどで解雇されてしまった。彼は、生まれながらの性を確かなものにする可能性を調べて子どもたちを助けるように治療士たちを励ましていたのだ。これに反対する活動家たちは、彼の属するクリニックがその規模を縮小すると公表するまで、反対運動を展開した。その意味するところは、すなわちズッカーを解雇することであり、クリニックが「時代と歩調を合わす」ことをしなかったと謝罪することであった。[9]

　ズッカーの解雇は、他の治療士たちに、自分たちも仕事を失うのではないかという不安感を与えた。西シドニー大学小児科勤務の

8. "KU libraries' gender pronoun pins part of inclusion push,"Associated Press, December 28, 2016, https://apnews.com/8a34880ee68f 4f2ab23756e32a429196/Kansas-school's-libraries-offer-students- pronoun-pins.
9. Jamie Dean, "Suffer the children," World Magazine, April 15, 2017, https://wor1d.wng.org/2017/03/suifer_the_chi1dren.

ジョン・ホワイトホールは、こう述べている。「50年間の勤務の中で、これほどまで気が進まない証言を同僚についてしたことはなかった」。彼は28人の医療専門家に聞き取り調査を行った。皆、子どもの身体を急激に変化させることは馬鹿げたことだと考えている人たちであった。しかし、誰もそれを記録に残すことを望まなかった。[10]

　トランスジェンダー主義を推進するある会議で、代表たちは、本人が「呼ばれたい」ジェンダーでその人を呼ばない者は、会議から出てゆくべきだと主張した。産婦人科の看護師は、妊娠している女性に対し、その人が呼んでもらいたい呼び方をしたということで称賛された。女性を「彼女」と呼ぶのでなく、「彼の頚部と血液状況は正常でした」と言ったので、これを聞いた患者はとても喜んだ。なぜなら看護師が最終的に「わかった」からである。[11]　私たちも「わかった」と思える言い方で呼んでもらえるらしい。

　現時点において、性転換を反映した出生証明の記録に書き換えることは、きわめて少数の州でしか許可されていないし、その基準も限られている。[12]　まだ許可しない州は、憎しみや不寛容さがあるといって非難されるかもしれない。

## 理解を獲得する

　2016年の『ニューアトランティス』誌の秋号は、ローレンス・S・メイヤーとポール・R・マクヒューが生物学、心理学、そして社会学の観点からの性とジェンダーについてのレポートを掲載してい

---

10.Ibid.

11."Trans Conference Celebrates Getting People Fired for Not Calling Men Women," The Federalist, March 20, 2017, http:// thefederalist.com/2017/03/20/trans-conference-celebrates-getting-people-fired-not-calling-men-women/.

12.Transgender Law Center, "State-by-State Overview: Chang- ing Gender Markers on Birth Certificates," PDF, https:// transgenderlawcenter.org/resources/id/state-by-state-overview-changing-gender-markers-on-birth-certificates.

る。彼らが見出したことを紹介する前に、この二人の経歴を見ておきたい。ローレンス・S・メイヤー（MB,MS,PhD）は、ジョン・ホプキンス大学で Ph.D を取得している。薬学部で学び、専門は精神医学である。同時に、アリゾナ州立大学で生物統計学の教授も兼任している。

　ポール・R・マクヒュー（MD）もジョン・ホプキンス大学医学部の精神医学、行動科学の教授であり、同大学付属病院に 25 年間勤務し、精神医学の主任を務めていた。彼は 6 冊の書籍を著し、100を優に超える査読論文を発表している。現時点で精神医学に関する世界の第一人者と言っていいだろう。

　この二人の教授は共同で 500 以上もの査読済の論文を発表しており、現在も伝染病学、遺伝学、内分泌学、精神医学、精神科学、胎生学、小児科など、数多くの科学的分野で研究を続けている。また、社会科学の諸分野での臨床実験も行っている。

　以下に列挙する事柄は、二人が導き出したことである。トランスジェンダー主義について論議する前に、これらのことを知っておかなければならない。


・トランスジェンダーを志向する人々には、精神の健康に関する大きなリスクが存在している。
・一般の人と比べ、性転換手術を受けた大人たちは、その後も精神の健康を害する危険性が高い状態にある。


　ある研究結果によると、彼らの自殺願望は通常の 5 倍、そして死に至ってしまうことは、9 倍にも上るとみられている。


・ジェンダーの揺らぎを経験した子どもたちのごく少数のみが、青

年期や大人になっても同じような揺らぎの中で不安定さを経験し
続けることになる。（自分はトランスジェンダーだと告げる子ど
もたちの両親に、これは希望を与えることだ）
・性転換手術によって、遅れた思春期を取り戻そうとしても、それ
に癒しの価値があるという科学的証拠はほとんどない。感覚や行
動において自分のジェンダーに違和感を抱いていると言う子ども
たちすべてに、トランスジェンダーになるよう勧めるべきだとい
う証拠はどこにもない。[13]

　性転換手術では、決して個々に与えられた性を変えてしまうこと
はできないということを、肝に銘じるべきだ。「（性転換手術を施す）
医師たちは、決して患者の性を作り変えてしまうことはできない。
決してないのだ。各細胞は、男性か女性にプログラミングされてい
るのだから」と、小児内分泌学者であるクエンティン・ヴァン・メー
ターは述べている。[14]　だからマクヒューは性転換手術を行う外科
医に「幼児虐待だ」というレッテルを貼るのである。

## 正しく生きること？

　性同一性障害だという人々は、自分たちの体が内面と一致しない
と訴える。「ここでないどこかへ」と願う運動は、この不快感から
の真の解放が「外側の」過ちを正し、「内側の」真実と符合する状
態によって生み出されると信じている。ブルース・ジェナーの場合
なら、彼はこのように語る。「ブルースは嘘ばかりつく。でもケイ
トリン・ジェナーなら絶対に嘘はつかない。ケイトリンなら、うま

---

13.Mayer and McHugh, "Sexuality and Gender," 7-9.
14.Dean, "Suffer the children."

くいく可能性がある」と。[15]

　このような人に対して、私たちは何と言うべきなのだろうか？彼らは自分の感情や志向で生きようとしており、生物学的な見地から自らを判断しようとしていない。結局のところ彼らが訴えたいのは、自分たちは「正しく」生きたいと願っているのだ、ということである。人々は、「自分の感じたままが真実だ」と思いたがっているのではないだろうか？

　UCLA の伝説的なヘッドコーチであるジョン・ウッデンはかつてこう語っていた。「自分だけの真実なんて、他者に認めさせることはできない。（故人となった）チャールズ・マンソンは、確かに思うように生きた。しかしその結果、彼は刑務所で残りの半生を過ごさなければならなかった。究極的には、創造主なる神が与えてくれた自分こそ、純粋な自分そのものなのだ」と。[16]

　性転換手術が、トランスジェンダー主義の根本的な心理的問題を解決することはあり得ない。それはマクヒューが指摘するように、精神の病から発するものだからだ。彼は次のように信じている。「誰かの性器を手術によって変えてしまったとしても、それは混乱を引き起こすだけだ」と。そして彼の著書、『思考には山がある：社会と心理学の反映として』の中から彼が見出した結論を紹介している。

　私は、性転換手術による多くの被害を見てきた。子どもたちの中にも、男性から女性へと転換したことで、長期にわたる鬱傾向に陥ったり、男性としての自然な振る舞いが出てきてしまうことに悩んだ

---

15.Buzz Bissinger, "Caitlyn Jenner: The Full Story," Vanity Fair , June 25, 2015, https://www.vanityfair.com/hollywood/2015/06/caitlyn-jenner-bruce-cover-annie-leibovitz.
16.John Wooden, quoted in Bob Stouffer, Light ofDarkness: Reclaiming the Light in Sports (Urbandale, IA: Three Circles Press, 2011), 97.

りしている。……私たちは科学技術を無為なことに用い、専門家としての信用を傷つけてしまっているのではないか。研究と治療のためにそれらを用いるのでなく、むしろそれをさせないために、狂った所業に手を貸しているのではないだろうか。[17]

　この「狂った所業」は、私たちをトランスジェンダー主義へと向かわせることになる。トランスジェンダーとは、あなたが自分のものとは思えない部位（パーツ）をもってこの世に生まれてきたと考えさせることになる。だからあなたが正しく生きるために、それらを取り除かなければならない、ということになる。カナダで、自分の腕が自分のものとは思えないと常々感じていたという男性がいた。彼はどうしたら出血多量で致死することなく自分の腕を切り落とせるかということを学んだという。そして実際にそれを実行したのだ。ナショナル・ポスト紙によると、彼は肉体改造ウェブサイト「ModBlog」にこう語ったという。「私の目標は、自分の腕を再生不可能にすることでした。再縫合できないようにすることでした。だからこの方法を実行して、本来の自分を取り戻したかったのです」[18]

　このように、敢えて耳をふさぎ無知な状態に陥ることを願う人々が実際に存在する。彼らは自分たちの部位を自分のものと思えないのだ。そして自らが思い込む「正しさ」ゆえに、自らの体を進んで破壊しようとするのだ。このような精神状態のことを五体満足同一性障害というが、これは「稀でめったに起きない事例で、極度に限

17.Michael W. Chapman, "Johns Hopkins Psychiatrist: Support of Transgenderism and Sex-Change Surgery Is 'Collaborating with Madness,'" CNSNews.com, June 2, 2016, http://www.cnsnews.com/blog/michae1-w-chapman/johns-hopkins-psychiatrist- support-transgenderism-and-sex-change-surgery.

18.Sarah Boesveld, "Becoming disabled by choice, not chance: 'Trans- abled' people feel like impostors in their fully working bodies," National Post, June 3, 2015, http://nationalpost.com/news/canada/becoming-disabled-by-choice- not-chance-transabled-people-feel-like-impostors- in-their -fully-working-bodies.

定された状況下において、実際の身体と本人がイメージする想像上のそれとの不一致によって引き起こされる症状」と言われている。[19]

しかし今やこの不一致を訴える人は、年代を越えて増えてきている。例えば、52歳の男性は自分が6歳の女の子だと主張している。そう主張するステファニー（かつてはポールだった）・ウォルシュットはこう語る。「私が結婚していたことは否定できない。子どもがいたことも。でも私は前に進まなければならないの。そしてそれは子どもに還ることだったの」。そして彼は家族から離れ、自分が感じる「正しさ」を貫いて生きるために6歳に戻ったのである。彼はこう続ける。「えっと、私のママとパパは、私が気持ちよくすごせるように、私が女の子になることを認めてくれたの。そして二人の子ども（彼にとっての兄弟姉妹）も孫（彼の子どもや甥、姪たち）もみんな協力的だったわ」と。そしてこう付け加えた。「でも彼らは本当はそうは思っていないの。『子どもごっこ』ね。プレイセラピー（行動療法）だって言ってるわ」。[20]

彼が幼稚園で「お友だち」と遊ばせることを私たちは認めていいのだろうか？　彼の家族は、彼が「正しく」生きるために女の子用の人形を買ってあげるべきなのだろうか？　結局のところ私たちは、彼が「本当の自分とは誰か？」という意識に囚われて生きることを素直に喜ぶことなどできないのではなかろうか？

狂っている？

---

19.Rianne M. Blom, Raoul C. Hennekam, and Damiaan Denys, "Body Integrity Identity Disorder," PLoS ONE 7, no. 4 (2012), https:// www.ncbi. nlm.nih. gov/pmc/artic1es/PMC3326051/.

20.Emily James, "'I've gone back to being a child': Husband and fa- ther-of-seven, 52, leaves his wife and kids to live as a transgender SIX-YEAR-OLD girl named Stefonknee," Daily Mail, December 11, 2015,　http://www.dailymai1.co.uk/femail/article-3356084/Ive-gone- child-Husband-father-seven-52-leaves-wife-kids-live- transgender-SIX-YEAR-OLD-girl-named-Stefonknee .html.

　もちろんこれは狂気の世界だ。しかし私たちが生きる現代文化においては、理性や常識はもはやあまり意味を持たないようだ。バカげたように思えることに、誰もたてつくようなことをしないのだ。私たちの社会は、勇気をもって「本当の自分を見出した人々」を賞賛すべきだと訴えてくる。その人がその生き方が自分にとって真実、と思えているのだから、それにあれこれ言うことはできないということだ。

　ゴスペル・コアリッション誌の記事で、ジョー・カーターはこう書いている。「悪しき力を受け入れて、健康な腕を切り落としてもいいじゃないか、という思いがあなたから離れない場合、自分の正常な思考力が阻害されているなどと驚いてはいけない。体の一部を切り落とす方法もあり得る、という前提に立つなら、それはあなたの思考力の範疇で判断されていることになるからだ。そうすると、もはやその選択は異常なことでも騒ぎ立てることでもなくなってしまう」[21]

　私たちは、拒食症擁護団体が「食べないということも一つのライフスタイルであって、そういう選択を社会は認めるべきだ」と信じていることに驚くべきではない。死に向かいたいという気持ちが、あなたの体を思い通りにやせ細らせていくとしたら、それはあなたの「内なる声」が「外なる身体」と一致した理想の姿ということになる。それがあなたの本当の姿だとするなら、これですべて OK だ。問題ない。[22]

---

21.Joe Carter, "The Diabolic Logic of Transableism," The Gospel Coalition, June 5, 2015,
　https://www.thegospelcoalition.org/article/ the-diabolic-logic-of-transabelism/.
22.Ibid.

## 問題の核心

　『ナショナル・ジオグラフィック』誌2017年1月号の特別編は、性革命の「歴史的」な偉業を特集記事としている。その中では、現在の文化的視点に立つとき、私たちは揺れ動く性意識に関して、従来の自然法や聖書的な人間観とは歩調が合わなくなるとしても、より大胆な視点を持つべきではないか、と語られている。

　この課題に対し、ウィザースプーン研究所出版の「公共論議」のなかで、アンドリュー・ウォーカーとバーク・ライトフルが「どうして子どもたちの身体を彼らの思うとおりに変化させるという外科的なやり方を許容しなければならないのか？ 彼らの意識をその身体に合わせる努力をしないままで？ もしこのようなやり方で心と体を一致させることが間違っている（だがトランスジェンダー活動家はそう言う。そんなやり方は百害あって一利なしだ、と）。というなら、むしろ逆に問いたいのは、生命を脅かす危険性が少ないやり方で、まずそれに取り組もうとはしないのはなぜなのだろうか？[23]

　この問題については、こう問い直すことが出来よう。健康な腕を、自分のもののような気がしないから、外科的なやり方で取り除こうとする男性は、彼の腕が本当に悪いのか、それとも彼の心が問題なのか？ 52歳の男性が、自分は6歳の女の子だと主張したとき、それは彼の肉体が問題なのか、それとも心が問題なのか？ 拒食症で死に向かっている女性がいるとしたら、それは彼女が食べることが問題なのか、それとも心の問題なのか？ このように誰かが議論すると、誰かは必ず性転換手術が避けられないと言い出すのがトランスジェンダー推進派である。その時、私たちははっきりと伝えなけ

---

23.Andrew T. Walker and Denny Burk, "National Geographic's 'Gen- der Revolution': Bad Argument and Biased Ideology," The Witherspoon Institute, January 6, 2017, http ://www.thepub1icdiscourse.com/2017/01/18491/.

ればならない。それは肉体的な問題ではなく、心の問題だ、と。そして言うまでもなく、それは霊的な問題でもあるのだ！

　中年男性が小さな女の子として生きることを「正しい」と認めるわけにはいかないだろう。自分の腕が自分のものではないと感じる男性は、その腕を切り落としてはいけないだろう。これらの問題で苦しんでいる人々の心を整理し直してあげることこそ、本当の助けなのである。たとえ彼らがそのようなやり方で内なる声と外なる肉体とを一致させたことがなかったとしても、クリスチャンとして、特に彼らが聖霊の働きかけによって作り変えられる体験を求めるよう促すことはできる。彼らが聖なるものに身を委ねるなら、生きて働く神の霊との交わりの中に入れられることになるのだ。

　加えて、私たちは、そのような問題を抱えている人に、主の前に独身を保つこともまた祝福であると伝えるべきである。感情に任せて性転換手術を受けたり、誤った性的倒錯関係に陥るべきではない。こう伝えるための最善の方法は、教会にある。教会は、彼らを温かく受け入れ、彼らにとっての憩いの場となるよう導くべきである。

## 独身の祝福

　何年か前のこと、ムーディー教会で私たちは性に関する大会を催したことがある。その期間内に、あるカップルがアドバイスを求めてやってきた。その一方は、かつて男性であったが、今は性転換手術を受けて女性と見なされていた。そして「彼女」はある男性と結婚していた。最近、彼らはクリスチャンとなり、彼らがしたことを神がお喜びにならないということを知ったのだった。「彼女」はこれから再び性転換再手術を受け、男性に戻ろうと考えているとのことだった。もし神がそうお望みだったら、と。しかし彼女はこうも付け加えた。「この一連の手術はとても危険で、おそらく私は死ん

でしまうだろう」と。私たちは彼らの性交に関する問題について話し合った。そして私はこうお伝えした。「再び性転換手術を受けるよりも、あなたたちは（宗教的）独身者として生きることを選択してはどうでしょうか」と。私たちは過去を消すことはできない。しかし私たちが今ある状態のまま、神へ栄光をお返しすることはできるはずだ。

　とても感動的な一冊を皆さんに紹介したい。グレン・T・スタントンが書いた『隣人のLGBTを愛する：恵みと真実で友情を培う』という本だ。スタントンは、型通りの励ましではなく、いかにしてLGBTの友人たちを愛すべきかを教えてくれている。彼は、同性に惹かれて葛藤しているクリスチャン、およびトランスジェンダーで悩むクリスチャンへ、アドバイスを与えている。彼はこう書いている。「世界中には、数えきれないほどの信仰的で素晴らしい聖徒たちが存在し、その中には同性に惹かれ、その誘惑と戦っている人もいるだろう。しかし、その方々には独身で生きるという選択もあることを覚えてもらいたい。神はすべての人々をご自分の計画の中に入れておられるが、それがすべて結婚を通してというわけではないのだから」と。[24]

　結婚は聖書に記されている祝福である。しかし独身で生きることもまたそうである。イエスもまた、女性に魅了されない男性について述べている。彼はそのような立場の者を非難せず、3つの点を挙げている。第一に、そのように生まれついた者もいるということ。第二に、去勢されたり、そう仕向けられた者もいるということ。第三に、神の国のためにそのような生き方を選び取った者もいるということ。

---

24.Glenn T. Stanton, Loving My LGBT Neighbor (Chicago: Moody, 2014), 103.

　弟子たちはイエスに言った。「もし夫と妻の関係がそのようなものなら、結婚しないほうがましです。」しかし、イエスは言われた。「そのことばは、だれもが受け入れられるわけではありません。ただ、それが許されている人だけができるのです。母の胎から独身者として生まれた人たちがいます。また、人から独身者にさせられた人たちもいます。また、天の御国のために、自分から独身者になった人たちもいます。それを受け入れることができる人は、受け入れなさい」（マタイ 19:10~12）

　今日の社会では、もし男の子が女性に魅力を感じなかったとしたら、「あいつはゲイだ」と言われてしまう。しかしそんなことを言う必要はない。同性に惹かれる多くのクリスチャンは（もちろん異性に惹かれるクリスチャンであっても全然大丈夫だ）、独身を保ち、聖なるものを求めるという生き方を選択することが可能である。神はそのような選択に対し、驚くべき祝福を約束しておられる。その原則は、独身を選び取ったすべての人々に与えられる。

　主に連なる異国の民は言ってはならない。「主はきっと、私をその民から切り離される』と。宦官も言ってはならない。「ああ、私は枯れ木だ」と。なぜなら、主がこう言われるからだ。『わたしの安息日を守り、わたしの喜ぶことを選び、わたしの契約を堅く保つ宦官たちには、わたしの家、わたしの城壁の内で、息子、娘にもまさる記念の名を与え、絶えることのない永遠の名を与える」（イザヤ 56:3~5）

　彼らは、息子や娘以上に素晴らしい名を与えられるのだ！　男性

であれ女性であれ、様々な要因で独身という選択をした者は、信頼に足るということで、正しく祝された特別な場所が神の国の中に用意される。他の者よりも満ち足りる者がいる一方、葛藤と満たされない夢を追い求めて生きなければならない者も確かに存在する。しかし神はそこに助けと祝福を与えられる。満たされない夢を持つことは、神の特別な祝福を阻害することにはならない。もしジェンダーの不安を抱えた者がいるなら、それを避ける道を探すのではなく、その痛みをあなたの個性として受けとめてみてはいかがだろうか。その時彼らは霊的な力強さを見いだすだろう。悲しみは一つの痛みである。しかし神はその痛みを用いて他の人々の痛みを癒そうとされるお方である。

　もちろん、神は同性へ惹かれる人々やジェンダーに不安を抱える人々を、正しく変化させてくださるお方であるし、そういう結果を多数見ることもできる。ある者はその変化に満足を覚え、普通に結婚していく。しかし、イエスも使徒パウロも独身であった。特にパウロは第一コリント 7 章 32~36 節で、独身の利点を宣べている。教会は彼らを非難するだけでなく、聖なる生活へ関与できるように、すべての信者を励ました方がいいのではないだろうか。これが私たちへ向けられた神の意志であろう。

## 教会、そなたはどこに？

　ケイリー・トリラーは、幼少期に小児愛者から性的虐待を受けた女性である。彼女は女性としての尊厳を破壊されてしまったのだ。彼女は恥ずかしさと自己の虚しさのゆえに、恐ろしい選択をし続けることになった。自らを恥ずかしくて無価値な存在だという嘘を信じて疑わなくなってしまったのだ。

　地方 YMCA の彼女の雇用主は、ある団体がロッカールームとト

イレを新たにオープンするにあたり、その使い方について利用客に伝えるべきポイントの草稿を書いてくれるように依頼した。そのロッカールームとトイレは、生物学的性差ではなく、利用者のジェンダー意識に基づいて部屋を割り振ることになっていた。ケイリーはこの依頼を拒否した。彼女は小さな女の子がスイミング教室のために用意するとき、男性の侵入者の前に裸をさらさなければならないと考えたからだ。いつでも誰かが侵入でき、彼女のプライバシーを侵せると知ったなら、その子はどれほどのダメージを受けるだろうか。ケイリーは以前に、女性イベントに紛れ込もうとした侵入者たちに遭遇したことがあった。ほとんどの場合、我が国における小児愛者は異性のトイレに合法的に侵入させてくれる法律を歓迎している。ケイリーは、彼女の周りにいるクリスチャン男性に、自分の考え方に賛同してほしいと願い出た。しかし彼女は解雇されてしまったのだ。

　ほどなくして彼女は、ロッカールームを性の違いによって区別してはいけないというワシントン州の法律を無効にするキャンペーンに参加し、そこで雇われることになった。彼女はこのキャンペーンを成功させるためには、地方教会の協力が必要であることを知っていた。しかし150教会に連絡したが、たった7教会からしか良い返事をもらえなかったのである。他の教会はすべて同じ回答をしてきた。「私たちは、教会が傷ついた人に愛情を注がない集団だと見られたくないのです」と。彼女は、この体験談が知られるようになった後に、実は多くの女性たちも同じような体験をし、次のようなことを思わされたと知るに至った。それは、「教会に助けを求めても、誰も応答してくれない」である。

　教会に助けを求めているのに、それに誰も応じてくれないなんて！

彼女は今日の文化とはどういうものかを知り、そして助けの手を伸ばしてくれなかった教会にこう反論した。「でもね、教会さん。私たちが愛されていると感じることは大切ですけど、それが私たちの果たすべき責任に優先することなんてできないんですよ。この責任とは、真実に愛することなんですから。この世界は、私たちに多くのことを教えてくれました。真実とは頑迷さであり、真の愛とは憎しみであり、沈黙こそ最も大切なことなのだと。そしていいと感じることだけが善なのだと」。

　彼女はさらに続けた。「この手の戦いには軍団が必要です。孤高の戦士ではなく…。私たちは教会の助けが必要です。教会とはお仕えする王（神）の思いをよく知っているはずです。それはこの世界との対立を恐れないことです。だから教会は神を体現するものとして、いかなる急進的な変化に対しても戦う姿勢を示すものだと思います」。

　そして最後に、「真の愛とは、この世から与えられるものではありません。それは唯一のお方、すなわち私たちのためにその命を投げ出しあがなってくださったお方によってのみ与えられるはずです」。[25]

　この話の要点はこうだ。ほとんどの教会が、なぜこの法律を無効にする投票が重要であるか教会員に説明することを快く思わなかったのである。私たちは、教会は政治的なことに首を突っ込むべきではないと語られてきた。しかしこれは政治的なことだろうか？　道徳的な問題ではないだろうか？

　私は長年牧師として仕えてきたゆえ、このような問題に取り組む

---

25.Kaeley Triller, "Bathroom Rules Must Protect, Not Enable," Decision,January 16, 2017, 12-13.

ことと、傷ついたすべての人へ愛の手を差し伸べることとの間を生きることが、いかに難しいことであるかを知っている。しかし、私は牧師だからこそ信じていることもある。それは、私たちにはこれらを一つのこととして扱うことが出来るということ、そして教会員は、このような出来事の何が問題であるかを理解できるし、私たちの立ち位置が決して愛の手を差し伸べようとしていないわけではなく、むしろできる限りの愛を注ごうとしているということも分かっていてくれるということである。「トランスジェンダーだ」と主張するわずかな人々にトイレに鍵をかけない権利を与えながら、トイレやシャワールームでプライバシーが守られることを期待している男の子、女の子、男性、女性の権利を踏みにじることほど、愛がない行為は他にないのではないか？　ある人が言っていたが、「政治家に願うことは、私たち牧師が進んでその問題について語らなくてもいいように、しっかりと決断してもらいたい」ということである。

　今はまだ、教会に不満めいた声を響かせる時ではない。今私たちが扱っている問題について、愛情深さと明確さを持って語るべき時なのだ。

## さらに前へ

　私たちは、自分がトランスジェンダーやゲイなのかもしれないと語る人々（特に若い人々）の声に耳を傾け、理解しようと努めなければならない。クリスチャンとして、また教会に集うものとして、私たちは混乱を見過ごしてはいけない。たとえそこに苦しみが伴おうとも、である。ジェンダーの問題でそのような苦しみを体験している方がおられるからである。慈愛の心と理解しようとする姿勢は、彼らに寄り添い、援助する際に必要なものである。しかし覚えておかなければならないのは、私たちのこの身体は私たちだけのもので

はないということだ。これはキリストに属しているのだ。

　トランスジェンダーにまつわる様々な出来事は、本人もそして家族や友人にも痛みを与え混乱を引き起こしてしまう。9歳の女の子であったニース・シックは、後に『心休まるとき：トランスジェンダーの嵐の中で神の平安を見いだす』という本を著すことになる。彼女は当時、父親が女性になりたいと告白したことによって、非常にショックを受けたという。ムーディー教会がもつラジオ番組「ジャネット・パーシャルと市場の中で」に出演したとき、シックはその告白を最初に受けたときのこと、それから1年間父親と過ごした時期の異常な精神状態、その後の半生について語ってくれた。

　シックは話を続ける。「何年間も、私は父の愛、また天の父との関係、聖書の教えについて、疑問だらけの状態でした。私も作り間違えられた女の子だったらどうしよう？　神様が誤って創造した命だったらどうしよう？」彼女は自身のジェンダーについて揺れを感じていた。彼女が高校に入学することになったとき、彼女の父は、女性として成長しつつある娘の肉体にあからさまな嫉妬を表し、シックの女性らしさを表に出させないように仕向けた。それで彼女は、自分が学校に行ってから、きれいにメイクしたりかわいらしい洋服を着るようになった。

　シックの父親はそこで初めて自分の置かれた立場に直面したという。彼女はこう語った。「父は、どれほどのダメージを周囲に与えていたか、その時まで気づいていませんでした。父親の怒りや立ち振る舞いにさらされて20年余りがたち、私はもう一つ悲しい出来事に直面しなければなりませんでした。父と母が離婚したのです。それは、私と弟妹たちも父と別離することを意味していました。父は『ベッキー（女性名）』と改名し、その人生を生きる決断をしたのです」。

　それから 13 年間、シックと父親はほとんど音信不通状態であった。しかし、彼がガンで間もなく亡くなるという知らせを聞いたとき、彼女はこう語った。「神様は父のことで優しく私を導いてくださいました。確かに父は性的に倒錯した人物でした。でも神は、父を一人の子として扱ってくれたのです。父はアルコール中毒の母親と、ほぼ家を不在にしていた父親によって育てられていたのです」シックは自分の父親と、最後の半年間を共に過ごした。そして彼女は自分の信仰を彼と分かち合うひと時を持つことが出来たのだ。

　シックは、父がイエスを救い主として受け入れたかどうかについて、正確なところは分からない。やがて彼女は「ヘルプ 4（フォー）ファミリー」という団体を立ち上げた。この団体は、感情的な痛みや霊的な混乱に直面している人々を助ける組織であり、特にジェンダーの問題で混乱をきたしている人々を愛し、受け入れることを目的としている。

　彼女は番組の中で、自分は LGBT であると感じているリスナーに対し、こう語った。「私たちは、気遣いの心と優しい言葉かけを選択し、皆さんと向き合います」と。さらに「実際皆さんは傷ついておられるでしょう。私たちはそれを見過ごすわけにはいかないのです」と付け加えた。[26]

　ジェイミー・ディーンが書いた「傷ついた子どもたち」という記事で、彼女はこう語っている。「トランスジェンダーの方を愛することは、罪と痛みを伴って活動しなければならないということです。このプロセスに関われるように、教会は関係づくりをすべきです」。そして著者は、「聖書的カウンセラー協会」のヒース・ランバート

---

26.Janet Parshall interview 'Peace in the Storm," Moody Radio, March 6, 2018, https://www.moodyradio.org/programs/in-the-market-with-janet-parshall/2018/03-2018/3.6.18-i-cant-remem ber--- peace-in-the-storm/.

の次の言葉を引用している。「『これは間違っている』と言うなら、それは死の宣告するようなものだ。もはや私たちは助け出す術を失ってしまう」。[27]

　悪魔の策略の深みに直面した時、唯一の救出策は、その問題を聖なる視点で捉えなおすことである。覚えておいてもらいたい。暗闇を歩いている人は、自分がどこにいるか分からないのだ。それを見渡せる者が彼らを助け出すことが出来る。「悪しき者の道は暗闇のよう。彼らは何につまずくかを知らない」（箴言 4:19）。また、次のように言われている。「不快にさせても本当のことを伝え指摘する方が、ウソに塗り固められた思いやり、愛、お世話、そして配慮を伝えるよりは良い」。

　私たちは、性転換手術をしたことを後悔している人に対して、教会を紹介すべきである。また、まだ過ちを犯していないが、その渦中にあって手術を選択しようとしている人に対しては、警告と理解を求める必要がある。しかしながら、このような状況にある人々は、カミングアウトすることに恐れを感じている。私たちが憎しみや怒り、排除しようとする思いを抱かないか、懸念しているのである。カリ・ステラという人は、カミングアウトした中の一人である。彼女は手術したことを後悔し、トランスジェンダーの人々がずっと後悔し続けることを見過ごすことはできない、と語っている。「私たちは確かにここに存在していて、その数は増え続けているのです」とも。[28]

　「私はトランスジェンダー女性でした」という記事の中で、ウォルト・ヘイヤーはこう語っている。「祖母は女の子を待ち望んでい

27.Dean, "Suffer the children."
28.Ibid.

ました。だから彼女は、私に女の子の服を着せて公共の場に行きました。そのことで、私は間違った肉体に生まれてしまったと思うようになり、ジェンダー不安に陥ったのです。でも後の人生で、私は性転換手術はこの悩みに対する解決策ではないことを見いだしました」。続けて彼はこう語る。「隠れてメイクされ、女性の服を着せられるのは、小さな男の子にとって泣きたくなるくらい傷つけられることでした。それは幼少期からのトラウマでした。今から思うと自分はすべてわかっていたように思います。女性になることは、恥ずかしい過去に上塗りするようなものであり、決して癒しにはなりませんでした。私は、本当に女性になったわけではないと知っていました。たとえ私が手術を受ける際に書いた同意文書があったとしても。そんなのはただの見せかけにすぎません」。[29]

　数年後、彼は自分が解離性疾患であることを知った。それは子ども時代のトラウマが原因であることも。「ジェンダーの専門家は、決して私の子ども時代の出来事や、今私がアル中であることに注意を払ってくれませんでした。ただ心身のジェンダー意識を一致させることだけしか見ていなかったのです。そしてホルモン投与を支持し、手術は避けられないという判断に一気に飛んでしまいました。専門家たちは、その初めの一歩から大きな過ちを犯してしまったと思います。それ以後、私の性器は私から取り除かれてしまったのだ、という現実と向き合っていかなければならなかったのです。もはや回復の道はあませんでした」。[30]　心の混乱があるなら、それを身体的な変化によって解決しようとしても、それはできないのだ。外見の変化は人工的にできる。しかし心の変化は、永遠に続く平安を

29.Walt Heyer,"I Was a Transgender Woman," We Witherspoon Institute, April 1,2015, http://www.thepub1icdiscourse.com/2015/04/14688/.
30.Ibid.

見いだすしかない。

　私の意見だが、教会こそ、性的健全さが全面的に崩壊することを防ぐ最後の砦である。もしメディア、裁判所、そして政治家たちに対して、自分たちの無力さを感じたときには、イエスが私たちのために教えてくださったことを思い起こさせよう。教会のリーダーシップを高く掲げ、牧会的と同時に法的な対応をしっかりと準備しよう。例えば、あなたの教会の男性が自分の心は女性だから、女性トイレを使いたいと言ったときに備えるためである。それはすでに起こりつつあるのだから。

　痛みによって盲目となり、空虚になっている世界に、イエスはこう約束された。「すべて疲れた人、重荷を負っている人はわたしのもとに来なさい。わたしがあなたがたを休ませてあげます。わたしは心が柔和でへりくだっているから、あなたがたもわたしのくびきを負って、わたしから学びなさい。そうすれば、たましいに安らぎを得ます」（マタイによる福音書 11:28~29）。

　この救い主をこの傷ついた世界に伝え続けよう。

# 第 7 章　福音派教会内に存在する 4 つの誤った福音
## 〜聖徒たちに伝えられた信仰を守ること〜

　教会は、キリスト教信仰を明確にすべきであるのに、かえってそれを不明瞭にしてしまうという誘惑を常に受け続けてきた。文化的・宗教的プレッシャーに直面して、重要な真理を捨ててきたのだ。生き生きとした信仰を次世代へ貫くことは、いつも挑戦を受けている。特に政府や裁判所、メディアや公立学校、そして国の時代精神という支援がなければ、ただ、文化的な意見と言う大河に流されてしまうのである。

　ヨーロッパではほとんど教会に人が来ないが、これは一つの証左である。明確な福音の証しがなされず、政治的正当性や文化に追従し、寛容と愛という旗のもとで他の宗教と喜んで一つとなっている状況を見守るだけになっている。クリスチャンとしての一体感が失われ、真の福音的信仰の証人が消えつつあるゆえに、私たちの教会がこのまま安穏としていては、将来がないことを示している。

　米国上院議員のチャプレンを長年務めたピーター・マーシャルは、「泉の守り人」という物語を語ってくれたことがある。これは偉大な山々のふもとにあるヨーロッパの村での物語である。概略を述べてみよう。

　見あげるとそこには高い山々が連なっている村で、一人の老人が泉の守り人として仕えていた。彼は山々をパトロールして歩き、泉から水がちゃんと村へ流れるように水路を確保していたのである。だから常にきれいな水が流れ出ていた。時として草や死んだ動物をその泉から取り除けることもやっていた。

　毎日、村には新鮮で冷たい水が届けられていた。村にある庭々は

きれいで、木々の緑も新鮮に保たれていた。人々はその水でのどの渇きをいやしていた。夏も冬も、変わることなく村の人々はその冷たい水を飲み、新鮮な水で体を洗っていた。

　しかし村に経済的な危機が訪れた。村議会はこの逆境の時期に、予算カットに踏み切ることにしたのである。ある者が、この守り人にもわずかではあったが給料を支払っていたことに気が付いた。そこで彼らはこの老人をその職から解くことにした。そもそも彼らは滅多にこの老人と会うこともなく、彼が一体何者かを知らなかったのである。村議会は、水はそのまま流れてくるのだから、この守り人などいなくてもいいと判断したのだった。

　最初の一週間は、水は以前と変わらずきれいで、冷たかった。しかし次第に緑の苔のようなものが浮き始め、木の葉が流れを詰まらせ、ごみが流れてくるようになってきた。しばらくして、村人たちが病気になり始め、やがてそれは疫病となって村中の家に広がっていったのである。

　村議会は緊急会議を招集した。彼らは大きな間違いを犯したことに気づいた。そして一行は山を登り、解雇した老人を見つけ出した。そして再び以前の職務に復帰してもらえるようお願いしたのである。ほどなくして、再びきれいな水が村に流れ出すようになった。子どもたちは、以前のように、笑いながら流れのほとりで遊ぶようになったのだ。[1]


　新約聖書において、教会の指導者たちは水を清く保ち続ける責任を負わされている。私たちは水源に立ち、流れが汚れないように守

---

1.Peter Marshall, "Keepers of the Springs," in Mr. Jones, Meet the Master: Sermons and Prayers ofPeter Marshall (n.p.: Pickle Partners Pub- lishing, 2016), 142

るべきだ。そして福音の中心的なメッセージが無視されたり、少し
でも汚染されたりする時には、立ち上がるのだ。<u>私たちは、泉の守
り人として召し出されているのである。</u>

　この章では、現代の教会が直面している多くの教義的誘惑の内、
5 つだけを扱うことにする。もし私たちが揺れ動くなら、この世で
証人として存在している教会がこの世に妥協することになる。そし
て最終的には、神の言葉がどうしても必要なこの世に対して、何も
語れなくなってしまうだろう。

　米国でメインライン（主流派）と呼ばれるリベラル派教会には、
多くの偽教師たちが存在する。そのような教会では、福音が再定義
され、奇跡が否定され、キリストがその聖性をはぎ取られてしまっ
ている。H・リチャード・ニーバーはリベラル派教会についてこう
語っている。「怒りなき神が、罪なき人間を、十字架なきキリスト
の働きを通して、裁きなき神の国へ導く」。[2]　リベラリズムの福音
は、人びとを奮起させたとしても、神の裁きから誰も救うことはで
きない。

　本章では、現在の多くの福音派教会の中で伝えられている誤った
教えに焦点をあててみたい。多くの人々は、ウィリアム・ポール・
ヤングが著した『神の小屋』をご存じだろう。これは大きな祝福と
なった。なぜなら、神は痛みを抱えた人々に近づいてくださるとい
うことを描いたからだ。一方、この本の中から非難すべき神学的な
教理を見出した者もいた。彼の著作である『神について私たちが信
じているウソ』の中で、著者は歴史的キリスト教のほぼすべての
教理、原罪、神の主権、罪人のためのキリストの犠牲、永遠の地獄

---

2.H. Richard Niebuhr, Hr Kingdom of God in America (Middletown, CT: Wesleyan University Press, 1988), 193.

の存在などを否定している。そして万人救済の教理（すべての人はキリストを信じなくても救われるという教え）を強調している。[3]これは異端的な教えであるにもかかわらず、私はこの書がキリスト教のテレビネットワークに取り挙げられているのを見た。「新鮮な内容の本であり、神があなたと共に歩んでくださることについて大きな励ましとなる」と評価していたのである！

　福音派教会の中には、小さくされた福音、またはゆがめられた福音とでも言うべきものを教えているところがある。でもそのことに教会員は気づいていない。聖書が説教で用いられているのだからそれで十分、と考えているのだ。しかし、狭き道は、多くの賛同者があるゆえに、しばしば広い道と区別がつかなくなる場合がある。その中心であるべき福音が失われるとき、必然的に力も失われてしまう。これから見ていく4つの教義的過ちは、本書だけで収まるような内容ではないが、紙面の許す限りで個々に分析してみよう。

## ①「寛大さだけ」の福音

　最初に、多くの教会において恵みが強調され、それが会衆の益となっていることを神に感謝したい。多くの人々が、虚しい心の状態や喜びのない生活、また実績主義のキリスト教から救い出された。私たちはただ恵みによって救われただけでなく、日々新たにされ、恵みによって神に受け入れられるのである。恵みの数々は、孤独なライフスタイルや、形式的な正しさから私たちを解放してくれた。すでに理解しているとは思うが、恵みは本当に素晴らしいもので、単に罪深い者だけでなく、葛藤を抱えている聖徒のために与えられている。霊的な勝利は、人びとを律法の支配下に引き戻すものでは

---

3.Wm. Paul Young, Lies We Believe About God(New York: Atria Books, 2017).

なく、彼らにキリストの偉業と恵みの完全性を示す働きをしてくれるのだ。信じる者たちは、神の好意を得ようと躍起になる必要はない。私たちはキリストによって永遠に受け入れられ続けているからである。だから、パウロがこの恵みに「満ちあふれました」と表現したことは、決して驚くべきことではない（ローマ 5:20 参照）。

　多くのものを共有している人々に対して批判的になることは、私には心苦しいことだ。私も恵みを愛する者の一人だから。しかし今日、「恵みムーブメント」と呼ばれる、恵みの曲解があることを目にする。このような誤った恵みを訴える本の中で最適なのは、『ハイパー・グレース：現代の恵みのメッセージの危険性を告発する』であろう。著者はマイケル・ブラウンである。[4]　彼の調査の結果は、過去 10 年間、私が見聞きしたことと一致している。間違った教師および説教者は、人々が恵みの必要性に気づく前に、前もって恵みを提供するのである。

　かつて私たちは律法の下にいた。人々が自らの罪を自覚したときに、驚くべき神の恵みを語ってきた。しかし今日、多くの説教者は「神はあなたを無条件で愛しています」とか、「神はそのままのあなたを愛しています」と語り掛ける。聴衆はその語り掛けをこう解釈してしまう。「私はこれからもガールフレンドと一緒に寝てもいいのだ。私は中毒症をそのままにしていいのだ。感謝なことに、イエスのゆえに、私は主に受け入れられているのだから」と。するとこうなる。「私は罪を愛する。神は赦しを愛される。だから、私の好きなようにして問題ない」無条件の愛が、無条件に自分のライフスタイルを受け入れることと解釈されるのである。

---

4.Michael Brown, Hyper-Grace.' Exposing the Dangers of the Modern Grace Message (Lake Mary, FL: Charisma, 2014).

神は、皆を同じやり方で愛されるお方ではない。神は「キリスト
にある」民を、神がその子を愛されるように（ヨハネ 17:20~23）、
無条件に愛される。しかしこれは、私たちの言動をいつも喜んで
受け入れてくださるという意味ではない。わがままを許し、訓練を
しないという意味でもない。神はこの世を愛されるゆえに（ヨハネ
3:16）すべての人々をそのままにしておられる。しかし、同時に聖
書はこうも語っている。「生ける神の手の中に陥ることは恐ろしい
ことです」（ヘブル 10:31）。さらに、「このように揺り動かされな
い御国を受けるのですから、私たちは感謝しようではありませんか。
感謝しつつ、敬虔と恐れをもって、神に喜ばれる礼拝をささげよう
ではありませんか。私たちの神は焼き尽くす火なのです」（ヘブル
人への手紙 12:28~29）とも記されている。たとえ信者であったと
しても、神の聖性について知っている信徒には、「この世に寄留し
ている時を、恐れつつ過ごしなさい」（第一ペテロ 1:17）と告げら
れていることに何の不思議もない。

　ブラウンによると、恵みムーブメントを推進している何人かの教
師たちは、神は常に上機嫌であると宣言している。彼はベンジャミ
ン・ダンの『ハッピーなゴスペル：努力せずにハッピーな神と一つ
になる』を取り挙げている。この本の中でダンは、常に喜んでいる
神について語っている。[5]　同じ流れにあるチャック・クリスコ牧
師は、「もし神様がどんなときもパーティー・モードだったら？」
と問いかけている。[6]　神様がパーティー・モード？　どんなときも？

　いいだろう。もしこれらの著者が、神は常に良いお方で、親切で、
正しいということを言いたいのなら、その通りだろう。神様はいつ

---

5.Ibid.,153.
6.Ibid.

も上機嫌なお方だ。しかし神様は決して怒らないお方だ、というならそれは違う。神様は常に良いお方でもなければ、喜びだけの存在でもない。神が報復したり怒ったりするという実例は、旧約聖書のみならず新約聖書にも見出される。このことを私は無視することはできない。ノアの大洪水、ソドムとゴモラ、そしてイスラエル自身が彼らの偶像礼拝ゆえに厳しく裁かれたことを、忘れてはならない。しかし、恵みムーブメントの説教者の多くは、「これらのことは古い契約に基づく出来事である」と言うかもしれない。それなら、大患難時代とその結果としての永遠の地獄はどうなのか？ 黙示録に述べられている裁きの記事を読むなら、すべての人が無条件に愛されているわけではないということに気づくだろう。神は常に「上機嫌」などではないのだ。

　私たちは、神は無条件に私たちすべてを愛する、という説教をやめるべきだ。詩篇 7:11 には、「神は正しい審判者　日々、憤る神」と書かれている。怒りは、主が忌みきらわれるものに向けられる。「このようなことをして、不正を行う者すべてを、あなたの神、主が忌み嫌われるからである」（申命記 25:16）。

　神は罪に対して怒り、主の愛の上にあぐらをかいて悔い改めないすべての者に警告を与えておられる。「あなたは、頑なで悔い改める心がないために、神の正しいさばきが現われる御怒りの日の怒りを、自分のために蓄えています」（ローマ 2:5）。「神は罪を憎むが、罪人を愛される」と語るのも誤解を与えるだろう。故 R.C. スプロールはこう指摘している。「神は罪を地獄に送らない。罪人を送るのだ」と。[7]　喜びをもって「神は人々を愛しておられる」と伝えよう。しかし、「神は無条件にどんな人をも愛される」と語ることには気を付けなければならない。また、神の愛があるから神の裁きを恐れる必要はないと語るのも、罪を悔い改めない人々の目を覆ってしま

うことになる。

　現代の恵みムーブメントの説教者たちは、もちろん自分たちは神の怒りを信じていると言うだろう。しかし彼らの説教や著書の中では、これを意識的に省いている。このことに触れる場合には、怒りの神は旧約時代においてはそうだが、新約の時代にはそうでないと繰り返している。ジョセフ・プリンス牧師は「神はアメリカを裁いておられない（他のいかなる国をも裁かない）。アメリカとその罪はすでに裁かれた！　どこで？　そうイエスの十字架で！　罪はすでに十字架で裁かれてしまっているのだ！」と語る。

　驚くべきことに、最も有名な恵みの説教者であるプリンス牧師は、未信者であっても神の怒りを被ることはないと信じている。なぜならすべての罪は十字架の上で処分されてしまったから。[8]　この考え方は、新約時代に語られたパウロの主張とは完全に異なっている。「というのは、不義によって真理を阻んでいる人々のあらゆる不敬虔と不義に対して、神の怒りが天から啓示されているからです」（ローマ 1:18）。この後、パウロは不敬虔な者の犯している不義のリストを挙げ、彼らは今も、そしてこれからも裁かれるのだと述べる。私は、恵みの説教者たちが以下の箇所から語る説教を聞きたいと思っている。

　「このことは、主イエスが、燃える炎の中に、力ある御使いたちとともに天から現われるときに起こります。主は、神を知らない人々や、私たちの主イエスの福音に従わない人々に罰を与えられます。そのような者たちは、永遠の滅びという刑罰を受け、主の御前から、

7.R. C. Sproul, "Does God Hate the Sin but Love the Sinner?", R. C. Sproul and John MacArthur JHA [Psalm 11:5], YouTube Video, May S, 2017, https://www.youtube.com/watchfi=DXXOr8enBdY.
8.Joseph Prince, Destitried to Reign: be Secret to Effortless Success, Whole- ness and Victorious Living (Tulsa: Harrison House Publishers, 2007), 49-50.

そして、その御力の栄光から退けられることになります」（第二テサロニケ 1:7~9）。

　神は複雑なお方である。愛と裁き、真実と怒りなどが絶妙なバランスで保たれている。

　恵みの説教者たちの第一の特徴が、罪人に対する現在と未来の神の怒りを拒絶することだとするなら、第二の特徴は、律法は恵みの敵と見なされていることだ。ブラウンは、長く「ハイパー・グレース」の指導者として奉仕している有名な人についてこう語る。この人は、「あなたが誰かに『これはしてはいけない』と一度でも言ったことがあるなら、あなたは律法主義者である。律法主義とは『行いによる』キリスト教と言える」と書いているのだ。[9]　彼らの考えでは、恵みは完全に律法から分離されねばならない。何かの戒めに従わねばならないという束縛を感じることは、律法の下に私たちを引き戻してしまうことになる。だから新約聖書の中で語られている命令（例えばローマ書 12 章）であっても、彼らはそれを軽視する。あるいは、恵みの下に私たちがあるなら、自然とそれらの命令を守りたくなると語る。彼らの意見では、クリスチャン生活の訓練すら「行いによる救い」に引き戻すことになるのだ。

　私は、恵みの説教者たちがことさらに罪を奨励していると言いたいわけではない。彼らは、これこそ人々を罪から解放する恵みのメッセージだと言いたいのだろう。しかし歴史的に見るなら、彼らのように律法を完全に拒絶する姿勢は「無律法主義」と呼ばれてきたものであって、多くの場合、この世的な生き方を正当化する結果になっている。ある説教者がこう語ったのを私は聞いたことがある。

---

9.Brown, Hyper Grace, 13.

「私が何をするかは大した問題ではない。なぜなら、私にはキリストの完全が与えられているから、天の父の前に立てるのだ」と。しかしユダの手紙では、彼らは「私たちの神の恵みを放縦に変え」ている人々だと語っている (4 節)。

　確かにパウロは、ガラテヤの人々に対し、律法の下へ立ち戻ってしまうことへの警告を発している。しかし重要なのは、この箇所が私たちが律法の教えに導かれなくてもいいと解釈されてはならないことだ。私たちが新約聖書の記す戒めに従おうとするなら、それは決して、律法の下に私たちを置くことではない。私たちが、自分の心が変えられないままで、服従こそ神が要求されるすべてだと考える時にこそ、律法の下に引き戻されるのである。パウロは自分がガラテヤの人々に語る恵みのメッセージが誤解されるかもしれないと思い、次のように警告を与えている。「兄弟たち。あなたがたは自由を与えられるために召されたのです。ただ、その自由を肉の働く機会としないで、愛をもって互いに仕え合いなさい」（ガラテヤ 5:13）。

　恵みの説教者たちの特徴の第三は、クリスチャンは、もう罪を告白する必要がないと訴えることである。イエスが私たちの過去、現在、未来すべての罪を赦してくださったのだから、もし罪を犯しても、すでに赦されていることを思い起こすだけでいい、という論理である。だから彼らは「主の祈り」が模範であることを頑なに拒否する。なぜなら、祈りの中で、する必要のない赦しを求めているからである。よく知られているヨハネ第一の手紙 1 章 9 節の「もし私たちが自分の罪を告白するなら」は、クリスチャン向けではなく、まだ救われていない人に向けての言葉と考えられている。彼らの見方に立つなら、クリスチャンも悔い改めなければならない、という教えは律法的でパリサイ派的なのである。[10]　イエスは明確にこの

考え方に同意なさらなかった。黙示録では、7つの教会の内5つに悔い改めを迫っておられるのだから！

　私たちは、ブラウンが示してくれたように、この恵みに関する教えは、時として同性愛者の行状を受け入れ、また、すべての者が救われるという極端な異端的教えさえも受け入れるにまで至ることに驚く必要はない。[11]

　このような説教者たちの中には、この恵みの説教がされていない教会に出席することは、「専制者と意識操作者」の支配下に置かれることだと断言する者もいる。[12]

　聖書の恵みは、罪に対して戦っている。でも自由放任の恵みは、罪の中に居続けることを許してしまう。新約聖書の恵みは、私たちが義に進むように訓練してくれるのだ。「実に、すべての人に救いをもたらす神の恵みが現れたのです。その恵みは、私たちが不敬虔とこの世の欲を捨て、今の世にあって、慎み深く、正しく、敬虔に生活し、祝福に満ちた望み、すなわち、大いなる神であり私たちの救い主であるイエス・キリストの、栄光ある現れを待ち望むように教えています」（テトス2:11~13）。

　以前の章で、エレミヤ時代の偽預言者の話をしたが、彼らは一方だけを極端に強調する者たちだった。神はイスラエルを選ばれた。だからその国民である私たちも神の変わることのない恩寵を受け続けることができる。たとえ私たちがどんな生活をしていようとも……。そう語る偽預言者は、人々がどんな状況にあろうとも一切関係なく、神からの好意を受けられると主張した。しかし神はそんな不遜な民への評価をちゃんと述べておられる。「彼らはわたしの

10.Ibid., 25.
11.Ibid., 20.
12.Ibid., 30.

民の傷をいいかげんに癒やし、平安がないのに、『平安だ、平安だ』と言っている」（エレミヤ 6:14）。

もう一度言おう。神の恵みを好色に変えてしまってはならない。でないと、私たちは恵みの下にあるゆえに罪を犯しても大丈夫だという印象を与えてしまう。私たちが恵みを強調することで、神の訓練や裁きをそぎ落としてしまうとしたら、また、天国についてだけ語り、地獄について語らないとしたら、エレミヤはおそらくこう言うだろう。「あなたは、私たちの民の傷を余りにも軽く扱い過ぎている」と。

17 世紀のピューリタン牧師トーマス・ワトソンはこう語っている。「罪を苦々しく思うようになるまで、キリストの素晴らしさはわからない」。[13]

## ② 社会正義としての福音

「最近、どんなメッセージを語っていますか？」と、アメリカ中西部に住む牧師に尋ねたことがある。彼はこう答えた。「今は、神の国の福音、社会正義の福音についての連続説教をしています」と。幸いにして、私は彼がキリストへの信仰によって個人が回心する必要性も十分理解していることを知っている。しかし同時に、個人的回心の福音は、彼の優先順位において最も低いところにあることも知っている。

「社会正義」の解釈は十人十色である。ある人にとっては社会主義的な福音で、マルクス主義の考え方がその根底にある。富は、政府の介入と管理と所有権を通して平等に配分されるべきなのだ。こうすることによって、正しく平等な社会が生み出されると考えられ

---

13.Thomas Watson, "The Doctrine of Repentance," 1668, http://www.gracegems.org/Watson/repentance3.htm.

ている。このことによってのみ、抑圧されている人々は「社会正義」を経験できる。他の人々は、解放の神学の一つと定義している。経済的圧迫や社会的抑圧からの解放を目指すのである。同性婚はしばしば社会正義の問題と考えられている。幾つかの大学は、様々な社会的正義の理論を促進させることを目指し、少数派が正義（それがどのように定義されるとしても）を要求することを肯定しているのである。これとは別に、極端な政治的コレクトネスの主張によって動機づけられて、暴力によってより穏当な意見が抑え込まれることもある。

　他方、多くの福音派教会は、文化的な事象から距離を取り、リバイバルを願いながらも貧困問題、人種差別問題、不正問題に取り組もうとしていない。私たちは、若い世代が社会的関心を抱き、コミュニティーに関わることで福音的な生き方を示すことを歓迎するべきである。恵みの福音を捨てることなしに、貧しい人々、抑圧された人々、そして助けを求める人々に接してほしい。クリスチャンは、悲惨な状況や不正義が見つけられる所があるなら、それらを軽減するためにこれまで関わり続けてきたし、これからもそうすべきである。アフリカの多くの病院は、クリスチャンの働きで建設されている。

　しかし、その先に危険も存在している。

　周知のごとく、20世紀初期には多くの教会がキリストの十字架について語ることから離れ、「隣人のために良き事を実践する」ことに置き換えていた。彼らは、その立場を次のような旧約聖書のことばで正当化していた。「善をなすことを習い、公正を求め、虐げる者を正し、みなしごを正しくさばき、やもめを弁護せよ」（イザヤ 1:17）。同じような内容が新約聖書にも出てくる。イエスは、「わたしが空腹であったときに食べ物を与え、渇いていたときに飲ませ、

旅人であったときに宿を貸し、わたしが裸のときに服を着させ、病気をしたときに見舞い、牢にいたときに訪ねてくれたからです」（マタイ 25:35~40）と語っている。このようにして、社会的関心が、罪人のために死なれ、復活したキリストに置き換わったのだ。事実、罪から私たちを救ってくださったという神からの福音は、ほとんど完全に無視された。そのような傾向への反動として、根本主義者はこのような社会的福音を拒否し、多くの場合、個人の回心という喫緊の課題に働きを制限して、福音がもつ社会への影響力を無視するようになったのである。

今日においても歴史は繰り返されているが、違ったゆがみがそこにある。ミレニアム世代の多くは、福音派と保守的な政治が近い関係にあることに違和感を抱いているようだ。彼らは社会正義に献身することを選び、悲しいことに、個人的悔い改めによる回心の教えを捨て去っている。もっと実際的な福音を目指し、貧しい人や必要のある人々を助けようとする「社会正義の福音」を選択したのである。

教会こそがこのような働きを進めていくべきことは、私もよく知っている。様々な社会活動にチャレンジすることは良いことである。しかし、キリストによる神の贖いのわざである福音がないがしろにされている。その一例が「出現しつつある教会運動」である。この運動は、多くの場合、この地上に対する関心を永遠の世界に対する関心に置き換えている。これに属する教会は、正義について語るが、裁きについては語らないのだ。[14]

ある指導者は、いかにして彼の教派が従来の福音を捨てるに至ったかについて説明してくれた。それによると、福音派第一世代はまず福音を語り、次に福音のもつ社会への関心に基づいて行動した。第二世代は福音を前提としながらもそれをおろそかにし、社会への

関心は持ち続けた。第三世代は福音を軽視するばかりか拒否してしまい、社会的な関心は継続したのである。

アフリカの地に福音を届けようとした二人の宣教師は、この地での福音派宣教の働きはもはや教会を生み出すことではなく、「社会解放に焦点があてられており、教会は神学的な付録として張り付けられているだけだ。福音宣教に関して今までにない大きな変化が起こっており、教会を生み出したり指導者を訓練することから離れ、社会正義の実現や社会行動に従事することの方が重要視されつつある」[15]　と書いている。

しかし私たちは、キリストのように根源的な生き方をすることを命じられている。他者の必要に応え、肉体、心、魂の求めに応えるべきなのだ。福音とは言葉だけのものではない。他の人々のために喜んで犠牲を払い、本心でケアにあたることこそクリスチャンの生き様である。私たちは贖われた者としての見方をし、常に人々を永遠の命へと導く機会を探し続けなければならない。もし私たちが福音を非常に大切なものだと受けとめていないなら、私たちは永遠の魂にではなく、一時的な肉体に仕えていることになる。

作家であり人気ブロガーでもあるトレヴィン・ワックスの言葉を引用しよう。「私が危惧しているのは、福音派の人々が、天国と地獄のことを聖書から話そうとするのを嫌い、むしろ現今の文化動向に意識を向けていることである。現代の人々は、永遠の世界をほとんど意識していない。多くの人々は、自らの死のこと、ましてや裁きのことなど意識せず、生きることのみに汲々としている」。[16]　自

---

14. Trevin Wax, Counterfeit Gospels: Rediscovering the Good News in a World of False Hope (Chicago: Moody, 2011), 68.
15. Joel James and Brian Biedebach, "Regaining Our Focus: A Re-sponse to the Social Action Trend in Evangelical Missions," The Master's Seminary Journal, Spring 2014, 29.

分の人生のことをあれこれと想像するのだが、肝心の永遠の未来に関しては、全く顧みることがないのだ。

　福音派は自分たちの聖書的ルーツに立ち返るべきである。そして天国について語り、地獄に行ってはならないと警告を発するべきである。私たちは、福音主導の社会活動によって人々に仕えるのだ。彼らは救いを必要としており、私たちは彼らがキリストに信頼するのを願っている。もちろんのこと、キリストを信じているか否かにかかわらず、仕え続けるべきである。私たちの心の叫びは、彼らが主を信じて救われることである。この世界で遭っている苦しみを軽減したいと願う動機があるなら、それ以上に、来るべき世においての苦しみをいやす福音を分かち合おうとは思わないだろうか？

　私の友人であるコリン・スミス牧師は、自分が福音を語れるかどうか、次のように自問すればわかると言う。このメッセージをシナゴーグやモスクで語ったら、自分は追い出されるだろうか？　もしモルモン教の教会でこのメッセージを語っても、聴衆の怒りをかき立てないのなら、あなたは福音を語っているのではない。真の福音は人々の罪を指摘し、悔い改めに導くものであり、それにより彼らはキリストのみに信仰を置いて永遠の命を得るのだ。

　思い出すべきなのは、福音とは、私たちがイエスのために何ができるかではなく、イエスが私たちのために何をして下さったかということだ。私たちは現代の人々にこう伝えなければならない。<u>社会的正義は、どんなに良いことであっても、決して福音に取って代わるものではない</u>。

　もしもサタンが都市を支配したらどうなるだろうか？　長老派牧師のドナルド・グレイ・バーンハウスはこう推測している。もしサ

---

16.Wax, Counterfeit Gospels, 184.

タンがフィラデルフィアを制圧したら、居酒屋は閉店するだろう。ポルノも消滅するだろう。そしてできたばかりの街路は、笑顔で挨拶するこぎれいな歩行者で溢れるだろう。他者をののしる声なんか響き渡らず、子どもたちは「はい、わかりました！」「いいえ、お母さま！」と答えるだろう。そして教会は日曜日、人であふれかえるだろう…… しかし、<u>そこでは、キリストについて語られること</u><u>はない</u>。[17]

「この方以外には、だれによっても救いはありません。天の下でこの御名のほかに、私たちが救われるべき名は人間に与えられていないからです」（使徒 4:12）。

永遠の世界が危機に瀕しているのだ。


## ③「ニューエイジ」の福音

多くの若者たちは、教会を居心地のいい場とは思っていない。個人的に関わりをもつグループに引き付けられ、本音で語り合うことや、貧困者をケアすることや、実際に活動する関係のほうを好んでいる。彼らはより社交的で、自発性に富んでいるが、「組織化された宗教団体」の指示に従うことには関わろうとしない。式次第に従った、ありきたりで形式的な礼拝には、彼らが求めている生き生きした力が欠けている。彼らは、教会が推奨しているように思える標準的な礼儀作法に合わない、貧しくて周辺に追いやられてしまっている人々を進んで受け入れようとする。彼らは荘重な教会よりも、体育館などでの集会を好む。このような若者たちは「探し求めている」世代である。何を信じるべきかを教えられることを好まず、自分にとって良いと思える信仰を見つけようとしている。

---

17.Quoted by Michael Horton in Christless Christianity (Grand Rapids: Baker, 2008), 15.

多くの素晴らしい能力を持ちつつも、この世代の若者たちは、聖書の教義とは関係のないスピリチュアルな体験を探し求めている。その求めに応じるように、広く私たちの文化に受け入れられているニューエイジの霊性は、福音派の教会や神学校において、聖書の教えと並行して教えられている。

　教会で、神学校で、そしてキリスト教系大学において、霊性の向上についての授業が提供されていることが奨励されている。しかしながら多くの場合、その教科書にはニューエイジの教えが含まれており、聖書の言葉以上に、神との神秘的な体験が記されている。例えば、時々、霊性向上のクラスで用いられているある著者の本は、イエスが「野のゆり」について語られたところに注目し、こうコメントしている。「この箇所を書いた人がだれであろうと、聖書の言葉に注目するのと同様、この世界に注目することによって、神の道を十分に学ぶことができる」と。[18]

　このようなことを語る本は人気がある。なぜなら、具体的な聖書の教理に頼らずとも、より接しやすく、より簡単に経験できる神を提示しているからである。しかし私たちはこれに同意できない。神についての確かな知識は、聖書によってのみ持つことができると教えなければならない。神を経験することができるか否かの問題ではないのだ。

　マルチン・ルターは、ヴォルムス会議で対決する前日の夕方、神の臨在を全く感じることができなかった。彼は、自分の命がかかったこの会議での答弁のために、神の助けを乞うたが、何の返答も得られなかったのだ。次の日、彼は神の言葉以外の何物も自分を導く

---

18.Barbara Brown Taylor, An Altar in the World—A Geography of Faith (New York: HarperCollins, 2009), 13.

ものはないと訴え、自分の信仰表明を撤回することを拒んだ。私たちは今なお、この出来事が教会の歴史の重要な転換点だったと認めている。[19]

　私が言いたいことはこうだ。私たちは、神の臨在をこの世界から感じ取ることもできるだろうが、唯一信頼できるのは神の言葉たる聖書である。聖書は、確かな神との出会いと救いに私たちを導き、救いをもたらしてくれる。たとえ神の臨在を全く感じられない時があったとしても、「私たちは見えるものによらず、信仰によって歩んでいます」（第二コリント5:7）。聖書をどのように学ぶのか、どのようにして御霊と共に歩み、聖書的な信仰に成長していくのかを教えることこそ、霊性の向上をめざす者へのより良い選択肢である。

　では、黙想の祈りについて考えてみよう。瞑想と同様、聖書の言葉を心の中で思い返す黙想は、現代のストレスに満ちた社会にはとても必要な訓練である。私も、聖書的な黙想の祈りをしている。しかしこれも独特なねじれを起こし、初期修道院を生み出した「砂漠の教父たち」の神秘主義に陥ってしまう危険性がある。これは、祈り中心の古代のやり方を学ぶべきだと主張するカトリックの教師たちに依存している祈りの方法であり、「より深い」神との関係を願っている人々を魅了している。彼らはこの「黙想」を通して、人間存在の中心である魂において神とつながることができるのだ。ある人々は、彼らの内にある神性とつながるのを助ける言葉やフレーズに焦点をあて始めた。このことを知る以前の彼らは、神学と離れた霊的な経験をし、彼らが神と考える彼らの内にある神秘的な存在と出会っていたのであろう。ほどなくして、それが東洋宗教に共通す

---

19.Hezekiah Butterworth, The Story of the Notable Prayers of Christian History (Boston: D. Lothrop and Company, 1880), 92-97.

る傾向と技巧を吸収していったのは驚くことではない。

　信じられないことだが、バーナ調査会社は、活動的なクリスチャンがこのような新たな霊性に魅了されている理由を次のように報告している。「多分、このことが宗教の積極的な見方を保ちつつ、その超自然性を強調し、同時に、組織内に高まりつつある不満足な気持ちに満足を与えるからであろう」。約28％の活動的なクリスチャンがこのような霊的な働きに強く同意し、「すべての人々は、同じ神、同じ霊に対して祈っているのであって、彼らがその霊的な存在をどんな名で呼ぼうとも構わない」と思っているとのことだ。さらには、同じくらいの割合のクリスチャンが、「意味や目的は、結局のところ、すべてのものが一つとなるところから生まれてくる」と信じているのである。[20]　そうだとすると、具体的な教義や聖書の教えは必要なくなってしまう。大切なのは、人に内在する「神」に近づくためのテクニックだけだ。ニューエイジの主張するキリスト教は、様々な理由で教会に失望した人々にとっての、魅力的な避難所なのである。

　人々は、霊的なものを求めるが、宗教を求めてはいない。宗教学教授のジェローム・P・ブラゲットによると、人々はこう言っているということだ。「そう、確かに私は聖なるものにつながりたいと願っている。しかし私は自分のやり方でそれをしたいのだ。そうすると、自分には識別力があって、思慮深い主体だと自賛できるし、毎日の生活を肯定的に過ごすことができる」。[21]

　<u>私</u>のやり方による宗教！

　しばしば、人々が自分のやり方で神を見出すのを助けることにつ

20."Competing Worldviews Influence Today's Christians," Barna, May 9, 2017, https://www.
　barna.com/research/competing-world views- influence- todays- christians/.

いての権威者だと言われる指導者の一人に、トーマス・マートンが
いる。彼はカトリックの教師で、東洋宗教に大いに影響を受けてい
る。彼をよく知る人たちは、彼はクリスチャンというよりも仏教徒
だと評している。『生きるために祈る』の著者ヘンリー・ナウエンは、
「マートンは、東洋と西洋の知恵の流れが合流するところを見出し、
それを一つにして、内的経験という深みにおいて教義を越えたもの
を流し出すことができた。彼は東洋の霊性の哲学を取り入れ、それ
を実践することによって、その知恵と自分の生き方を統合したので
ある」と語っている。[22]

　マートン自身は、こう語っている。「私たちの存在の中心には、
罪や幻想によって触れられることのない、無というポイントがある。
このポイントは純粋な真理で、私たちの内にある神の純粋な栄光だ。
それは全ての人の内にある」。[23]

　私たちの内に、罪も幻想も触れられないポイントがある？ それ
は神の純粋な栄光？ 全ての人の内にある？

　マートンはこうも言っている。「人類の一員であることは栄光溢
れる定めである。私は今、私たちがどんな存在であるかに気づいて
いる。人々は、自分が本来そうであると認めさえすればよいのだ
……。私が思うに、大きな問題は私たちがひざまずいて互いに礼拝
するするかどうかである」。[24]

　もし私たちが互いに本来の姿を認めるなら、互いにひざまずいて
礼拝する？ 本当だろうか？

　数多くのニューエイジの教師がいるが、あるとき、幾人かから「福

21.Anthony Bright Atwam, Building Your Life on the Principles of Plod: The Solid
　Foundation (Bloomington, IN: AuthorHouse, 2014), 86.
22.Henri Nouwen, Pray to Live (Notre Dame, IN: Fides Publishers, 1972), 19-28.
23.Thomas Merton, Conjectures ofa Guilty Bystander (New York: Doubleday, 1989), 157-58.
24.Ibid.

音派の人たちがカトリック司祭であるリチャード・ローアの書いたものを貪るように読んでいる」と聞いたので、彼の本『聖なるダンス：三位一体とあなたのトランスフォーメーション』を読んでみることにした。この本は、「すでに聖なる流れの中にあるのに、そのことを知らないでいる素直な人々へ」捧げられている。[25]　序文は『神の小屋』の著者、ウィリアム・ポール・ヤングが書いているし、有名な『愛は勝利する』の著者ロブ・ベルなどが推薦している。驚くべきことに、統計を見てみると、ローアの本をベストセラーにしたのは福音派の若い人々であると、出版社は報告しているのだ。

　ローアの本は三位一体について書かれたものではない。自分自身の折衷的な霊性の教えの背景とするために、彼が勝手に想像して三位一体という言葉を用いているに過ぎない。すべての人々が参加しているという「聖なる流れ」を説明するために、三位一体という言葉を口実にしているだけなのだ。

　多くのことを言う必要があるが、紙数の都合で以下に短くまとめる。

　第一にこの書物は、他の同じような本と同様、人間の本性は「聖なるもの」であって、教義や宗教的な教えなくして、神に出会う能力があることを賛美しているのである。罪の悔い改めや、聖なる神の前で私たちはどういうものであるかを考えることは強調されていない。決して、キリストは父なる神に至る唯一の道ではない。結局のところ、あなたがどんな宗教を信じていようと、あなたの霊的な旅がどのあたりにあろうと、「あなたはすでにその流れにある」のだ。

　第二に、東洋宗教のあらゆるテーマがローアの著書の中に登場し

---

25.Richard Rohr, dedication in be Divine Dance, The Triniity and Your Transformation (United Kingdom: SPCK Publishing, 2016).

ている。

　神は「流れ」であり、すべての被造物（人間だけではない）は、その流れの一部である。だから「創造は、三位一体に新たに加えられた『第四の位格』である」。[26]　そしてローアはユニバーサリズム（万民救済主義：すべて人間は無条件で救済されるという考え方）[27]を推進し、「聖なる流れ」に加わるのに何の教義的教えも生き方のテストも必要ないと言う。自分は聖なる流れにあるということを自覚するだけである。[28]　神に対する責務を心配することなどない。さらに彼はこう続ける。「すべてのことを要約するなら、私は、どんな形であろうとも神の怒りを信じていないということである。神が三位一体であるなら、神学的にはそれは不可能だ」。[29]

　この本の末尾に、あらゆる宗教的伝統が詰めこまれている様々な祈りが掲載されているのは驚くに値しない。あなたの魂の深いところで神を見出した時、あなたの意識は「神」となる。そう、どんな人でもその人の内にすでに「神」は存在しているのだから。

　かつてこう言った人がいる。「私たちは天にお父さんなんか欲しくない。それよりもおじいちゃんが欲しい。彼は、子どもたちが遊ぶのを見守ってくれているはずだ。たとえどんな過ちを犯してしまったとしても、おじいちゃんはいつも上機嫌で、その日の終わりには『楽しい時だったね』と言ってくれる」。

　ニューエイジの霊性の、どこがそんなに魅力的なのだろうか？結局、人間は何でも受け入れてくれる神をもっているのだ！　彼らは、自分を悩ませないような神、彼らが考える通りに考える神を欲

---

26. Ibid., 67.
27. Ibid., 68.
28. Ibid., 58.
29. Ibid., 140.

しているのだ。彼らは、罪の恐れを消し去る神学、人間という存在が現実にどれほど素晴らしいかを強調する神学を求めているのだ！自分で自分を救うという思想には多くの形があり、魅力的である。私たちはどこまでも寛大な神を求めているのだ。

　使徒パウロは次のように私たちに語っている。「というのは、人々が健全な教えに耐えられなくなり、耳に心地よい話を聞こうと、自分の好みにしたがって自分たちのために教師を寄せ集め、真理から耳を背け、作り話にそれて行くような時代になるからです」（第二テモテ 4:3~4）。

　その時代は、今この時である。

## ④ 性の選択を認める福音

　福音的な教会は、教会規律についての聖書的教えを喜んで行っているだろうか？ ほとんどの教会はそうでない。私は一人の牧師と話したことがあるが、彼は、集う人々がどんな霊的状態にあっても教会員として認めると語っていた。同棲カップルや、子どもがいながら同性婚をしているカップルなどである。教会の教えに反する状態にありながら、彼らは教会員と認められている。その教会は、「メンバーシップを与えません」と言うのではなく、「信仰が成長するために教会に加わりなさい」と言うのだ。要するに、この教会はメンバーシップの基準を上げることを好まず、曖昧なものにしてしまっている。

　これ以外にも、教会規律を執行したがらない理由がある。辱められたり、軽蔑されたり、目を付けられることの影響力を教会側が知っているからだ。教会は愛さないで憎んでいる、と非難されたくないのであり、夕方のニュースで悪く言われたくないのである。

## ・同性婚と教会規律

　私たちは、バイロン・ブレイザー牧師の、聖書に対する忠実さと彼の勇気を賞賛する。彼はシカゴのアポストリック・チャーチ・オブ・ゴッド（使徒的神の教会）の牧師である。彼は聖書の正しさを伝えるためなら、どんな犠牲も厭わない。2017 年 7 月 30 日の日曜日、彼は会衆に、ある女性教会員のメンバーシップを取り消したことを報告した。彼女が同性婚をしたからである。ブレイザーはこの女性と個人的に話して、教会の立場を説明した。彼女は牧師の話に納得し、教会の決定を明確に受け入れた。しかしこのことが広まっていったとき、他の教会員は、この女性の名前が公表されていないにも関わらず、これは彼女を辱めて拒否することだと狼狽したのである。「愛」は常に勝たねばならないから。

　教会外部から約 50 名の人が現れ、代弁者は「LGBTQ の教会員が公に辱められた」と抗議の声を上げた。予想通り、デモ隊はブレイザーに対して、憎しみのシュプレヒコールをしたのである。彼らは、聖書を読み、祈りを捧げ、聖歌を歌って抗議集会を始めた。こういった反対行動を推進するのは、いわゆる進歩的な教会の人々だった。彼らは同性カップルを歓迎し、「憎しみと排除」ではなく「愛と寛容」を旗印にしていた。

　この集会において、一人の講演者は信教の自由についてこう演説した。LGBTQ を支援する者たちは、教会が信教の自由をあきらめるように期待しているのではないと。彼女の言葉では、「信仰の共同体は、生き残るために、差別をしてはならない。信教の自由は、LGBTQ の人々の解放を要求している」。

　この声明をもう一度読み返してみるといい。ここにおいては、信教の自由は、進歩的な人々が性や宗教的実践について信じていることに同意する、という意味に置き換えられている。実際のところ、「信

教の自由は、<u>私の</u>ライフスタイルと信条によって制限されているのである」。

　別の講演者はこう語った。「もし、聖書記者が女性や奴隷について記していることに私たちがチャレンジできるとしたら、同性愛について語っていることについても、聖書記者にチャレンジできるはずである」。デモ隊は最後に、「心熱くして（福音賛美歌56番）」を歌って会を閉じた。[30]

　彼らの結論：同性愛に関する聖書の教えは、わきに置くことができる。同性愛の関係は罪ではなく、人間性のもう一つ別の表現である。イエスは、憎むことをせず、すべてを愛された。彼に従うということは、人々を助けることであって、誰かを傷つけたり恥をかかせることではない。

　ブレイザーは、教会が様々な罪を犯した人々の集まりであるという事実に照らし合わせて、自分がしたことについて弁明を求められた時、だれもが罪人であり完全な者はだれもいないということには同意した。「しかし、主がすでに非難されたことを、私たちが制度化することはできないことに気づくべきである」と言った。言いかえるとこうなるだろう。そう、確かに私たちはみな罪人だ。しかし、神が造られた家族という秩序を攻撃することは、故意に犯す行動であり、それを大目に見るのは明確に一線を越えることだ。私たちは、同性婚のようなライフスタイルに賛成することなしに、真に居心地の良い共同体となるために召されたのである。

---

30.'Windy CityTimes: LGBT Protest at Apostolic Church of God, 7-30-2017,"YouTube.com playlist (video 9, 7:06, and video 10, 0:36), postedby Tracy Bairn, Windy City Times Media Group, last updated July 30, 2017, https://www.youtube.com/playlist?list=PLO7LP6UYPfqyfATlG7IktA7hcwgsRNWwx.

## ・真実と愛

　以前、二つの世界に生きているミレニアム世代の若者たちについて語った。前世紀の音響が残存するなか、現代文化のさらに大きな声を聞いているのである。彼らに、とても親切で気配りのできるゲイの友人がいるとしよう。そこで彼らは聖書と現代文化のどちらかを選択しなければならなくなる。その時、彼らは文化の傍らに立って、次の段階へ進む。すると同性婚を是認せざるを得ないようになるのだ。しかし私たちは、同性愛を理解することと、それに自らが突き進むこととをはっきり区別すべきである。同時に、すべての人々に敬意を払うことと、彼らの行動に同意することにも区別を置かねばならない。

　私たちは、LGBT のライフスタイルを受け入れている人々は道徳的に立派な人だという一般的な見解に反論すべきである。そういう人々は、「排除」ではなく「寛容」な人間と見なされる。彼らは「憎しみ」ではなく、「愛」を代表していると。しかし私たち福音主義者は、これらの前提が間違っていることをはっきりと示さなければならない。これは全くの間違いなのだ。否定的な帰結になることがわかっているからこそ、その法則を非難するのである。

　神はこの議論に中立的な立場をとる傍観者ではない。

　カレブ・カルテンバッハは、成長過程で LGBT の集まりに浸っていたが、今はカリフォルニア州シミ・バレーのディスカバリー教会の主任牧師となっている人物である。彼は次のように語っている。「LGBT と関わる人々には緊張感がある。それは彼らを受容するのか、それとも許容するのか、という緊張感である。人々との良い関わり方を模索しているのだ。それは恵みと真実との間で生み出される緊張感と言ってもいい。他人の性的志向を変えることは私たちの仕事ではない、という事実を認めねばならない。私たちの仕事は、人び

との生涯に真実を語ることである」。[31]　全く同感である。

　2017年9月、新聞各社に一つの文書が公開された。それは「ナッシュビル声明」（この文書を作成するために、人びとがナッシュビルに集まったから、そういわれている）と呼ばれている。[32]　この文書は、14項目からなる肯定と否定の宣言であり、その真髄は、性的志向についての聖書の教えの表明である。結婚とは一人の男性と一人の女性との間で成り立つことが前提とされており、同性との性的関係は罪と見なされている。

　これに対して否定的な反応が寄せられた。福音派からも手厳しい内容が、しかも公開後すぐに寄せられたのである。同性愛を受け入れることを表明していた福音派からは、すぐさま愛と同情をアピールする意見が出された。その中の一人で、いわゆる「福音派のブロガー」は、「こんなデマを流布させるなんて、吐き気がする」と書き、声明の執筆者は現代のパリサイ派だと述べている。かくして、ナッシュビル声明は、愛なき裁きの文書だと非難されたのであった。

　気を付けるべきだ。私たちは、一致・愛・受容・包括などという言葉に、聖書に反するような定義がなされている時代に生きている。神は、愛の不寛容さをしばしば実行なさる妬む神であることを私たちは忘れがちである。神が私たちのすべての言動に同意してくださるという考え方を乗り越えなければならない。この文化的状況下にあっては、福音派は聖書の教えを捨て去り、文化が期待するような方向に陥ってしまいやすいのである。

　さらに事態は悪化してしまっている。

　異性間の自然の結婚こそ神が認めた正しい結婚であるという主張

---

31."The Table Briefing: Engaging the LGBT community with Truth and Love,"Bibliotheca Sacra 73, no. 692 (October-December 2016): 478.
32."Nashville Statement," https://cbmw.org/nashville-statement/.

を捨てないなら、キリスト教系大学でも閉鎖されるというような試みがなされている。教会も、聖書的な信念を選ぶか、それとも、性の問題についての信教の自由を抑え込もうとしているアメリカ各州の重い「靴」かを選択しなければならなくなっている。LGBT団体は、彼らの信念が信教の自由に優っていることをすでに証明しており、自分たちが気に入らない法案に対する明確な拒否権をもっている。

　児童保護局がやって来て、ホームスクール教育を受けている子どもたちをチェックし、もし必要と判断すれば、彼らを両親の影響下から連れ出すような日が来るかもしれない。その際、両親は「不寛容な人格的障害者」（学校に通わせず、子どもを自宅学習させているゆえに）と診断されてしまう。[33]　クリスチャンは、このような行為に対しては反対するだろうが、救いようもないくらい頭が硬くてカルト的な頑固者と見なされ、糾弾されるだろう。彼らは、精神的不適合者との烙印を押されてしまうかもしれない。

　主にある兄弟姉妹たち、私たちは、頑固者、非寛容者、差別主義者と呼ばれる恐怖を克服する必要がある。そして、教会にも社会にも、はっきりと示さねばならない。どんなクリスチャンも、（性転換手術のように）自分の身体を傷つけることや、同性での性交を許容しておきながら、キリストに真に従うことはできないのだ。もし私たちの沈黙が、神の宮を破壊しようとするサタンの攻撃に屈服していると見なされると、隣人に対して神の愛を示すことはできない。もう一度繰り返したい。同情や愛やお世話や思いやりをもって静かに嘘を言うよりは、厳しく接するゆえに批判されるほうがずっと良いのである。再びイエスの言葉に耳を傾けよう。「人々があなたが

---

33.John S. Dickerson, The Great Evangelical Recession (Grand Rapids: Baker, 2013), 53.

たを憎むとき、人の子のゆえに排除し、ののしり、あなたがたの名
を悪しざまにけなすとき、あなたがたは幸いです。その日には躍り
上がって喜びなさい。見なさい。天においてあなたがたの報いは大
きいのですから。彼らの先祖たちも、預言者たちに同じことをした
のです」（ルカ 6:22~23）。

### ・福音派の分裂
　「彼は反対していたが、それは以前からなのか？　本当に今も反対
しているのか？」。
　これがアル・モーラーがユージン・ピーターソンの奇妙な話を聞
いての最初の質問だった。[34]　ピーターソンは 1991 年に引退して
いるが、もし彼が現役の牧師を今でも続けているとしたら、同性婚
の司式をするかどうか、と尋ねられたことがあった。その時彼は「す
るよ」と答えた。その時に巻き起こった論争の嵐や、彼の本を強制
的にクリスチャンブックストアから撤去するという脅迫が収まった
後、彼は考え方を変えた。そして今では、結婚は男性と女性の間で
取り交わされるものだと信じていると言っている。彼が本当にそう
信じているのかどうか、それは誰も分からない。
　この問題は、福音派内の分水嶺となる課題である。モーラーはこ
う語る。「保身のために逃げ口上に走っている人は、その理屈その
ものが瓦解していることを知るべきだ。いつもそうである」[35] と。
もはや逃げおおせる場所はない。
　同性愛の人々を愛していながらも、その関係を認めることには毅
然とした態度をとる牧師たちは、自分の教会にヘイト集団という烙

34.AlMoh1er,"The Agonizing Ordeal of Eugene Peterson,"AlbertMohler (b1og),July 17,2017,
　https://albertmohler.com/2017/07/17/eugenepeterson/.
35.Ibid.

印を押されるだろう。そして福音宣教に大きなダメージを被ったり、使徒パウロと同じ気持ちになるだろう。ローマ 1:18~32 を再読するなら、彼は、あらゆる種類の性的な罪によって汚された文化の渦中にある教会に宛てて手紙を書いていることがわかる。彼は同性愛を、神の観点から率直に非難しており、この手紙は、会衆に対して公に読まれたのである。パウロは、真実は傷つけはするが、また癒やすことを知っていた（第一コリント 6:9~11）。

マルティン・ニーメラーが勇敢にもヒトラーのやり方に公然と反対したとき、彼の同僚牧師たちは、彼を強く非難している。政治的な事柄はもっと繊細に扱うべきで、より外交的なやり方がいいのだ、と。その時ニーメラーはこう答えたという。「愛する祖国ドイツで私たちがどう見られるかを、天の御国で私たちがどう見られるかと比較しているだけだ。何が問題なのか？」。[36]

良い質問だ。現在のキリストの教会は、天の御国ではどう見られるのだろうか？

「しかし、サルディスには、わずかだが、その衣を汚さなかった者たちがいる。彼らは白い衣を着て、わたしとともに歩む。彼らがそれにふさわしい者たちだからである」（黙示録 3:4）。

---

36.Chuck Colson, Kingdoms in Conflict (Grand Rapids: Zondervan, 1989), 146.

# 第8章　十字架を取ってこの世界に
## ～恥ずかしがることなく、
### 　　唯一の救いのメッセージを分かち合う～

　「キリスト教は、主要諸宗教の中で、神が辱めを受けたという出来事を中心に置いている唯一の宗教である」。ブルース・シェリーは、キリスト教史についての著作をこういう書き出しで始めている。[1]
　<u>神が辱めを受けるなんて！</u>
　今日、私たちが十字架の真意を理解していないという一つの証拠は、十字架に反対している人々を見いだすことがいかに難しいかである。十字架をペンダントとして身に着けているアスリートやロックスターがいるし、十字架は善意と受容の象徴となっている。十字架は一つの古代のシンボルとなり、漠然とした霊性や、時には、他の宗教と結びつけられているのだ。

　数年前、レベッカと私はクリーヴランドへ行ったことがある。私は飛行機の通路側の席に座っていたが、その反対側に十字架のネックレスを身に着けた女性がいた。私は、「十字架を身に着けていてくれて嬉しいです。私たちには偉大な救い主があるのですね」と話しかけた。すると彼女はこう言った。「これはおそらくあなたが言うような十字架ではないと思いますが……」。そして彼女は十字架を手に取り、私に見せてくれた。その十字架の後ろにはユダヤの星がついていて、さらにヒンズー教の神、オームのペンダントが添えられていたのである。彼女は言った。「私は、神に通じるためにはいろんな道があると信じています」と。その後、私たちが交わした会話を想像してもらいたい。私は、なぜ十字架が他の宗教的シンボ

---

1.Bruce L. Shelly, Church History in Plain Language (Waco, TX: Word Books, 1982), 15.

ルや選択肢と混同されてはならないかについて、彼女が分かるよう
に説明したのである。

　間違えてはいけない。初期クリスチャンたちは、十字架を重罪人
を処刑するための恐ろしいものだと見なしていた。十字架刑には、
単に人を殺すという目的だけでなく、できるだけその人物を苦しめ
てやろうという意図があった。さらに、十字架刑は公共の場で行わ
れ、処刑者は非人間的な扱いを受けた。通り過ぎる人々から嘲笑を
浴びせられ、裸を見られることにもなった。ヘブル人への手紙の記
者はこのことを踏まえて、「辱めをものともせずに十字架を忍び」（ヘ
ブル 12:2）と記したのである。

　パウロが十字架を、ユダヤ人とギリシア人にはつまずき（ギリシャ
語の skandalos、つまりスキャンダル）と記しているのは不思議な
ことではない（第一コリント 1:23）。ユダヤ人は、旧約聖書が、木
に架けられた者は呪われていると断言していることをよく知ってい
た（パウロはガラテヤ 3:13~14 でこれを引用）。ギリシア人とロー
マ人にとって、十字架は敗北の印であった。誰も敗者に従おうとは
しないだろう。

　いったい誰が、死に、しかも十字架の死に値するとされた指導者
の言動に、本気になって、自分の永遠の運命を賭けようとするだろ
うか？　自らをメシアだと宣言した者が辱めの死を受けること、こ
れが最も栄光ある神の救いの御業となることなど、誰にも理解され
なかった。弟子のペテロですらそうだった。彼は、イエスがエルサ
レムへ向かう途中で十字架のことを話した時、イエスを強く非難し
ている（マタイ 16:22~23）。イエスの最も忠実な弟子であっても、
十字架で殺される人物が救い主だという考えを想像できなかったの
だ。

## 重い十字架、力ある証言

　ある男が夢を見た。彼は重い十字架を肩に担いでいた。彼は疲れ果てており、もう少し十字架が軽かったらと思っていた。夢の中で彼は、斧を持っている木こりに出会ったので、その十字架のかなりの部分を切り落としてくれるよう願った。その後、軽くなった十字架を感謝して、彼は旅を続けた。

　旅の途中、二つの山の割れ目に差し掛かった。彼は旅を続けたかったのだが、割れ目を渡れないことに気づいた。もしあと少しだけ十字架が長ければ、それを橋のようにして向こう側へ渡ることが出来たのだが……。しかし十字架は短かった。先ほど切り落とした分だけ足りなかったのだ。

　男はここで目が覚め、今見たのが夢であることを感謝した。彼は、重い十字架を担ぐ者こそが次の山へ渡っていけることに気づいたのだ。常に軽い十字架を探しているような人は、キリストの居られる所まで登りゆくことはできない。従順というものは非常に高価なものだ。障害物は、確かに手に負えないほど重いものと思われる。

　私たちはクリスチャンとして、重い十字架を喜んで担ぐよう求められていることを忘れているのではなかろうか？　時々、クリスチャンが「私には癌がある。これは私の十字架だ」と言うのを聞く。イエスが、自分の十字架を負えと言われているのは、こういうことなのだろうか？

　私はそうは思わない。私たちが十字架を負うということは、<u>キリストを信じ、キリストに従っているがゆえに引き起こされる様々なトラブルを甘んじて受け入れることである。</u>嘲笑、恥、また私たちの救い主と一つとなることによって被る迫害を喜んで受け入れることである。端的に言えば、この世界の文化、時には友達との間にさえ、葛藤が生まれるほどにまで、キリストと一つにされることなのだ。

　私たちの負う十字架が重ければ重いほど、私たちの証言はもっと力強いものとなっていく。しかし残念ながら私たちは、この世の文化的プレッシャーに屈して、自分の十字架を軽くすることを求めるのだ。

## 攻撃的な世代の中で生きる

　今は攻撃的な時代である。皆が誰かに攻撃されている。また、自分たちは攻撃されない権利を持っていると信じている。ニューヨークの法律では、様々な違反行為が決められており、例えばトランスジェンダーの人々の意向を無視するなら、罰金が科せられることになっている。自分は男性と思っている女性がいて、もしあなたがそれを知らされていながらも、故意に、意図的に相手を女性人称で呼ぶなら罰金を支払わなければならない。その額は 25 万ドルにも上っている。[2]　例えばブルース・ジェナーさんを「男性」とみなし、「女性」名のケイトリンと呼ばないとしたら、あなたは攻撃を仕掛けたということで罰金刑となる。またイスラームにとって、国家を歌わされることは攻撃を受けたことになる。それは「強制的同一化」だからだ。

　このような攻撃されない権利を容認する文化は、社会を弱体化させていく。この傾向は、メディアや政治家、そして政府によって推進されている。さまざまな活動家のグループがこれを促進している。あたかも新しい「権利」が憲法に見出されたかのようである。「私を攻撃するものは何であろうと見聞きする必要がない。私を傷つけ

---

2."NYC Commission on Human Rights Announces Strong Protec- tions for City's Transgender and Gender Non-Conforming Communities in Housing, Employment and Public Spaces," Official Website of the City of New York, December 21, 2015, http://www1.nyc.gov/office-of-the-mayor/news/961-Is/nyc-commission-human- rights-strong-protections-city-s-transgender-gender.

る攻撃はすべて違法なものである。少なくとも、私に攻撃を仕掛けてくる人々は、公的な辱めを受けるべきだ」。私たちの文化は訴えてくる。「もしお前が私の気分を害するなら、お前は悪人だ」と。

　あるクリスチャンがこんな話をしてくれた。髪の毛を切りに行ったとき、床屋さんが彼の信仰を聞いてきたという。そこで彼は一般的で当たり障りのない返答をした。その時のことを彼は私にこう打ち明けてくれた。自分がストレートに救いについて語らなかったのは、その床屋さんを「攻撃した」と思われるのを恐れたからだと。しかし、ある程度まで「攻撃」されなければ、誰も救われないだろう。例えばペテロは、詩篇118篇をほのめかしながらこのように記している。「『家を建てる者たちが捨てた石、それが要の石となった』のであり、それは『つまずきの石、妨げの岩』なのです」（第一ペテロ2:7~8）。

　イエスは妨げ（攻撃）の岩である！

　十字架の持っている攻撃という性質を無視するなら、十字架の力は無くなってしまう。


・キリストの十字架という攻撃を無意味にする

　これから、パウロが恐れたこと、いわゆる十字架という攻撃を無意味にすることについて見ていこう。


●救いには善行が必要であるという教えが、キリストの十字架を無意味にする。

　パウロは、もし彼が割礼を宣べ伝えているなら、迫害されない。なぜなら、「十字架のつまずきはなくなっている」からだ、と記している（ガラテヤ5:11）。端的に言えば、私たちの行いが救われるために価値あると教えるなら、それは十字架を無力にしてしまうこ

となのだ。同じように、割礼、洗礼、終油、その他のあらゆる儀式的行為が救いに必要であると語るなら、福音は妥協の産物となり、「つまずきは取り除かれ」てしまうことになる。

　かつて「聖書で答える男」として有名になったハンク・ヘイングラーフは、東方正教会に改宗した。[3]　これは多くのクリスチャンにとってショックであり、混乱を招いた。特に信仰のみ、キリストのみで救われるのであり、私たちと神とが協力して救われるのではないと信じている多くのクリスチャンにとっては。福音派のプロテスタントと、正教会（およびローマカトリック教会）の違いを、ここで細かく述べる紙数はない。ただ一つ、新約聖書は、救いを、私たちの行いではなく、キリストの完成されたみわざに基づいて、悔い改めた罪人たちに無償の贈り物として与えられると教えていることを強調しておこう。

　しかしそう信じている福音派の私たちにも、危険は同じように存在する。もし私たちの教会で礼拝している者の中に、神の恵みを受けるにふさわしいことをすべきだと考え、自分たちの品性の高さや霊的な習慣が救いの確信をもたらすと信じている者たちがどれくらいいるかを調べるなら、その数の多さに驚くことになるかもしれない。行いによる救いには様々な形がある。私たちには、もともとそうなりやすい傾向があるのだ。

　使徒パウロは、もし私たちの側が何かの行いをすることが必要だと教えるなら、それはもはや恵みではなくなってしまうと言っている。「人は律法の行いとは関わりなく、信仰によって義と認められると、私たちは考えているからです」（ローマ 3:28）と述べている

---

3.Sarah Eekhoff Zylstra, "'Bible Answer Man' Converts to Orthodoxy," Christiany Today online, April 12, 2017, http://www.christianitytoday.com/news/2017/april/bible-answer-man-hank- hanegraaff-orthodoxy-cri-watchman-nee.html

通りである。次の聖句でもそれは明らかである。「この恵みのゆえに、あなたがたは信仰によって救われたのです。それはあなたがたから出たことではなく、神の賜物です。行いによるのではありません。だれも誇ることのないためです」（エペソ 2:8~9）。

　自分たちの罪深さのゆえに神の救いに協力することができない、と聞くと、人々はつまずきを覚える。救いのために私たちができる唯一のことは、罪を認めることだということにもつまずく。神が信仰と、キリストの義という賜物を与えてくださるということにも同様だ。十字架は、私たちの罪をさらけ出し、私たちの贖いのために神がどれほど遠くからやってこられたかを示すものである。

　だから十字架の前に私たちは謙遜になる。神が私たちを救うために選ばれたとき、私たちがなすべき行いを除き去られた。比喩的に表現するなら、私たちの行いを棚の中にしまいこみ、「使用不可」と書かれたのだ。私たちの汚れた努力を横に追いやって、私たちの代わりに、主ご自身がそれをしてくださった。ここシカゴでは、毎週日曜日に数千人もの人々が教会に集い、イエスは救いに必要だという説教を聞く。しかし彼らに語られていないこと、それはイエスで<u>十分だ</u>ということである。

　神が私たちのためにしてくださったことに信頼するよりも、自分たちが救いのために何かを<u>しなければ</u>ならないと考えるなら、私たちは多くの借金を背負うことになる。あの悔いた取税人のように、胸を打って「神よ、罪人の私をあわれんでください」と言う者は幸いである。福音に行いを付け加えようとするなら、十字架のつまずきはなくなる。讃美歌の作詞者アウグストゥス・トプレディは、「私には差し出すものが何もない。ただ、十字架にすがりつくだけだ」と記している。

　十字架は、救いのために必要な人間の貢献すべてを、神が最終的

に拒否されたことの印なのである。

## ●イエスが私たちに代わって神の義の怒りを担ってくださっ たわけではない、と主張することは、キリストの十字架を 無意味にする。

　驚くべきことに、キリストの身代わりの教義に代わる教えを探し 求める福音主義者たちがいる。多くの方はご存じないであろうが、 スティーブ・シャルケという英国のアナウンサーで、多くの書物を 著している人物だ。その中の一冊『イエスの失われたメッセージ』 という本で、彼は新しい福音理解を提示している。彼は、キリスト 教は西洋社会で深刻な機能不全に陥っているので、改革が必要だと 言う。[4]

　残念ながら、アメリカにはより受け入れやすい贖いについての教 えを探し求める多くの福音派の人々が存在し、彼はそんな人々に向 けて語っている。

　シャルケはこう語る。イエスが十字架の上で死なれたとき、彼は 私たちの痛みと苦しみを背負ってくれた。しかしそれは、私たちの 罪に対する神の御怒りを受けてくださったことを意味しない。「十 字架は、父なる神が御子を虐待することではない。復讐に燃えた父 が、犯したこともない罪のゆえにその息子を罰したわけではないの だ。当然のことだが、教会の内でも外でも、このような曲がった理 解を道徳的に疑わしと思い、信仰の大きな障害となるという方もお られるだろう」。[5]

---

4.Steve Chalke and Alan Mann, The Lost Message of Jesus (Grand Rap- ids: Zondervan, 2003).

5.Harry Farley, "Steve Chalke: Heaven is not just for Christians," April 11, 2018, https://www.christiantoday.com/article/steve chalkeheaven-is-not-just-for-christiansexecute1/128317.htm

もちろん、私たちは天の父を復讐心に燃えた存在と見ることはできないし、御子を身代わりにしたと考えてはならない。なにしろ、「神はこの世を愛された」のだから。子どもを虐待するなど全くの見当違いである。キリストは自発的にこの地に来てくださり、私たちを罪から救ってくださったのだから。「わたしが再びいのちを得るために自分のいのちを捨てるからこそ、父はわたしを愛してくださいます。だれも、わたしからいのちを取りません。わたしが自分からいのちを捨てるのです。わたしには、それを捨てる権威があり、再び得る権威があります。わたしはこの命令を、わたしの父から受けたのです」（ヨハネ 10:17~18）。救いとは、三位一体の神の完全な同意のうえで行われた計画なのである。

聖書が明確に語るのは、罪に対する神の怒りであり、私たちが受けるべき罰をイエスが受けてくださったことである。

旧約聖書も新約聖書も、多くの箇所で、神の怒りを生々しく描いている。「主はねたんで復讐する神。主は復讐し、憤る方。主はご自分に逆らう者に復讐し、敵に対して怒る方。…… 主の激しい憤りの前に、だれが立てるだろうか。だれが、その燃える怒りに耐えられるだろうか。主の憤りは火のように注がれ、岩は御前に打ち砕かれる」（ナホム 1:2、6）。

新約聖書では、パウロが次のように語っている。「神が死者の中からよみがえらせた方、やがて来る御怒りから私たちを救い出してくださるイエスです」（第一テサロニケ 1:10）。黙示録は、神の怒りが罪人へ向けられていることを鮮烈に記している（黙示録 14:8~11 参照）。しかしシャルケは、17 世紀のリバイバリスト、ジョナサン・エドワーズの有名な説教「怒りの神の御手にある罪人たち」を批判し、「こんな残忍なレトリックは過去のものである」と述べている。[6] しかし、イエスが神の怒りを背負われたという事実は、

「わが神、わが神、どうして私をお見捨てになったのですか」という痛ましい叫びによって説明できるのである。

多くの福音派は、罪に対する神の怒りを否定しないが、それが「良い知らせ」ではないので、それを語ったり書いたりしない。神の愛のほうがより心に届くと信じて、キリスト信仰の積極的な面に集中する。しかし、神の愛のメッセージが、神の怒りや神の義と切り離されて理解されると考えるなら、十字架のつまずきは無力化されてしまうのである。

ジョン・ストットはこう語っている。「十字架を、私たちの<u>ため</u>になされたことと考える前に、私たちに<u>よって</u>なされたことと考えねばならない」。[7]　どこに神の偉大な愛の証拠を見ることができるのか？　十字架の上である。どこに罪に対する神の厳しい裁きと罪に対する怒りを明確に見ることができるのか？　それもまた十字架の上である。そのようにして、イエスは私たちの受けるべき怒りを背負ってくださった。そのゆえに、私たちの今があるのだ。もしもっと安易な方法があるなら、神は恐ろしい苦しみを御子に負わせられるはずがない。イエスは、私やあなたが受けるべきことを、背負ってくださった。<u>私たちの地獄を負ってくださったのだ。</u>そして神の義はここで満ち足りることになった。イエスだけが義なる存在なので、彼を信じる者たちも義とされるのである。「すなわち、ご自分が義であり、イエスを信じる者を義と認める方」（ローマ 3:26）。今や神は、恵みを土台として自由に御業を行われ、最悪の罪人を救うことができるようになられたのである。

もしこの福音の中心が否定されるなら、他の様々な教義もまた瓦解してしまう。神がご自身を現された仕方ではなく、あなたが神に

---

6.Ibid., 56.
7.John Stott, The Cross of Christ (Downers Grove, IL: InterVarsity, 2006), 63.

ついて信じたいと願うように神学を作り上げてしまったら、あなたは勝手に自分の好みで他の教義も作り出すことになる。

　私たちは、神の属性を勝手に選ぶ権利を持っていない。もし神がご自身を罪人に対して怒る存在として現されるなら、私たちはその神様を受け入れる以外に方法はない。そして私たちを救うため、神は御子を犠牲にするという道を定められたことを感謝するのだ。

　皮肉なことに、貧しい人々、軽蔑された人々、虐待された人々のために奉仕しているクリスチャンは、福音を分かち合うときに罪について話さないという。なぜならそれは「良い知らせ」ではないからということだ。しかし、悪い知らせこそ、良い知らせのための道を備えるのである！

　そう、確かに私たちは神の愛を強調すべきだ。なぜなら不当な扱いを受けた人々はすでに罪が存在することを知っているからである。しかし、神の聖や義を除外して、神の愛だけを強調してはならない。神の怒りと義から切り離されても、神の愛のメッセージは理解されると考えるとき、十字架のつまずきは力を失ってしまう。

　ジョン・パイパーはこう記している。「キリストが私たちのために死なれたとき、サタンは力を失い、敗北した。サタンが持っていた破壊的な兵器はその手から取り除かれ、私たちを罪に定め滅ぼそうとする彼の告訴も、彼と共に滅びた。キリストが死なれたとき、その訴えは破棄されたのである」[8]

　ここで質問がある。邪悪な形をとるすべての罪を認めることは、福音を素晴らしいニュースとするのではなかろうか？ 地獄の教理は、神の恵みと愛、そして天国の情景を、もっと驚くべきものとす

---

8.John Piper, "The Fall of Satan and the Victory of Christ," Decision Magazine, January 2018, 16.

るのではないだろうか？

　妻のレベッカと私は、足の悪いペットの犬の治療のために数千ドル支払ったという女性を知っている。その犬の名はモーリー。モーリーは深刻な障害を足に持っていて、外科手術が必要だった。現在、モーリーは家の周りをよちよちと歩けるほどまでに回復した。しかし犬は、自分のためにどれほどの費用がかかったかを知る由もない。分かっているのは、かつては歩けなかったが、今は歩けるということだ！　これと同じく、私たちも自分の救いのために払われた代価を推し量ることはできない。私たちが知っているのは、「私はかつて盲目だった。しかし今は確かに見える！」ということである。

## ・十字架を負って世界へ出ていく

　私たちはいかにしてイエスの招きに応え、十字架を負って従っていくのだろうか？

### ●他者に仕えることによって、十字架を負って世界に出ていく。

　イエスは、仕えられるためではなく仕えるためにこの世に来たと仰せられた。どのようにして古代教会は北アフリカに至るまで宣教していけたのかと、あなたは問うかもしれない。使徒後教父の一人として古代教会を導いたテルトゥリアヌスは、こう書き残している。「助けのない人々をケアすること、愛と親切を実践すること、これが多くの敵の目に焼き付いたのだ。彼らは言う。『見て！　あんなに愛し合っているよ。お互いのために死ぬことさえ覚悟しているよ』と」[9]

---

9.George Sweeting, Who Said That? More Than 2,500 Usable Quotes and Illustrations (Chicago: Moody, 1995), 78.

ベルリンで、ヴィルヘルム皇帝教会を訪れたことがある。第二次世界大戦で爆撃された教会だ。戦後、この教会が再建されたとき、キリスト像の右腕がどこにも見当たらなかったので、右腕なしで元の場所に戻された。傷ついた世界、希望なき世界において、私たちがキリストの腕となることを思い起こさせるためとのことである。

　ある神学者の言葉を分かりやすく言い換えてみよう。「あなたの周囲の苦しんでいる人々の中に、あなたがどれくらい入り込んでいるかを教えてほしい。そうすれば、あなたがどれくらい彼らを愛しているかをお知らせしよう」。


## ●信仰を証しすることにより、十字架を負って世界に出ていく。

　「愛想のよさ」の旗印のゆえに真のメッセージを隠そうとすることを拒むとき、私たちは十字架を負うことになる。クリスチャンの中には、自分は誰かを攻撃してないだろうかと不安がる人々がいる。そういう人たちは、決して十字架の祝福とそれが私たちに必要であるということを説明しようとしない。私たちは、臆病で愛想良い人になってしまう。また、すぐに不快感を与えない人になってしまう。

　一方、攻撃的なクリスチャンも多く存在する。彼らは私に対しても押しが強い。あなたに対してもそうだろう。彼らはすぐに良し悪しを判断する。親切というものを知らない。彼らには愛嬌がない。批判すべき対象を探していて、自分はすべてにおいて「正しい」と思い込んでいる。彼らは、真実を伝えようとして、「長話し」することが好きである。

　最も効果的な福音の宣伝者は、他人の話をよく聞くクリスチャンである。他者に仕えたいと願っている人は、だれにでも受け入れられる。もっとも効果的な福音の宣伝者は、深い確信を持ったクリスチャンであり、贖われた者として行動する人である。このようなク

リスチャンは、個人的犠牲を払いながらも信仰を分かち合っている。このようなクリスチャンは、「イエスの辱めを身に負い、宿営の外に出て」行く（ヘブル 13:13）。彼らは喜びをもってそれを行うのである。

シェルダン・ヴァノーケンは、『厳格な憐れみ』という本の中で、初めてクリスチャンたちと遭遇した夜のことを書いている。キリスト教について最もよく議論するのは、クリスチャンである。彼らの喜び、確信、そして完全性について議論している。しかしキリスト教に最も反対する議論をするのもまたクリスチャンである。暗くて喜びがない時、自分を神聖化して自己の義を立てうぬぼれている時、偏狭で抑圧的になる時、キリスト教は、数千人の死者（棄教者）を生み出してしまう。実のところ、キリスト教には質の良い喜びという堂々とした証拠があり、それは他に類を見ないほどである。もしこのことが確かにされるならば、キリスト教は非常に高い規律をもっているという証拠であろう」。[10]

多くのクリスチャンは、自分がキリストを信仰していることを黙っている。それは「聖書ばか」と思われたくないか、宗教的右派という烙印を押されたくないからである。しかしそんなステレオタイプのクリスチャン像を払拭するためには、深い個人的な確信を持って自分たちの信仰を表明し、さらに愛と親切に満ちた態度で、犠牲を厭わずに人を助けることが必要である。

イエスは、ご自分と一つになることを恥ずかしく思う人々について、こう語っている。「わたしとわたしのことばを恥じるなら、人の子も、父の栄光を帯びて聖なる御使いたちとともに来るとき、そ

---

10.Sheldon Vanauken, A Severe Mercy (New York: Harper & Row, 1977), 85.

の人を恥じます」（マルコ 8:38）。

　もし私たちがキリストと一つにされているという特権に喜びがないのなら、神から善きものが頂けると思ってはいけない。イエスはこうも語っている。「人々があなたがたを憎むとき、人の子のゆえに排除し、ののしり、あなたがたの名を悪しざまにけなすとき、あなたがたは幸いです」（ルカ 6:22）。世の中が福音に憎しみを示すというのは、良い兆候であろう。この世は、キリストのメッセージにつまずきを覚えているのであって、私たちが世に不快感を与えているからではない。

　ある人が、「伝道とは、極貧の人が、パンを見つけたと他の人に告げるようなことだ」と語っていた。傷ついたこの世界の人々を、神のテーブルへと招待しようではないか。私たち自身が、疲れた魂を満たす食物を見出したところである。神は、私たちの証しを必要とする人々をすでに用意しておられる。


### ●拒絶に仕返しすることなく、十字架を負って世界に出ていく。
　短く、迫害というテーマに戻ろう。

　私たちが苦しむとき、それは十字架を負っていることである。アメリカ人として、信条や教えによって迫害を受けるようなことは絶対に受け入れられないことを、私たちは表明すべきである。私たちは弱虫になるべきではない。真理に背くことを否定すべきだし、自分の信念を公言すべきである。マルティン・ルターと同じく、私たちクリスチャンの良心は「神の言葉に捕らえられている」。[11]

　しかし、可能な限り、私たちはそのような確信を、恨み、脅し、

---

11.John MacArthur, "A Conscience Captive to God's Word," Grace to You, April 3, 2014, https://www.gty.org/library/blog/B140403.

報復などなしに、また人を指さすことなしに持つべきである。私たちはイエスをモデルとして従うだけでなく、パウロの姿勢にも見習うべきである。「今この時に至るまで、私たちは飢え、渇き、着る物もなく、ひどい扱いを受け、住む所もなく、苦労して自分の手で働いています。ののしられては祝福し、迫害されては耐え忍び、中傷されては、優しいことばをかけています。私たちはこの世の屑、あらゆるものの、かすになりました」（第一コリント 4:11~13）。

　私たちは、イエスがどのように迫害に耐えるかについて教えてくださったことを忘れてしまっている。

　「ののしられても、ののしり返さず、苦しめられても、脅すことをせず、正しくさばかれる方にお任せになった」（第一ペテロ 2:23）。

　これは、私たちが口先で言うだけのことではない。私たちが拒絶されたとき、どう対応するかということである。

## ●最も罪深い人々を福音へ導くことにより、十字架を負って世界に出ていく。

　D.L. ムーディーは、ムーディー教会とムーディー聖書学院を創設した人物である。神はどんな罪人をも救う力を持たれていることを、彼は疑うことなく信じていた。彼の説教の抜粋に耳を傾けてみよう。

　「昨晩、一人の若者が、自分は余りも罪深いので救われることなどあり得ないと私に話しかけてきました。しかし、キリストは、そのような人のために来られたのです！ 人々がキリストを告発したのは、彼は悪人を受け入れられたからです。悪人こそ、キリストが喜んで受け入れなさる人なのです。あなたがすべきことは、自分が罪人であることを示すことです。そうすれば、あなたには救い主があることを示しましょう。罪人が悪ければ悪いほど、救

い主の偉大さも大きくなるのです。あなたは、自分の心は固いと言います。それなら、キリストにその心を柔らかくしてもらえばいいのです。それを自分ですることはできません。固い心であればあるほど、キリストはあなたにとって必要になってきます。もしあなたの罪が、暗い山々のようにあなたの前に立ちはだかるなら、キリストの血はそのすべての罪からあなたを清めてくださることを心に留めてください。キリストの血の力に勝る罪はありません。キリストの血が覆えないほどの、大きくて、腐敗して、下劣な罪などはないのです」。[12]

　私はとても魅力的なタイトルの本を読んだ。『ニュルンベルクでの宣教』である。ニュルンベルクで絞首刑にされた21人のナチ戦犯のチャプレンだった一人のルーテル派牧師の物語だ。[13]（戦犯の一人だったハーマン・ゴーリングは、死刑執行人を欺いて、処刑前夜に毒薬を飲んだとのこと）アメリカ政府は、これら戦犯のために牧師が必要だと決定した。中には反対意見もあったが、最終的にヘンリー・ゲレックが選ばれた。彼はセントルイス出身で、ドイツ語を堪能に話せる人物だったので、この戦犯たちのチャプレンに任ぜられたのだ。
　人々はゲレックに「そんな奴らと握手なんかするんじゃないぞ！」と忠告した。彼は、「いえ、もし彼らが私のメッセージを信じようとするなら、彼らと親しくならねばなりません」と答え、戦犯たちと握手を交わして交わりを深めたのである。21人の囚人たちのう

---

12.Timothy George, ed., Mr. Moody and the Evangelical tradition (New York: T&T Clark International, 2004), 5.
13.Tim Townsend, Mission at Nuremberg: An Anerican Army Chaplain and the Trial of the Nazis (New York: Harper Collins, 2014).

ち、6 人はカトリック教徒で、15 人がプロテスタント教徒であった。礼拝を何回か行う中で、彼らの何人かは主の祈りを唱え、信条を学ぶようになった。ゲレックによると、5 人の戦犯（可能性としては 7 人）が処刑前にキリストを受け入れたとのことである。

　ヒトラーの下で外務大臣だったリーベントロプは、処刑される直前に、「彼は全世界の罪を取り除く小羊の血に信頼を置いた」。[14]

　ヒトラーの部下だった悪人たちの何人かが天国に行ったという事実は、私たちにとってつまずきになる。特に、彼らによって拷問された人の何人かは、天の都に入れないかもしれないことに気づくならば。しかしこれこそ、十字架のつまずきの一部分である。恵みはどんな罪深い人に対しても分け隔てなく与えられる。その福音を信じるか否かが、唯一問われることなのだ。

　神はこう言われているのだ。「イエス・キリストが十字架の上で命を差し出してくれたゆえに、イエスを信じた人ならどんな犯罪人でも救すことができる。しかし、健全な生活を送り、紳士的で、正直に納税する人であっても、イエスを信じないなら、その人を救うことはできない」と。

　もう一度言う。恵みは、私たちの考えとは正反対である。功績があるかどうかとは無関係に与えられるからだ。むしろ、全く功績がないときこそ、恵みは明確に見られる。恵みは、それを受け取る人々にとって何の限界もないほど大きい。

## 弱さの中にあるイエスは、王の冠をもたれる

　故ナビール・クレッシは、イスラームとして育てられたが、後年、クリスチャンになった。彼は、『アラーを求め、イエスに出会う』

---

14.Ibid., 271.

という素晴らしい本を著した。彼がイスラームであったとき、キリストの十字架を、キリスト教の神概念における弱さだと見なしていた。それは挫折だと。しかしその後、こう考えるようになった。もし神がすべてを支配する力をお持ちの方であるなら（まさにそれが神であることだが）、その神とは独裁者のようなものであり、服従を命じる暴君ではないだろうか。その考え方によっては、神がまた憐れみ深いと推測する理由など、ありそうもない。[15]

　しかし、今はクリスチャンとして、クレッシは十字架の力を深く理解している。彼は、自分がなぜ十字架を神の強さと思うようになったか説明してくれた。彼は、イエスというお方によってはじめて、神が単にすべてに力あるというだけでなく、愛と憐れみをもっておられることに気づいたのである。一見すると弱いと思われたことは、実は強さだったのである。

　このことは、パウロが新約聖書の中で明確に教えている。「キリストは弱さのゆえに十字架につけられましたが、神の力によって生きておられます。私たちもキリストにあって弱い者ですが、あなたがたに対しては、神の力によってキリストとともに生きるのです」（第二コリント 13:4）。

　ここに、素晴らしい例話がある。

　アフリカで火事が発生し、ある小屋がたちどころに燃えてしまった。小屋に住んでいた家族のうち、一人を除いて全員が焼け死んでしまった。見知らぬ一人の外国人が燃えている小屋の中に走りこんで、小さな男の子だけを助け出したのである。次の日、部族の人々は集まり、この男の子をどうしようかと話し合っていた。集まって

15.Nabeel Qureshi, Seeking Allah, Finding Jesus: A Devout Muslim Encounters Christianity (Grand Rapids: Zondervan, 2014).

いた中の一人が言った。「私は知恵がある。私が面倒見よう」と。
すると別の人が「それもいい。でも私にはお金がある」と言った。
その話し合いの席に、男の子を救った外国人がそこに現れ、自分に
は優先権があると言った。そして人々に自分の手を見せたのだ。そ
の手には、前日の救出の際に受けた火傷が残っていた。

　同じように、イエスの傷は彼の犠牲と、私たちに対する優先権を
示している。

　　　ほかの神々は強かったが、あなたは弱かった。
　　　ほかの神々は馬に乗ったが、

　　　　　　　　　　　あなたはよろけながら王座につかれた。
　　　しかし、私たちの傷のためには、

　　　　　　　　　　　神の負われた傷だけが語り掛ける。
　　　他の神々は傷を受けないが、

　　　　　　　　　　　あなただけは受けてくださったのだ。[16]

　イエスはよろめきながら王座につかれ、弱さのうちに十字架にか
けられた。彼は、昔も今も王であられる。彼は十字架の上から支配
されている。イエスと共に十字架にかけられた盗賊に対して、「あ
なたは今日、私と共にパラダイスにいる」と語られた。殺されよう
としている救い主の権威により、極悪人たちと共に朝食をとってい
たこの盗賊は、王なるキリストと共に夕食をとったのである！

　キリストの十字架は、この世界を二つのグループに分けた。しか
しそれは黒人と白人の区別でも、国や国籍や年齢の違いでもない。

---

16.Edward Shillito, "Jesus of the Scars," The Jesus Question posted October 28, 2013, https:/ /thejesusquestion .org/2013/10/28/jesus- of- the-scars-by- edward-shillito/.

救われている人々とそうでない人々である。「十字架のことばは、滅びる者たちには愚かであっても、救われる私たちには神の力です」（第一コリント 1:18）。

　だからパウロがこう語るのも決して不思議ではない。「しかし私には、私たちの主イエス・キリストの十字架以外に誇りとするものが、決してあってはなりません。この十字架につけられて、世は私に対して死に、私も世に対して死にました」（ガラテヤ 6:14）。明らかに、この世はまだ死んではいない。しかし私たちはこの世に対して死んだのである。

　「歴史という名のドラマが終わる時、イエス・キリストだけはそのステージに立ち続けられるだろう。その時、歴史上の偉大な人物たちは、自分たちは出演者ではあったが、神が真の演出家であったことに気づくだろう」とヘルムート・ティーリケは語っている。[17]

　イエス・キリストのみがステージに立っておられる。そして彼によって贖われた者たちが、その傍らに控えることになるのだ！

---

17.Helmut Thielicke, The Waiting Father, quoted in Paul E. Litde, Know What You Believe (Downers Grove, IL: InterVarsity, 2003), 184.

# 第9章　教会の外におられるイエス
## ～祈らない講壇、満足しきった聖徒たち、
### そして霊的な盲目～

「One City（一つの街）」という伝道団体は、次のようなテーマで
クリスチャンが一致するために献身している。そのテーマとは、「教
会のため、私たちの国家のため、そして全世界のために祈る」であ
る。彼らの宣言の前文を見てみよう。

　重い心で、私たちは次のように認めざるを得ない。アメリカの
教会は霊的危機に陥っている。黙示録が警告している諸教会のよ
うに、私たちは生ぬるく、世に妥協しており、そして証しの輝き
は陰っている。聖書の教えやそのための資料は歴史のどの時期よ
りも整っているにもかかわらず、聖霊の超自然的な力が現されて
いないと告白する。私たちは、失われて崩壊しつつある文化のた
だ中で、キリストのために広くインパクトを与えていないことを
知っている。[1]

今こそクリスチャンは、教会の霊的な健康について考えねばなら
ない。黙示録に書かれているように、イエスが初代教会を評価した
目で、私たちの教会を精査すべきである。このことは、現代にも直
接的な意義がある。昔そうだったように、今もそうなのだ。

私たちは、以下の3つの質問の答えを求めている。

---

1. "A Declaration of Spiritual Emergency," OneCry, https://onecry.com/join/.

①なぜイエスはラオデキヤの教会に対し、教会の扉の外からノックし、中に入れてくれるように願ったのだろうか？

②どのようにして私たちはイエスを教会の中に、そして個人の生活に招き入れるのか？

③どんな報酬を、イエスは栄光ある招きに応じた者たちに約束しておられるのか？

　この章は批判であり、また希望であり励ましである。イエスは、神の栄光を現すために私たちが必要としているすべてを与えようとしておられることを忘れてはならない。次の黙示録の箇所は、今までも何度も読んできただろう。しかしもう一度、教えられやすい心、開かれた耳をもって再読しよう。主はこう語っておられる。

　また、ラオディキアにある教会の御使いに書き送れ。『アーメンである方、確かで真実な証人、神による創造の源である方がこう言われる──。わたしはあなたの行いを知っている。あなたは、冷たくもなく、熱くもない。むしろ、冷たいか熱いかであってほしい。そのように、あなたは生ぬるく、熱くも冷たくもないので、わたしは口からあなたを吐き出す。あなたは、自分は富んでいる、豊かになった、足りないものは何もないと言っているが、実はみじめで、哀れで、貧しくて、盲目で、裸であることが分かっていない。わたしはあなたに忠告する。豊かな者となるために、火で精練された金をわたしから買い、あなたの裸の恥をあらわにしないために着る白い衣を買い、目が見えるようになるために目に塗る目薬を買いなさい。わたしは愛する者をみな、叱ったり懲らしめたりする。だから熱心になって悔い改めなさい。見よ、わたしは戸の外に立ってたたいている。だれでも、わたしの声を聞いて戸を開けるなら、わたしはそ

の人のところに入って彼とともに食事をし、彼もわたしとともに食事をする。勝利を得る者を、わたしとともにわたしの座に着かせる。それは、わたしが勝利を得て、わたしの父とともに父の御座に着いたのと同じである。耳のある者は、御霊が諸教会に告げることを聞きなさい。（黙示録3:14~22）

　まずテキストをそのままに読み、そして各場面を切り取って精査してみたい。

## 牧師たちへの最初の言葉

　イエスは、各教会への手紙をこの言葉で始めている。「御使いに書き送れ」と。ここでいう御使いとはだれか？　ここで言われている<u>御使い</u>とは、<u>メッセージを語る人</u>のことだと多くの人は考えている。事実、当時の教会には会衆にイエスの手紙を読む責任をもつメッセンジャーが存在していた。私たちは牧師として、イエスからのこの手紙が<u>私たちの</u>教会に届けられたものと受けとめ、熟慮するべきである。現在の状況を守ろうとするのではなく、私たちは牧師として、教会が喜んで犠牲的に奉仕する可能性を開くために、召しを受けているのである。ここでも言われているように、講壇の状況は教会の状況そのものだ。

　ドイツ人の友人から聞いた話しだが、彼はハンドベルクワイアの演奏が含まれているコンサートに出席した。その演奏の途中に酔っ払いが歩いてきてテーブルにかけられた布を引っ張ったので、その上にあったハンドベルの位置が滅茶苦茶になった。しかし曲は演奏し続けられ、途切れなかった！　もちろん演奏者たちは当惑したけれど、動きをやめなかった。彼らはただ動いていただけで、あらかじめ録音してあった曲がスピーカーからそのまま流れていたからで

ある。動いてはいるが、彼らのコンサートではなかった。

　牧師として、私はしばしば自問する。もし神が私たちの教会で、週報に掲載されていないことをなさりたいと願われるとしたらどうなるだろうか？　私たちは牧師として、聖霊の導きに心を開いているだろうか？　それとも、現在と未来に対する新鮮な聖霊の風を無視して、過去に拠り頼んでいるだけではないか？　音楽を実際に奏でているのか、それともそのふりをしてるだけなのか？

　今から、いくつか難しい質問をしたい。中毒症状や、誤った結婚や、放蕩などに陥っていた人々が、神の家族に帰ってきたという実例が、どうしてこんなに少ないのだろうか？　イエスからの手紙には、祈りが為されていないことについては触れられていないが、この後に見るように、悔い改めの中には祈りも含まれているのだ。

　私はかつて、ブルックリン・タバナクルの牧師ジム・シンバラに尋ねたことがある。火曜夜の祈祷会の前、教会の扉が開くまで、多くの人々が列をなして教会を取り囲んでいるのはなぜかと。彼はこう答えた。「もし神が祈りに応えてくださる方だと本気で信じているなら、あなたの教会員もこのように祈りをささげるでしょう！」。

　もし神が祈りに応えられることを、私たちが信じるなら！

　私は彼の返答を通して、自分の中の皮肉めいた思いを指摘されたような気がした。祈りは変化を生み出すと信じていなかったゆえに、祈りを煩わしいことだとさえ思っていなかったことが、何度あっただろうか？　私たちはみな、祈っても答えられない経験を分かち合っている。もしそんな経験を積み重ねているなら、いつしか「祈りって何の役に立つのか？」と言いたい気持ちになってしまう。答えられない祈りは神に直接拠り頼むことを思い起こさせてくれることを、私たちは忘れている。失望こそ、希望と悔い改めを生み出すのである。

　もし説教が人々を罪や中毒性から解放していたなら、私たちは
とっくに聖なる人間になっているだろう。しかし説教も、聖書研究
も、そしてセミナーも、聖霊の傾注とキリストの体なる教会のイン
パクトがないなら、確かな結果を持続させることはできない。その
結果、何年もの間、人々は感動も霊的成長もほとんど得られなくなっ
てしまう。彼らは同じ罪で苦しみ、同じ行動パターンに陥り、そし
て同じような内外の葛藤で悶えることになるのだ。

　私たちは、イエスが与えてくださる診断書に注意深く耳を傾ける
べきだ。主は、「アーメンである方、確かで真実な証人」（黙示録 3:14）
と語り始めておられる。アーメンという言葉は忠実という意味で、
信頼に足るということである。だからイエスはこう仰せられる。「わ
たしはあなたがどんな存在であるか、正しい分析結果を与えよう」
と。わたしの診断結果は 100% 正しい。わたしはあなた自身につい
ての真実を告げよう。特にあなたに見えていないことについて。こ
れはわたしにとって非常に重要なことなのだから。

　次のフレーズについて、エホバの証人たちは間違った解釈をして
いる。「神による創造の源である方」という箇所から、彼らはイエ
スも創造されたものと捉えている。しかしこの箇所はもっとシンプ
ルに、イエスは、神に造られたものを創造された方という意味に捉
えるべきである。「天と地にあるすべてのものは、見えるものも見
えないものも、王座であれ主権であれ、支配であれ権威であれ、御
子にあって造られたからです」（コロサイ 1:16）。

　A.W. トゥザーは次のように書いている。「真実を説教し、それを
聴衆の生き方に適用させる人は、釘といばらの痛みを感じるであろ
う。その人は厳しい人生をおくるだろうが、それは栄光の人生であ
る。そのような預言者が多く立てられるように。教会にはそのよう
な人々が不可欠なのだ」。[2]

アーメンと言おうではないか！　では、私たちの創造主であり、救い主であり、頭なるお方の声を聴いていこう。

## 教会の外におられるイエス

　教会を愛し、教会をご自身の栄光のために造られたイエスが、どうして教会の中に居心地の悪さを感じておられるのだろうか？　どうして彼は、中をうかがうように外側からノックしておられるのか？

### ・生ぬるさに気づいていない

　イエスは、教会の霊的な温度についてこう指摘している。「わたしはあなたの行いを知っている。あなたは冷たくもなく、熱くもない。むしろ、冷たいか熱いかであってほしい。そのように、あなたは生ぬるく、熱くも冷たくもないので、わたしは口からあなたを吐き出す」（黙示録 3:15~16）。手厳しい言葉である。救い主の口から吐き出される自分のことを想像してもらいたい。

　この箇所はよく誤解されてきた。私が聞いた解釈はこうだ。「本当は熱い方がいい。しかしもしあなたが熱くないのなら、冷え切ったままで、死んでしまう方がましだ。わたしは、あなたが生ぬるいことを最も嫌う」と。しかし、これは間違った解釈だと思う。

　数年前、レベッカと私は、黙示録に登場する 7 つの教会のある諸都市を訪問したことがある。ラオディキアの都市遺跡を私たちは歩き回った。そして 1 マイル先に、ヒエラポリスと呼ばれる高原があることを発見した。そこでは熱湯に近い温水が湧き出ており、今もその遺跡が見られる導水路を通って、ラオディキアに流れ込んでい

2.A. W. Tozer, Of God and Men (Chicago: Moody, 2015), 25-28.

た。一方、その都市の反対側においては、コロサイ方面からの冷たい水が流れ込んでいた。

　イエスが熱い水と冷たい水と言ったのは、共に良いものだったからである。熱い水は体を癒し、冷たい水は体をリフレッシュさせる。ともに必要であり、どちらも祝福なのだ。熱くあれというのは、あなたが希望なき人々、助けが必要な人々に癒しを与えることができるからである。一方、冷たくあれというのは、疲れている人々をリフレッシュできるからである。「熱いか冷たいか、どちらかであれば素晴らしい。しかし生ぬるくなるな。さもないと、わたしはあなたを吐き出す」とイエスは言われたのだ。

　多くの教会はぬるま湯に浸かっている。周囲に無関心で、自己満足的になり、キリストへの情熱が欠け、必死さがなくなっている。多くの教会では祈祷会が行われていない。証しができるクリスチャンの数も少ない。ある教会員がこう私に言った。「私たちの町のフットボールチームが勝っている間、教会ではこのことの他に重要なことはない」。

　使徒行伝の教会に思いをはせてもらいたい。彼らはローマ議会に代表をおくってはいなかった。エルサレムの支配者に何の影響力もなかった。政治的に彼らは無力であったが、決して無視されはしなかった。彼らは熱い水のように流れ出し、霊的に死んでいた人々に命を与えていた。また別の時には冷たい水が泉から湧き出るように、人びとに生気を与え、キリストの証人となる勇気を与えたのである。

　今日、私たち福音派は現代文化によって委縮させられている。すでに強調されてきたことだが、私たちは誰に対してもつまずきとなりたくないと思っている。中絶や同性婚に関する面倒な裁判の判決に抗議の声を上げたくない。目的なく流されてる丸太のように、現代文化という川の中で流されてしまっている。語るべき時に沈黙し、

行動すべき時に受身になっている。

　イエスは私たちに、地の塩、世の光になれと語られた。しかし私たちはどちらにもなれていない場合が多い。塩が塩けをなくしたら、「外に投げ捨てられ、人々に踏みつけられるだけです」（マタイ5:13）。光は揺らぎ、消えてゆき、暗闇が支配するのだ。イエス・キリストの教会がこの世の最高の希望であることを私たちは忘れてしまったのだろうか？　窮地に立たされると、それを忠実さのテストと捉えるのでなく、自分の弱さに打ちひしがれ、怒りで煮えくり返り、おそらく希望のない状態になってしまうのである。

　古代ラオディキアの都市は、今日、廃墟と化している。崩れた石の間を歩き回りながら、私はこう思った。「イエスが口から吐き出したゆえに、こんな惨状になってしまったのだろうか」。もちろん歴史的に見れば、この解釈は正確ではない。なぜならイエスがこう伝えなさった教会は、悔い改めたからである。しかしもし長い目でみるなら、ラオディキア教会の光は数世紀で消えてしまったということになる。現在もこの地では、かつて熱い水と冷たい水を都市へ流し込んでいた水路を見つけることができる。しかし水路の内側は乾き切っている。この都市に祝福を運んでいた流れは、消滅して久しいのである。

　イエスはラオディキアの教会を、生ぬるく、無関心で、この世のことばかり考えていると非難された。彼らは教会の中では生ぬるかったが、当時の文化的価値を取り入れることには人一倍長けていたようである。

## ・富に満足してしまう

　イエスは続けて、「あなたは、自分は富んでいる、豊かになった、足りないものは何もないと言っている」（黙示録3:17）と語る。こ

れは都会にある教会に当てはまる。その教会は「富裕層」を引き付ける磁石のようである。そんな教会の会衆は、自己充足している。ラオディキアは、重要な通商ルートの交差点だった。そのため、近くにある他の都市以上にラオディキアは繁栄していた。実際に人々が癒しを得る中心地となっていた。また、浴場を持ち、目が悪くならないようにする軟膏も作られていた。これらの癒しのことでこの都市は有名になり、豊かになっていた。

次に織物について話してみよう！ 彼らは豪華な衣服やじゅうたん、ラオディキア産と言われる長衣服を生産していた。誰もが良い服を着ていた。何が悪いのか。神の祝福と繁栄の約束を喜ばないでおれようか。しかしイエスは、常に真実を語られると約束される方なのでこう言われた。「実は……貧しくて、……裸であることが分かっていない」（黙示録 3:17）と。

現代アメリカの福音派は、自分たちの文化様式とクリスチャンの生活様式を区別していないようである。繁栄は確かにすべての福音派のクリスチャンが正しいと認めているものだ。私と私の家族は豊かで、中産階級のライフスタイルを保ち続け、貧困のことなど意識してこなかったことを、まず最初に認める。しかしこのイエスの言葉に出くわして以来、これが私の心を捕らえて離さないのだ。私は自問している。どの程度まで、この快適なライフスタイルは、私の心と愛情の本当の姿を見えなくさせているのだろうか？

最近、私たちはチェコ共和国を訪れた。そこで聞かされた話がある。共産主義が崩壊する前、教会は活気に満ちていた。信徒の数は少なかったが、信仰において妥協することなく、真実にキリストに仕えてきた。彼らの献身的態度は祈りと教会の交わりによって強められていた。しかし悲しいことに、共産主義の崩壊とともに、教会へ集中する思いが消散してしまった。豊かになった若い世代は、キ

リスト教に対しても、聖書に対しても、福音そのものに対しても、関心が低くなってしまった。彼らは金儲けに忙しくなり、この世を楽しみ始めたのだ。そして結局のところ、繁栄を求める文化の一部となってしまった。彼らはアメリカ人のように生きたいと願うようになったのである。

　アメリカでは、長きにわたる繁栄によって、若者たちに、両親の時代ほど教会やその働きに忠実でなくとも良いという考えが生まれてしまった。下品な映画に反対する人はほとんどいなくなり、代わりにセックス中心のライフスタイルを受け入れ、様々な教義においてこの世と妥協するようになった。そのような人々は、私たちが現に生きているような、自分を受け入れるという文化を手に入れてしまったのだ。アメリカ文化を素晴らしいと思い、それを「教会文化」だと見なすようになった。

　イエスは、身体的な意味で貧困にならなければ神との生き生きとした関係をもつことができないとは語っておられない。しかし、繁栄を求める文化の中では、真の礼拝者を育てることは不可能に近いと警告しておられる。全く不可能というわけではないが、裕福な人間が神の国に入るのはとても難しい。今日、クリスチャンのライフスタイルはアメリカ人のそれとなっている。もっとはっきり言うなら、クリスチャンである私たちが、世俗的な文化となっているのである。

　ウィルバー・リースは『３ドルの神』という著書の中で、リスクのない信仰について、こう語っている。


　　私は３ドルの価値の神を買いたい。私の魂を覆すことや私の眠りを妨げることをしないで、一杯の温かいミルクや、太陽の下でのうたた寝を与えてくれる神でいい。黒人を愛せるようにしてく

れたり、出稼ぎ労働者と共に働くようにしてくれる神などいらない。快感はほしいが、自分の生き様が変わることは求めない。心の内に温もりを感じたいが、新しく生まれることは求めない。紙袋に入る 1 ポンドほどの永遠性がほしい。私は 3 ドルの価値の神を買いたい。[3]

<u>3 ドルの価値の神とは！</u> 私たちは、病を癒やす病院ではなく、社交クラブのような教会の方を好んでいる。確かに、私たちは二つの世界の良いところを持つことができる。地上というこちらの世界で楽しみ、天国という向こうの世界でも楽しむのだ。こちらの世界にいるときは、あなたは教会に出席しさえすればいい。少しだけ、あるいは「主の導きと感じた」だけ、献金したらいい。子どもたちを日曜学校やキャンプに連れて行きさえすればいい。イエス様にこう言ってもらえることを期待せよ。「よくやった！ 良い忠実なしもべだ。あなたは教会で 3345 回もの説教を聞いたのだから！」と。

だが、イエス様は私たちにこう言っておられる。「あなたは（そして私たちも）富んでいて、繁栄していて、自己満足しているが、わたしには貧しく裸の者のように見える」と。おそらく、いわゆる繁栄の福音を語るテレビ説教者ほど、強い口調ではないだろう。彼らは悪魔的な計画で、教会から宣教の使命を奪おうとしている。「繁栄の福音」の教えは、人びとを誘惑して、お金を献げることで主に仕え、世界宣教に貢献していると思わせているだけである。そんな教えに感化された人が、イラン、イラク、エジプトで殉教するほどまで熱心に信仰を貫こうと思うだろうか？ 彼らの中に、迫害下の神学、殉教者の信仰、癒しを求めても応えられない祈りが果たして

---

3.Wilbur E. Rees, $3. 00 Worth of God(Valley Forge, PA: Judson Press, 1971).

あるのだろうか？

　ラオディキアの教会は、イエスによって非難された。その富が、自分たちは霊的にも良くやっている、という誤った見解を人々に与えたからだ。そのような幻想は絶えることがない。

　しかし最悪の診断は、まだ下されていない。


## ・自己欺瞞的な喜び

　いまから最も重大な箇所に入ることになる。すでに私たちは、自らをだますこと（自己欺瞞）の概念について触れた。しかしイエスはもっと明確に語っておられる。教会は、自分たちは「良いものに富み、何一つ欠けるところがない」と自任していた。だがイエスは反対に、あなた方は「みじめで、哀れで、貧しくて、盲目で、裸である」と指摘された。

　この教会のクリスチャンたちは、イエスとは全く異なる評価を自分たちにしていたのである。人々は自分たちがとても熱心だと感謝していたが、イエスは彼らを「生ぬるい」と評された。人々は自分たちが豊かで満ち足りていると考えていたが、イエスは「貧しい人々」と語っておられる。こんな違いがあっては、人々は悔い改めなどできるはずがない。「私たちは十分なお金を持ち、多くの友がおり、教会も安定している。3 ドルの価値の神でいいのだ！」と。

　そんな人々を見て、イエスは「みじめで、哀れで、貧しくて、盲目で、裸である」と語り掛けられた（黙示録 3:17）。この言葉を言い換えて、私たちに適用してみよう。私たちはこう考えるかもしれない。「私たちが哀れで貧しいとは、どういう意味ですか？ 私たちに退職金がないとお思いなのですか？ 最新技術のテクノロジーが手に入らないとでも？ 教会の成長をご覧になってないのでは？ この都市でどれだけ尊敬されているかご存知ない？ もう一度伺いますが、私

258

たちが哀れで貧しいなんて、本当にそうお思いなのですか？」

　イエスは言葉を続け、「盲目で、裸である」と語られた。盲目だって？　ラオディキアの人々は、イエスにこの都市のことを思い起こさせようとするだろう。近くには、視力を回復させる薬が入手できる治療センターがあるのだ（黙示録 3:18）。しかしイエスは「間違いない。あなた方は盲目だ」と言われる。

　加えて、「あなたたちは裸である」とも言われている。

　これを聞いて、耳を疑う人もいただろう。「裸？　私たちはこの街で最高のドレスを着ているんですよ。この服が欲しくて、他の都市では争奪戦が起こっているんです。このコートは、だれもが欲しがる有名な商標が付いているんですよ」。

　しかしイエス様は「申し訳ない。でもあなたたちは裸だ」と言われる。

　彼らの問題とは？　彼らの意見とイエスの意見には、おおきなズレがあった。ラオディキアの人々は、自分たちの教会の評価を「B+」とするが、イエスは「F」とされたのだ。彼らは霊的に盲目なので、本来見るべきものが見えなくなっていた。彼らは、自分たちの見たいものだけを見ていたのである。

　ムーディー聖書学院の牧師研修会でのこと、ウガンダから来られた一人の牧師が、自国内における激しい虐殺の状況を語ってくれたことがある。

　「私たちは、このような恐ろしい虐殺があるまでは、祈りを捧げていませんでした」そして会衆である私たちにこう尋ねた。「あなた方アメリカ人が神を求めるのは、熱心さのゆえですか？　それとも将来、荒廃してしまうからでしょうか？」皆さんも、私に賛同して、熱心さのゆえであって、荒廃のゆえでないと言われると、私は確信している。

私たちは外側から人を見て裁くことを、主は思い起こさせてくだ
さった。しかし主は、私たちの内面をご覧になって裁かれる。主
は、私たちがどれくらい主を愛しているかを見て裁かれる。主は私
たちの表面の下にあるものをご覧になって、次のように言われるの
だ。「あなたたちは自己満足が過ぎる。教会の中でわたしのいるべ
き場所が、他の興味や関心によって占められているように感じる。
だからわたしは教会の外に出たのだ。しかしあなたたちから離れて
しまっているわけではない。わたしは本来の場所に戻りたいと願い、
ノックしている。わたしを再び中に入れてもらいたい！」と。

## イエスを再び教会の中へ

　イエスは私たちから離れることはない。どのようにしてイエスを
教会へ呼び戻せるかを教えておられる。

　彼らが貧しいゆえに、特別な金を差し出される。「火で精練され
た金をわたしから買い……」（黙示録 3:18）。イエスは、ここで市
場用語を用いられている。「私と取引き（ビジネス）をしよう！」
というわけだ。救いは買い取ることなどできない。火で洗練された
金は、悔い改めた者に無代価で与えられる。イエスは、本当の富を
増し加えるこれらの霊的資産を経験するために、ご自分のもとへ来
るよう呼び掛けておられる。イエスとの取引きによって、多くの「商
品」が実際に無料であることに私たちは驚くのである！

　聖書の中でダビデはこう語っている。「それらは、金よりも多く
の純金よりも慕わしく」（詩篇 19:10）。ここでいう純金とは、イエ
スご自身である。イエスは言われる。「あなたは、わたし以上にこ
の世の金（お金）に重きを置いている。もしわたしをこの世のもの
よりも大切に思わないのなら、わたしはあなたを口から吐き出すだ
ろう」。

「私の金で、あなたは真に豊かになる」。

彼らの目が見えないゆえに、主は目薬を差し出し、「目が見えるようになるために目に塗る目薬を買いなさい」（黙示録 3:18）とも言われる。何を見るのか？ 私たちはこうありたいという姿ではなく、そのままの自分を見るのだ。その時、ついにそれまで自覚していなかった、思い込みとプライドに満ちた自分の姿を認めることになる。野放図に生きて自己を肥大化させ、腐ってしまった自分の姿を知るのである。

彼らが裸であるゆえに、主は特別な装いを提供くださる。「あなたの裸の恥をあらわにしないために着る白い衣を買い……」（黙示録 3:18）。確かにこれは義の衣であり、また悔い改めによるきよさである。イエスが私たちをどう見られるかであって、自分がどう見るかではない。想像してみてほしい。もし、私たちや教会の中に隠された恥ずべきものが、明らかにされるとしたらどうだろうか？ 感謝なことに、私たちはことさら自分でその恥を他人にさらけ出す必要はない。悔い改めとは、私たちが自分の汚れをイエスの前にさらけ出すことである。主が赦しときよめの確信を与えてくださるのだ。何と美しい光景だろうか！

イエスこそ、教会の、そして私たちの霊的な必要に対する答えを完結されたという事実を見失わないでもらいたい。繰り返そう。主は、私たちの貧しさのゆえに霊的な金を、盲目のゆえに目薬を、そして裸であるゆえに衣を用意しておられるのである。

### ・熱心な悔い改め

イエスの話はまだ終わっていない。「わたしは愛する者をみな叱ったり、懲らしめたりする。だから熱心になって悔い改めなさい」（黙示録 3:19）。

私たちは何を悔い改めるべきなのか？ 悔い改めには代価が必要だ。それは自分を越え、隣人、同僚、友人、そして家族にまで至る。LGBT の隣人や、通りの向かい側にいるイスラームを愛するという代価であるかもしれない。

　これから、黙示録の箇所から直接的に読み取れるわけではないが、他の聖書箇所からその正しさを証明されるいくつかのことを述べてみたい。これは皆さんに与えるもう一つの「すべきことリスト」ではない。心からの悔い改めなしに、新たな解決は生まれないのだから。以下のリストは、私たちが自分の心を探るためのきっかけとなるものだ。

①私たちは多くの雑音に取り囲まれ、十分に静まることができなくなっている。ビデオや E メール、そしてテレビからの情報である。それらを定期的に断ち切り、神との個人的な交わり、デボーションの時を持てるようにしよう。

②私たちは自分を飾り立てることに時間を使い過ぎている。ナルシスト的になり、止められない強欲、プライド過剰、そして個人主義に走りすぎている。傷ついた人、貧困で喘いでいる人、孤独な人の生活に、意識的に関わるようにしよう。

③私たちはあまりに自分の義を主張し過ぎる。人々に対する自分の優越感のあまり、人種、性別、宗教によって人を差別してしまいかねない。周りの人々もまた神の像に似せて創造された存在であるゆえに、神がご覧になるように彼らを見ることができるよう、神に求めよう。そして彼らの良い友人となろう。

④私たちは祈りのために十分な時間を取っていない。救われた人々のために、まだ救われていない人々のために、涙を流すことが少ない。神への情熱は少ないが、自分たちのスケジュールや興味

あることには情熱を傾けている。周りの人々を霊的に導くことによって良い関係を築き、主の恵みを証しする者となろう。

⑤私たちはお金と時間の使い方に関して、あまりに自分勝手である。私たちが神の国のために献げた少しのものは、深い自己満足を与えるかもしれない。しかし、それは私たちに対する神の寛大さに対応するほどのものではない。イエスの言葉の正しさを証明しよう。「受けるよりも、与える方が幸いである」。

⑥私たちはあまりにも多く、危機に瀕している結婚に直面している。夫婦共々クリスチャンであっても、この葛藤からの解決を得ていないように思える。自分たちの結婚を何よりも尊ぼう。そして結婚で傷つき、離婚してシングルマザー（ファーザー）となった人、また孤児となってしまった子どもたちと良い関係を生み出そう。

⑦私たちは教会の一致のための努力をわずかしかしていない。人種的、経済的、そして民族的な違いに目を向けすぎている。教会の中の人とも外にいる人とも、良き関係を築こう。私たちと異なった人々から学び、その声に耳を傾けよう。

　イエスは、熱心に悔い改めるよう命じておられる。悔い改めとは単なる一回限りの出来事ではなく、生涯続くものである。日々、神を全面的に信頼することを学んでいくことだ。日々、キリストのために生きるという恵みを受け続けることだ。悔い改めと信仰に焦点をあてた祈祷会は必須である。私たちの輝きは、月の光のように神からの光を反射するものに過ぎないことを、悔い改めは教えてくれる。

　神の前での悔い改めは、人びとを思いやるように私たちを導く。神への無関心は、人びとへの無関心につながってしまう。私たちは、キリストのためにアメリカを勝ち取ろうというが、それは単なる自

己満足であり、私たちがかつて知っていた祖国はどこかへ行ってしまったことへの憤りである。それは、自分たちと異なる相手に優しく接しないというところにも表れている。

　ムーディー聖書学院の前院長であるジョージ・スイーティングは、かつて一人の女性について語ってくれた。彼女は自分の教会の牧師に、「私は自分の人生の何かが間違っていたと思います。しかし、それが何なのか分からないんです」と相談したという。その牧師は彼女にこう返答した。「ただ膝をかがめて、祈りましょう。それが何であるか分かるようになりますよ」と。私たちも同じである。神と深い交わりをすることにより、おそらく何を悔い改めるべきかが正確に分かるようになる。

　サムエル主教は銃撃戦の最中に命を失った人物である。1980年代初期のエジプトで、アンワル・サダト大統領が暗殺されたときのことだった。主教は私の友人に、いかにクリスチャンが北アフリカで確たる地位を築いていったかを話してくれたそうだ。当時キリスト教は周辺的な存在であった。せいぜい最もつらい仕事を請け負うくらいが関の山であった。例えば野原での労働とか、ごみ集めなどである。やがてこの地方を疫病が襲った。死体は積み上げられ、焼かれることになった。しかしクリスチャンたちはできる限り死体をきれいに洗って埋葬した。彼らは復活の教義を信じていたので、どんな悪人でもちゃんとした埋葬をされる権利があると考えていたのである。

　彼らは私たちがしているような堕胎はしていなかった。しかし当時の北アフリカでは、望まれない赤ん坊は通りに置き去られ、餓死寸前の状態で放置されていた。誰かが助けなければならない。教会は「赤ちゃんのための活動」という団体を組織し、捨てられた赤ん坊を見つけようとしたのである。もちろん、当時は哺乳瓶など手に

入るはずもなかった。そのため、赤ん坊は養育してくれる女性たち（最近子を産み、母乳の出る母親）に届けられ、彼女たちは、自分の子どものようにその赤ん坊を育てたのである。

その様を見ていた異教徒たちはこう尋ねた。「そんな愛はどこから来るのですか？」と。

北アフリカ地方のキプロス人たちは、教会なんてこの地域では流行らないよ、と語っていた。しかし、疫病が蔓延したことで、クリスチャンは自らの命を危険にさらしても、他者のための犠牲を厭わないということを示したのである。別のことにおいても、異教徒たちはクリスチャンの印象的な姿を目撃することとなった。クリスチャンが希望を持って死を受け入れる姿を見た彼らは、そのような希望がどこから来るのかを考えるようになったのである。教会の葬儀に参加した異教の人々は、「クリスチャンたちは、死を大勝利と捉えている」と言った。

この世は私たちより数で優っていることは事実である。楽しみ方でも、経済的にも優っている。しかし、愛において私たちに優っていると言わせてはならない。なぜなら、私たちに与えられた聖霊によって、神の愛が私たちの心にあふれ流れているからである。

私たちが悔い改めないなら、イエスは教会に満足されない。私たちは謙遜になり、すべてのなすことにおいて主をあがめよう。私たちが主を愛するなら、主は喜んで帰ってきてくださるのである。

## 主に応えた者たちが受ける報い

イエスはこの手紙（黙示録）を全教会へ送るよう指示された。しかし実際は、個々人に宛てておられるのだ。「だれでも、わたしの声を聞いて戸を開けるなら、わたしは、その人のところに入って彼とともに食事をし、彼もわたしとともに食事をする」（黙示録 3:20）。

「だれでも、わたしの声を聞いて戸を開けるなら」と書かれている。あなたの教会は主をお迎えする準備ができていないかもしれない。しかしあなたは主をお迎えでき、心からの交わりをすることができる。「わたしは彼とともに、彼もわたしとともに食事をする」のである。

　中近東においては、テーブルを囲んでの交わりは、親しい友人のために予約されているものである。私にはキリストと交わりたいという気持ちがあることは理解できる。しかし、主がこの私と食事を共にしたいと言われることには驚きを覚える。ジョン・ストットはこう言っている。「主が私の家に来られるなんて、私にはそんな価値はない。本当にイエスが私の家のテーブルについてくださるのか？」と。[4]　その光景は何と喜ばしいことか。

　だが、イエスはここで終わっていない。

　これら7つの手紙は、「勝利を得る者」に宛てて書かれている。すべてのクリスチャンが勝利者なのだろうか？　多くの神学者は次の聖句に基づいてそうだと言う。「神から生まれた者はみな、世に勝つからです。私たちの信仰、これこそ、世に打ち勝った勝利です」（第一ヨハネ 5:4）。そう、確かにある場面においては、すべてのクリスチャンは勝利者である。彼らは天国に行くという意味においてはそうだ。しかし私は、クリスチャンでも自分勝手で罪にまみれて生活している者が、この聖句に書かれているような勝利者であるとは想像できない。

　すべてのクリスチャンが平等に報いを受けるわけではない。パウロは次のように警告をしている。「私たちはみな、善であれ、悪で

---

4.John Stott, "What Christ Thinks of the Church," in Preaching for Today (Grand Rapids: Eerdmans, 1959), 124.

あれ、それぞれ肉体においてした行いに応じて報いを受けるために、キリストのさばきの座の前に現れなければならないのです」（第二コリント 5:10）。他の個所でもパウロは、その人生を木、草、わらで建て上げているクリスチャンがいることを示している。その建物が焼けても、本人は救われるのだ。「その人は損害を受けますが、その人自身は火の中をくぐるようにして助かります」（第一コリント 3:15）。

　どうかわかって頂きたい。私は、天国にいるすべての人が喜びに満ち溢れ、神に栄光を帰していることを信じている。しかし、シャンデリアの、ある電球は別の電球よりもっと明るいように、天国においても、ある者はその素晴らしい信仰姿勢のゆえにより大きな報いを受けることだろう。良い神学者は、私の考え方には同意しないだろう。しかし私はどうしても、すべてのクリスチャンがイエスが勝利者に与えられた約束を受け継ぐとは思えないのだ。私たち人間の想像をはるかにこえた約束を。「勝利を得る者を、わたしとともにわたしの座に着かせる。それは、わたしが勝利を得て、わたしの父とともに父の御座に着いたのと同じである」（黙示録 3:21）。王座は、勝利と権威と責任の象徴である。そしてこの王座は、贖われた信仰者たちに分け与えられるのである！

　イエスは、もし私たちが勝利を得るなら、私たちは主と共に王座に座ると、本当に言われているのか？ 確かにそうおっしゃっている。主は私たちを救い出し、彼の宮殿に引き上げてくださる。私たちの汚れを拭い去り、大理石の上を歩くよう招いてくださる。これは、ニューエイジが言うように、私たちが神になるというような話ではない。受ける値打ちのない者に与えられる、理解できないほどの恵みなのだ。

## 霊が語ることを聞く

この手紙の結論を注意深く見ていこう。イエスは、ラオディキア にある一つの教会に宛ててこの手紙を書かれた。しかし今や私たち すべてに話しかけられる。「耳のある者は、御霊が諸教会に告げる ことを聞きなさい」（黙示録 3:22）。諸教会と複数形であることに 注意してほしい。

この手紙は、すべての時代のすべての教会に宛てたキリストの言 葉である。今を生きる私たちにも向けられている手紙なのだ。

9.11 に関して、国防省（ペンタゴン）に飛行機が突っ込んだと きの記事を私は読んだことがある。最も大きな部屋が煙に包まれ、 迫りくる炎によって人々は翻弄された。出口が見つからないのだ。 しかし、扉を見つけた一人の人がこう叫び続けた。「こちらだ！ 私 の声に従ってこちらに来るんだ！」。人々はすすと煙で先が見えな い状態ではあったが、その声に従って、無事に脱出できたのである。

国家的に混乱して助けが必要なこの時に、私たちを導く一つの声 を聞いているだろうか？「御霊が諸教会に言われることを聞く者は 幸いである！」。

イエスよ、あなたを私たちの教会に再びお迎えします！

# 第 10 章　バビロンで生き残る教会
## 〜悪意ある文化の中で勝利する〜

「それは、予想外のことだった！」。

　2017 年 12 月 3 日日曜日、数千人の人々がミシガン州ポンティアックに集まり、デトロイト・シルバードームの解体作業を見守っていた。このドームは 1975 年に建築されたが、老朽化が進んだので解体されることになったのだ。跡地は再利用されることになっていた。爆薬が鉄製の支柱に取り付けられたのが午前 8 時半。多くの人々は、この一大スペクタクルの解体ショーを見ようと集まっていた。ダイナマイトの爆発音が響き渡り、ほこりと瓦礫がスタジアム一体を覆いつくした。次の瞬間、人々は驚いた。スタジアムの骨格は残っていたのである。鉄の梁はかなりダメージを受けてはいたが、しかしスタジアムはなおそこに立っていた。「しっかりと建てられていたんだ」と見学者の一人が言った。

　イエス・キリストの教会もまた、壊滅的な状況下でも「しっかり建てられ」ている。その柱は、ある人々が考える以上に強い。だから、アメリカ福音派の終焉という表現は、誇張以外のなにものでもない。教会の弱さや影響力の低下について不平を言っている予言者はいるが、福音主義の柱は予想以上に強いのだ。私たちは、戦うことなしに崩壊したり消え去ったりすることはない。現代文化や批判者やエリートたちからの攻撃があっても、教会の土台は決して崩れ去ることはない。攻撃する側は、このように生きるべきだと私たちに告げる権利があると思い込んでいるのだが。

　むしろ、最大の敵は私たち自身である。

　ジョン・S・ディッカーソンは自著『偉大な福音派の後退』の中で、こう語っている。「アメリカの福音派という大木は数世紀の年

月を重ね、深く根を張った立派なオークとなった。その陰の下には多くの若木が育っている。教育の木、改革の木、自由の木、発明の木、労働倫理の木、資源の木、富の木、科学の木などである」[1]　しかし、二つの勢力がこの年季の入った強い木を殺そうとしていると彼は言う。一つは木を腐らせようとしている病であり、もう一つは嵐や山火事などの災害である。

　この世界には、大木を腐らせていく多くの病がある。聖書の教義の空洞化や教会員同士のいざこざ、また与えられている任務の重大さに気づかないことなどが、木を腐らせていく。多くのクリスチャンがこのような現象に無頓着になっていることがその証拠で、けちな献金しかせず、自身の考えを越えたビジョンを受け入れられないのだ。自分を正しいとしか考えないことや、透明性が薄れつつあることなども上記の病理現象に加えられる。私たち福音派の教会が、世の中に与えるべきインパクトを与えられずにいるのも不思議ではない。

　さらに、教会は信徒を訓練することに熱心になっていない。彼らの信仰は揺れ動きやすく、すぐに反抗的になってしまう。つまるところ、自分たちが弱くて、自分で木を腐らせているのである。ある牧師が、教会はノアの方舟を思い起こさせると言い、「外からの嵐が来ない限り、内にある悪臭はどうにもならないのだ」と評した。

　では、外からの嵐について話そう。多くの人は、歴史における急速な文化の変化を私たちは体験していると信じている。ディッカーソンはこう記す。「文化は、世界の動き以上に素早く物事を変えていく。今後 10 年間、テクノロジーの進歩と相まって、この変化の速度はもっと上がるだろう。その結果、私たちが生きている間にこ

---

1.John S. Dickerson, The Great Evangelical Recession (Grand Rapids: Baker, 2013).

のアメリカの文化がどのように揺り動き、どんな形になるかを予想することなどできなくなっている」と。[2]

　これにはバルナ調査センターのジョージ・バルナも同意している。「私たちの社会を発展させてきた歴史的な土台が、深刻な挑戦を受けている。イエスが願っておられるようなクリスチャンの大使として、この地でこの時を生きることは、たやすいことではない」。[3]

　ではどんな教会が、厳しい嵐や洪水、そして火事などに直面しても耐えることができるのだろうか？ 深刻な困難がやってきた時にも立ち続ける柱とは何だろうか？ 政治的、社会的、宗教的な反対に立ち向かって、最後まで立ち続ける教会となることができるのだろうか？

## 最後の嵐がやって来た時にも立ち続ける柱
### ・建物だけではなく、人びとを

　生き残れる教会は、建物ではなく人々に投資すべきである。17世紀、イスラームの軍隊が北アフリカを制圧した時、彼らは効果的にクリスチャンを一掃していった。その際、キリスト教は、聖堂、儀式、そして指導者の組織であると見なされ、軍隊はこれらのキリスト教のシンボルを徹底的に破壊したのだ。少数となったクリスチャンは、もはや生き残ることができないと思った。教会は跡形もなく消えてしまったのである。

　教会は、たとえ建物がなくても生き残れる。でも献身的な聖徒なしでは生き残れない。ヘルムート・ティーリケは、第二次世界大戦中に自分の家と会堂を取り壊された経験を語っている。その時、彼

---

2.Ibid., 42.
3.George Barna, Futurecast: WhatToday's Trends Mean for Tomorrow's World (Carol Stream, IL: Tyndale, 2012), x.

の手にはもはや存在しない会堂や家のカギがあったが、建物はすべて失われていた。確かに建物はなくなっていたが、生き残った教会員が真の教会を設立したのである。教会とは、聖名を証しする者として神に召された人々だ。爆弾によって建物が破壊されたとしても、真の教会は壊されなかった。

　私はここで、だから会堂を売るべきだとか、新しい会堂なんかいらないと言いたいわけではない。私が言いたいのは、建物を越えたものを考えたほうが良いということである。そして尋ねてほしい。もし教会が税金を免除されなくなったら、何が起こるのか？ 教会の伝道の働きが減って、支払いができなくなってしまったとしたらどうだろうか？ 同性婚に反対して施設を使わせないことが法律違反となり、高額な罰金を払わなければならなくなったとしたらどうだろうか？ 多くのクリスチャンが社会の周辺部へ追いやられ、仕事を失い、教会の負担がさらに増えるとしたらどうだろうか？ 私たちはこれらの問題に対し、既成概念にとらわれずに考え、そして問わねばならない。キリストに従って生きることはハードルが高く、危険なことであると多くの教会員が判断する場合、いかにして教会は生き残っていけるのだろうか？

・**会衆だけではなく、コミュニティを**
　数年前、私がカリフォルニアで講演した時のこと、友人たちがセコイアの木を見に連れて行ってくれた。その木は、大きく成長し、空に向かってそびえていた。私はこの印象深い木々から学んだことがある。この木は、比較的浅いところにその根があるにもかかわらず、互いに絡み合っている。もしも土を掘り返すなら、それはまるで巨大なクモの巣のようになっている。木々はこうやってこの森全体に広がっているのだ。

　これは、木々にとって大きな利点である。各々のセコイアは他の木々に依存して支え合っていて、栄養分を共有している。水路の近くの木から、遠く離れている木に水分を送ることもできる。砂漠のような土地に生えているような場合でも、多くの水分を持っている木から栄養を受けることができる。おそらくセコイアは、一本一本が別々に植えられているなら、ここまで生長しないであろう。安定して強く生長するために、お互いを必要としているのだ。

　教会の会衆は、讃美歌の好き嫌い、説教者の好き嫌い、また、プログラムや建物の場所などによって、来る場合も去る場合もある。しかしコミュニティ（共同体）として人々が集まっているなら、感情や理性が一つとなっていく。同じような礼拝のスタイルや教会プログラムを好むからという理由ではなくなる。困難な時にも生き残る教会とは、コミュニティとしてつながっている教会である。SNSではなく、純粋な交わりと他人への他利的な配慮によってつながっているのだ。良い時でも悪い時でもお互いに助け合う。互いに責任感を持ち、共に奉仕し祈り合う。新約聖書で「互いに」と記されているのは、バビロンでの生活において私たちが孤立することを神は願っておられないことの証拠である。このような関わりを持つと、週一回教会に集ったら責任を果たせたと信じて帰宅する以上の恵みとなるのだ。

　今日、私たちは教会の礼拝をもっと文化的に意義あるものとするため、特に未信者のことを考えて、多くのことを論議している。しかし、これは「求道者」にとっていかに魅力的であろうとも、初代教会にはなかったことだ。当時の礼拝は、聖徒たちがどこにおいても良き証人となるため、彼らを整えることだった。日曜日に教会に集まるのは、この世に勝利するためではなく、教会成長のセミナーをするためでもない。もっと整えられた者となって、その信仰を病

院、銀行、工場、倉庫、事務所、そして隣人に分かち合うためなのである。神学者ボンフェッファーは獄中からの手紙で、イエスのことを「他の人のために生きた人」と紹介している。私たちは主に従う者として、イエスと同じ態度をもってこの世界へ出て行かねばならない。

## ・言うだけではなく、訓練を

　私たちは教会の哲学を変えなければならない。それは、<u>語ること</u>から<u>訓練すること</u>へである。このことを示す手紙を、最近一人の牧師から頂いた。

　私は、自分の説教が、自分が思うほどには人々に影響を与えていないという結論に達しました。私は毎週とてもハードな予定をこなし、よく祈っています。でも心を込めて神の言葉を取り次いでも、人びとが教会から帰るとすぐに、彼らの気持ちが散漫になっていることに気づかされます。

　説教によって彼らが影響を受け、どんな形に変えられるのかを、彼らの心深くに入り込んで知ることができればと願います。平均的な教会員は、教会の礼拝に参加はするが、何かの責任を負わされることを嫌い、心から礼拝し、神様によって何かを変えてもらおうという気持ちで集っているわけではないと聞いたことがあります。長年説教して来ましたが、残念でなりません。神様は、説教を通して祝福すると約束しておられるのですが、私たちは多くの人々を一度に弟子にすることはできません。イエス様は12人もの弟子たちと3年間旅をし、寝食を共にされました。しかし彼らは教えられたことを理解しておらず、行動することもできませんでした。イエス様は、共に生活する中での訓練が一番であるこ

とを知っておられました。その間中、全てが明け透けで、イエス様の姿を見て観察し、質疑応答の時まで持たれています。私たちも同じようにすべきです。イエス様の最後の言葉は、「出て行き、すべての造られた人々を弟子にせよ」でした。私たちは、「魅力的な」モデルを強調することを止め、訓練して派遣するモデルを教会の哲学とすべきです。

　私たちは、礼拝をよりアピール度の高い集会とするために、毎分（もしかしたら毎秒）の内容を構成することはできる。（それが可能であるかのように）すべての人の心に触れる音楽を備えることもできる。そして人々の興味を引き、実生活に即した説教を作り上げることもできる。しかしそれでも、人々の心と価値観は変わらないだろう。
　グレン・ハリソンは『より良い物語』の中でこう述べている。

　正統的教義に知的な忠実さを持ち続けているクリスチャンでも、何年も観続けてきたテレビや映画などに心を奪われてしまっている。この世の感覚からズレた 30 分の説教を、平均的な能力を持つ牧師が週一回語ることによって、テレビや映画のような文化の力に対抗することなどできるのだろうか？
　顔を赤らめた父親がもじもじしている 11 歳の子どもに、ぎこちない口調で性について語ったとしても、長期間、繰り返して子どもの頭に植え付けられてきたイメージや物語に対抗することができるのだろうか。[4]

---

4.Glynn Harrison, A Better Story: God, Sex and Human Flourishing (Downers Grove, IL: InterVarsity, 2017), 56.

結局のところ、日曜朝30分の説教にのみ頼っている教会は、メ
ディアが提供するキリスト教的価値観と正反対の激流に抗うことは
できない。その価値観とは、心地よい肉感的生活スタイルを称賛す
るものなのである。

　私たちには、しなければならないことがある。

　訓練のために用いることのできる資料は多くある。しかし生活と
心を分かち合う交わりがなければ、どんな方法も短命に終わる。古
い格言に、「習うより慣れろ」というものがある。弟子訓練とは、
単にそれを知っていると言うだけではダメだ。それは、日常生活を
通して生きてくる。この本の始めの方で示したように、私たちの問
題は、乾いた地の上で水泳訓練をさせていることなのである。

## ・プログラムだけでなく、祈りを

　今日の教会で最も抜け落ちているものは、たぶん、神からのビジョ
ンであり、重荷を負って祈ることであり、日々悔い改めて生活する
ことである。いかに祈祷会を導くかという問題がその一部となる。
同じ課題を、同じやり方で、毎回祈る。神の心にあることについて、
一つとなったキリストのからだが一緒に祈るなら、それは意義深く
楽しい時となる。世界中に広がっている「祈りのコンサート」が実
証しているように、聖書を用いて、霊的な必要と様々なとりなしを
強調し、一致して祈るのだ。[5]

　「祈りのコンサート」のプログラムで学んだことがある（時には
良いことであり、必要なことであろう）。期待するような結果を持

---

5.David Smithers, "World Christian Living Concert of Prayer," The Traveling Team, http://
　www.thetrave1ingteam.org/artic1es/concert- of-prayer.

ち込まないこと、この世に心と価値観を奪われた会衆に無理強いしないことの大切さだ。教会成長や教会管理や弟子作り、その他の重要なテーマは、霊的に生きている教会にのみ助けとなる。これらについてのセミナーは、死人に命を吹き込むことや、聖霊によってのみ生み出される熱情を創造することはできない。また、与えられた力を方向付けることはできるが、命を与えることはできない。

　自分の罪に対して心砕かれ、神に常に拠り頼むことだけが、霊的な死人に命をあたえることができるのである。

## ・積極的な勧めだけではなく、厳しい真実を

　生き残ろうとする教会は、聖書に対してホリスティック（読み手が知力・体力・霊性すべてを用いて読み、実践する気構えを持つこと）な向き合い方をする教会である。勝手にテーマを決め、気に入ったところだけを教えるのではない。そのような教会は、個々人が感じる必要について説教するのだが、確かなことは、聖なる神の臨在の前に立つとき、私たちが最も必要と感じることは、キリストの義を与えられるということだ。またそのような教会は、私たちがこの地上でどのように生きるべきかを教えるのだが、さらに重要な目的は、やがて到来する世界（神の国）のために備えをすることである。そのためにも、教会は地獄について語ることを恐れてはならない。

　そのような教会は、様々な迫害がこの世には存在することを知っている。しかしこれは、神が私たちに敵対しているのではなく、神が私たちと共にいてくださることを示すものである。私たちへのテストなのだ。

　もしアメリカにある全ての教会がこのような状態にあり、私たち皆が聖霊に満たされ、常にリバイバルを体験しているならば、私たちは、政治家にも、裁判官にも、メディアにも、隣人にも、好意的

に受けとめられるだろう。しかし教会の歴史を見ても、また聖書の言葉に照らし合わせてみても、そのような状態は実現したためしがない。むしろそれと反対の状況が、しばしば真実であると言わざるを得ない。キリストに信頼を置けば置くほど、多くの反対が巻き起こることは、想像に難くない。パウロも、「キリスト・イエスにあって敬虔に生きようと願う者はみな、迫害を受けます」（第二テモテ3:12）と述べている。

　私たちは、迫害を受けるように召されていることを忘れがちである。これは、西方教会でしばしば無視されてきたことだ。パウロが回心したとき、神は彼を説教者としてだけでなく、苦難にも召されている。アナニヤはパウロが確かに回心したことを用心しながらも信じていたのだが、神はこう彼に語り掛けている。「行きなさい。あの人はわたしの名を、異邦人、王たち、イスラエルの子らの前に運ぶ、わたしの選びの器です。彼がわたしの名のためにどんなに苦しまなければならないかを、わたしは彼に示します」（使徒9:15~16）。

　神のご計画による苦しみは、祝福へと導く。パウロは教会の栄光について語った後、「ですから、私があなたがたのために苦難にあっていることで、落胆することのないようお願いします。私が受けている苦難は、あなたがたの栄光なのです」（エペソ3:13）と述べている。ペテロも、私たちに炎のような試練がやって来ることを恐れるべきでないと語った後に、こう続けている。「もしキリストの名のためにののしられるなら、あなたがたは幸いです。栄光の御霊、すなわち神の御霊が、あなたがたの上にとどまってくださるからです」（第一ペテロ4:14）。

　今日、中東ではキリスト教徒は恒常的に家を追われ、多くの人がイスラームの支配下の厳しい戦争によって殺されている。ただクリ

スチャンと言うだけで、三位一体なる神を信じ、イエスを神の子と
告白するだけで、死に値する最大の冒涜とされてしまう。個人的に
言うと、私ならそんな苦難に耐えられないだろう。しかし忘れては
ならない。主の裁きの時には、中東のクリスチャンたちは、私たち
が想像できないような大きな報いを受けるであろう。聖書の多くの
箇所では、このような迫害にどう向き合うべきかが書かれている。
その中に驚くほど素晴らしい個所を見出した。

　あなたがたは、光に照らされた後で苦難との厳しい戦いに耐えた、
初めの日々を思い起こしなさい。嘲られ、苦しい目にあわされ、見
せ物にされたこともあれば、このような目にあった人たちの同志と
なったこともあります。あなたがたは、牢につながれている人々と
苦しみをともにし、また、自分たちにはもっとすぐれた、いつまで
も残る財産があることを知っていたので、自分の財産が奪われても、
それを喜んで受け入れました。ですから、あなたがたの確信を投げ
捨ててはいけません。その確信には大きな報いがあります。あなた
がたが神のみこころを行って、約束のものを手に入れるために必要
なのは、忍耐です。（ヘブル 10:32~36）

　この聖句をじっくり見ていこう。福音を受け入れている信仰者た
ちの中には、
①人々の目の前で、そしりと苦しみとを受けた者がいたこと。
②このようなめにあった人々の仲間になった者もいたこと。彼らも
　迫害を受けたのかもしれない。
③彼らは、自分の財産が奪われても、喜んで忍んだ。このような迫
　害は、イエスを愛するゆえに引き起こされたものだから、受ける
　に値するものであり、将来受ける報いは大きいことを確信してい

たのである！

　宣教訓練推進ネットワークの指導者であるアラン・ハーシュはこう書いている。

　　迫害は、初期のクリスチャン運動を推進し、また中国の教会が使徒的な民としての真の性質をもっていることを気づかせた。迫害は、あらゆる形の中央集権的な宗教組織からクリスチャンたちを切り離し、彼らが信じる重要なメッセージ（つまり福音）の近くで、それと一致した生活を送るように導いた。……迫害は、不純物や教会に不必要な物を除き去り、人々を純化したのである。6

　迫害は、教会が組織機構にではなく、人間関係によってなるネットワークに信頼するよう強制したのである。この地上での人生は短い。しかし永遠の世界は長い。

## ・内を見るだけではなく、外を

　バビロンの中で生き残る教会は、その教会員が自らの運命を悲しみと喜びをもって受け入れるという、説明し難い状況に陥る。教会は、他者に対する誠意と責任を果たすことによって、批判者を黙らせるように努力する。十字架に至るまで忠実だったイエスに喜んで従い続けるのだ。

　人々の深く切実なニーズに応えたいという心を持つことなくして、神の心を知ることは不可能である。私たちが利己心を持たず、

---

6.Alan Hirsch, The Forgotten Ways—Reactivating the Missional Church (Grand Rapids: Brazos Press, 2006), 20-21.

人々に仕え、自分を犠牲にする者であることを批判者たちが認めざるを得ないことこそキリスト信仰の最善の形であると、以前に私は強調した。教会が自己満足しているなら、死に至る道をたどることになる。教会が多様性に満ちた隣人たちを迎え入れないとしたら、やがて小さくなって死んでしまう。

　だれかがこんなことを言っていた。農夫は種を自分の納屋にではなく、耕した土地に蒔くものだ。

## ・牧師だけではなく、キリストを

　最後に、バビロンで生き残る教会はキリストを教会の頭として見上げ、全てを主が支配しておられることを全面的に認める。何をさておいても、イエスの言葉を優先するのだ。「わたしには天においても地においても、すべての権威が与えられています。」（マタイ28:18）。主の権威は、教会のみならずこの世界全体に及ぶものである。そのような教会は、挫折や失望があったとしても、それを神の永遠の計画の一部として受け入れる。

　イエスに従う教会は、その謙遜さと物腰の柔らかさ、そして神を見ようとする熱意のゆえに、教会の内外で神の栄光を現す。教会は、福音の進展のために正当なリスクをきちんと負う（時には理不尽なリスクも負うが！）。J. オズワルド・サンダースはこう言っている。「より大きな失敗は、新しいアイデアに果敢に挑むことよりも、心配し過ぎることから起こる。……英国国教会大主教モウルの奥様が語っていたことだが、『神の国のフロンティア（未開拓地）は、注意深い人々によっては開かれない』」。[7]

---

7.J. Oswald Sanders, Spiritual Leadership, Principles o Excellence for Every BeJiever (Chicago: Moody, 2007), 155.

神の栄光以外、重要なものは何もない。教会は、キリストのために犠牲を払う方法を探し求めている。自分たちではなく、人々のために生きる教会には、その機会が世界の至るところにいつも残されているのである。

　教会の初期、迫害が普通だった時代、神は何をされていたのだろうか？　ヤコブが剣で殺された事件を記している章の最後にはこう書かれている。「神のことばはますます盛んになり、広まっていった」（使徒 12:24）。

　本書は、神は、あらかじめ用意されていない未来へ民を連れて行かれることはない、という宣言で始まっている。その行程には、苦しみがあり、失望もあり、失うものもあるだろう。しかしそれは、私たちが神の栄光を現すことのできる道である。私たちはこの世界で勝利者となれないかもしれないが、来るべき世界では必ず勝利するのである。

　ダニエルと３人の友のことを思い起こそう。彼らは、過去の歴史でどんな犠牲も厭わずに時代の文化的潮流に抗い続けた多くの男女や子どもたちと共に立っている。神に従う人々は、異教という名の大海に浮かぶ正義の島に、ずっと住み続けてきた。

　質問をしよう。「私たちは、キリストに従うために、どんな危険があったとしても心から彼を愛するだろうか？」。

　私の尊敬する信仰のヒーローの一人、ディートリッヒ・ボンフェッファーは、ヒトラー政権下のナチス・ドイツに抵抗した人物である。彼の言葉で、有名なものがこれである。「キリストは人を召されるとき、来て死になさいと命じられる」。[8]

---

8.Dietrich Bonhoeffer, The Cost of Discipleship, (New York: Touch- stone, 1959), 89..

　イエスは、黙示録2章10節にある約束の言葉で、これを裏づけておられる。

　あなたが受けようとしている苦しみを、何も恐れることはない。見よ。悪魔は試すために、あなたがたのうちのだれかを牢に投げ込もうとしている。あなたがたは十日の間、苦難にあう。死に至るまで忠実でありなさい。そうすれば、わたしはあなたにいのちの冠を与える。

＊最後にこの勧めをして、本書を閉じようと思う。「耳のある者は、御霊が諸教会に告げることを聞きなさい」

# あとがき

　アーウィン・W・ルッツァー博士著「バビロンにある教会」の日本語出版の経緯を書かせていただきます。


　すべてのこと、大阪府八尾の堀内顕牧師の私への電話で始まりました。
　この本が語るアメリカの教会の内情（実情）は日本の教会が直面することであるから、なんとかして、日本語版を教職がたに配布できないものだろうか。著者の同意を得るために、著者と私との関係を調べられた堀内師は、「著者にレターを書いていただきたい。」と訴えられる力強い声の電話でした。2020年2月2日のことでした。
　堀内顕博士は同年12月11日、帰天。後継者の藤崎秀雄牧師は、2019年10月14日に、大阪で堀内牧師から私は紹介された。


　2018年出版された英語の原書を、私は2019年後半、和歌山県印南バプテスト教会の三ツ橋信昌牧師に送る用意をはじめた。同師は、ビリー・グラハム宣教団の様々な国際大会や、大阪ケズイック大会通訳を長年務めた。バイオラ大学は名誉神学博士号を授与された。三ツ橋師は原書を堀内師に送りました。両者の間で日本語版へと相談なされたことは当然のことでしょう。


　宗教改革者マルチン・ルーテル博士のドイツ語聖書を日々必読なさるご尊父の感化を受けられたアーウィンはバイブル・カレツジの学びを卒えると、カナダからアメリカ・テキサス州へ。
　いっぽう、日本で育った私。1946年1月1日、現人神（あらひとがみ）の天皇が「人間宣言」を公表なされるという異教文化の国

家、コミュニティーです。戦前から禁酒禁煙の父親、子供たちの誕生日を祝う家庭でした。1963 年 7 月、横浜港からアメリカ・テキサス州へ。こうして両者はダラス・セオロジカル・セミナリー（神学大学院）で留学生として交わり、学び始めた。

　堀内師に依頼された私のレターはシカゴの著名なムーディー教会で 35 年の主任牧師を経たアーウィン・W・ルツツアー師の手からムーディー出版社にわたった。出版社は日本語翻訳権、出版権のため、堀内顕師の日本福音自由教会協議会グレース宣教会グレース大聖堂の調査を始める。ムーディー出版社の様々な問い合わせに、堀内顕牧師の意向に従って大聖堂の教職、青木保憲博士はすべての手続きを完了され、ムーディー出版社の承認を得ました。ここに、青木保憲師・鎌野善三師による共訳、出版となりました。

　まことに栄光はただ、神にあれ！

2022 年 8 月 14 日

ロス・アンジェルス・ジャパニーズ・バプテスト教会協力牧師
山田和明

**著者：アーウィン W. ルッツァー （Erwin W. Lutzer）**

ムーディー教会（シカゴ）の名誉牧師として 35 年仕える。神学者。ダラス神学校より ThM（神学修士号）、ロイヤル大学から MA（哲学修士号）、そしてサイモン・グリーンリーフ法科大学院から名誉法学博士号を授与される。重みのある著述家にして、全米三大ラジオ番組の説教者でもある。この番組は 700 か所以上のラジオ局で配信され、全世界へ届けられている。現在もシカゴ在住で、3 人の子ども、8 人の孫が与えられている。

※聖句は『新改訳聖書 2017』を引用しています。
聖書 新改訳 2017 ©2017 新日本聖書刊行会


**バビロンにある教会　―現代社会とキリスト信仰―**
原題：『The Church in Babylon』

2023 年 1 月 20 日　　初版発行

著　者　　アーウィン W・ルッツァー
監　修　　三ツ橋信昌（印南バプテスト・キリスト教会 牧師）
共　訳　　鎌野善三（西宮聖愛教会 牧師）・青木保憲（グレース宣教会 牧師）

日本語出版代表　日本福音自由教会協議会グレース宣教会グレース大聖堂
　　　　　　　　堀内 顕・藤崎秀雄

発行者　　穂森宏之
編集者　　高井 透（ベル・プランニング）
装丁者　　三輪義也（yme graphics）
発行所　　イーグレープ
　　　　　　　〒 277-0921　千葉県柏市大津ヶ丘 4-5-27-305
　　　　　　　TEL: 04-7170-1601　FAX: 04-7170-1602
　　　　　　　E-mail　p@e-grape.co.jp
　　　　　　　ホームページ　http://www.e-grape.co.jp

© Erwin W. Lutzer.2023 Printed in Japan
ISBN 978-4-909170-40-8